我是怎样一个人

——梁漱溟自述

梁漱溟 著

当代中国出版社
Contemporary China Publishing House
2021年·北京

图书在版编目(CIP)数据

我是怎样一个人：梁漱溟自述 / 梁漱溟著 . -- 2 版
. -- 北京：当代中国出版社，2021.3
（梁漱溟作品系列）
ISBN 978-7-5154-1027-2

Ⅰ . ①我… Ⅱ . ①梁… Ⅲ . ①梁漱溟（1893-1988）
—自传 Ⅳ . ① K825.4

中国版本图书馆 CIP 数据核字(2020)第 078545 号

出 版 人　曹宏举
责任编辑　袁又文　李胜佳
责任校对　康　莹
印刷监制　刘艳平
封面设计　观止堂_未　氓
出版发行　当代中国出版社
地　　址　北京市地安门西大街旌勇里 8 号
网　　址　http://www.ddzg.net　邮箱：ddzgcbs@sina.com
邮政编码　100009
编 辑 部　（010）66572264　66572154　66572132　66572180
市 场 部　（010）66572281　66572161　66572157　83221785
印　　刷　北京中科印刷有限公司
开　　本　720 毫米 × 1020 毫米　1/16
印　　张　26.25 印张　1 插页　309 千字
版　　次　2021 年 3 月第 2 版
印　　次　2021 年 3 月第 1 次印刷
定　　价　89.00 元

出版说明

梁漱溟（1893—1988）是现代中国著名思想家、教育家和社会活动家。他一生发表了大量有影响的作品；他坚持独立思考，特立独行，表里如一。人们在服膺他的思想的同时，尤为钦佩他的人格。

梁先生的著作多关涉人生和社会问题，读者从中不仅可以了解他的人生经历、人生观、价值观和政治主张，同时可以品味出他的崇高品格是如何造就的。然而一般大众往往无力遍读其著作，因此影响了对梁漱溟先生的全面准确的了解。为了帮助一般读者较为全面而便捷地了解梁漱溟先生的思想、经历、品格，我们编选了这套“梁漱溟作品系列”。

本书从梁先生的著作中，选取他自述和解剖自己成长过程、人生经历和思想的作品，主要是通过梁先生的人生实践，使读者具体感受其做人的品格、一生的追求和境界，体味他人生成就的底蕴所在。

这样的作品，在一定意义上说，有自传的意味，虽然不那么系统，但以梁先生本人的叙述，忠实可信地反映了他的人生脉络和思想。所选文章原则上保留原题，除明显错别字、用字规范依现行规定改正和统一外，作者的表述风格、文字均不作修改。

本书编选过程中，得到梁漱溟先生的哲嗣梁培宽、梁培恕二位先生的大力支持，并得到他们的出版授权，在此表示衷心感谢。

当代中国出版社编辑部

目　录

我的成长

梁漱溟（前排居中者）与祖母、父母双亲、长兄及大妹、二妹（约在 1900 年）

本章原题为《我的自学小史》，系作者 1942 年在桂林应《自学》月刊之约而写，当时只完成十一节。1974 年 3 月作者又写出第十二至十五节，最后三节为 1974 年以后补写。全文首次发表于 1987 年出版的《我的努力与反省》（文集）一书。收入本书时因体例关系未选“题记”“序言”内容。读者可参见《梁漱溟全集》第 2 卷，山东人民出版社 1990 年版。——编者注

我生在这样一个家庭

距今五十年前，我生于北京。那是清光绪十九年癸巳，西历 1893 年，亦就是甲午中日大战前一年。甲午之战是中国近百年史中最大关节，所有种种剧烈变动皆由此起来。而我的大半生，恰好是从那一次中日大战到这一次中日大战。

我家原是桂林城内人。但从祖父离开桂林，父亲和我们一辈便都生长在北京了。母亲亦是生在北方的；而外祖张家则是云南大理人，从外祖父离开云南，没有回去。祖母又是贵州毕节刘家的。在中国说：南方人和北方人不论气质上或习俗上都颇有些不同的。因此，由南方人来看我们，则每当成我们是北方人；而在当地北方人看我们，又以为是来自南方的了。我一家人，兼有南北两种气息，而富于一种中间性。

从种族血统上说，我们本是元朝宗室。中间经过明清二代五百余年，不但旁人不晓得我们是蒙古族，即自家不由谱系上查明亦不晓得了。在几百年和汉族婚姻之后的我们，融合不同底两种血，似亦具一中间性。

从社会阶级成分上说：曾祖、祖父、父亲三代都是从前所谓举人或进士出身而作官的。外祖父亦是进士而作官的。祖母、母亲都读过不少书，能为诗文。这是所谓“书香人家”或“世宦之家”。但曾祖父作外官（对京官而言）卸任，无钱而有债。祖父来还债，债未清而身故。那时我父亲只七八岁，靠祖母开蒙馆教几个小学生度日，真是寒苦之极。父稍长到十九岁，便在“义学”中教书，依然寒苦生活。世宦习气于此打落干净；市井琐碎，民间疾苦，倒亲身尝历的。四十岁方入仕途，又总未得意，景况没有舒展过。因此在生活习惯上意识上，并未曾将我们后辈限于某一阶级中。

父母生我们兄妹四人。我有一个大哥，两个妹妹。大哥留学日本明治大学商科毕业。两妹亦于清朝最末一年毕业于“京师女子初级师范学堂”。我们的教育费，常常是变卖母亲妆奁而支付的。

像这样一个多方面荟萃交融底家庭，住居于全国政治文化中心的北京，自无偏僻固陋之患。又遭逢这样一个变动剧烈的时代，见闻既多，是很便于自学底。

我的父亲

遂成我之自学的，完全是我父亲。所以必要叙明我父亲之为人，和他对我底教育。

吾父是一秉性笃实底人，而不是一天资高明的人。他作学问没有过人的才思；他作事情更不以才略见长。他与母亲一样天生的忠厚；只他用心周匝细密，又磨炼于寒苦生活之中，好像比较能干许多。他心里相当精明，但很少见之于行事。他最不可及处，是意趣超俗，不肯随俗流转，而有一腔热肠，一身侠骨。

因其非天资高明底人，所以思想不超脱。因其秉性笃实而用心精细，所以遇事认真。因为有豪侠气，所以行为只是端正，而并不拘谨。他最看重事功，而不免忽视学问。前人所说“不耻恶衣恶食，而耻匹夫匹妇不被其泽”的话，正好点出我父一付心肝。——我最初的思想和作人，受父亲影响，亦就是这么一路（尚侠、认真、不超脱）。

父亲对我完全是宽放底。小时候，只记得大哥挨过打；这亦是很少的事。我则在整个记忆中，一次亦没有过。但我似乎并不是不“该打”底孩子。我是既呆笨，又极拗的。他亦很少正言厉色地教训过我们。我受父亲影响，并不是受了许多教训，而毋宁说是受一些暗示。我在父亲面前，完全不感到一种精神上的压迫。他从未以端凝严肃的神气对儿童或少年人。我很早入学堂，所以亦没有从父亲受读。

十岁前后（七八岁至十二三岁）所受父亲的教育，大多是下列三项。一是讲戏，父亲平日喜看京戏，即以戏中故事情节讲给儿女听。一是携同出街，购买日用品，或办一些零碎事；其意盖在练习经理事物，懂得社会人情。一是关于卫生或其他的许多嘱咐；总要儿童知道如何照料自己身体。例如：

> 正当出汗之时，不要脱衣服；待汗稍止，气稍定再脱去。
>
> 不要坐在当风地方，如窗口门口过道等处。
>
> 太热或太冷的汤水不要喝，太燥太腻的食物不可多吃。
>
> 光线不足，不要看书。

诸如此类之嘱告或指点，极其多；并且随时随地不放松。

还记得九岁时，有一次我自己积蓄底一小串钱（那时所用铜钱有小孔，例以麻线贯串之），忽然不见。各处寻问，并向人吵闹，终不可得。隔一天，父亲于庭前桃树枝上发见之，心知是我自家遗忘。并不责斥，亦不喊我看。他却在纸条上写了一段文字，大略说：

> 一小儿在桃树下玩耍，偶将一小串钱挂于树枝而忘之。到处向人寻问，吵闹不休。次日，其父亲打扫庭院，见钱悬树上，乃指示之。小儿始自知其糊涂云云。

写后交与我看，亦不作声。我看了，马上省悟跑去一探即得，不禁自怀惭意。——即此事亦见先父所给我教育之一斑。

到十四岁以后，我胸中渐渐自有思想见解，或发于言论，或见之行事。先父认为好的，便明示或暗示鼓励。他不同意的，让我晓得他不同意而止，却从不干涉。十七八九岁时，有些关系颇大之事，他仍然不加干涉，而听我去。就在他不干涉之中，成就了我的自学。那些事例，待后面即可叙述到。

一个瘠弱而又呆笨的孩子

我自幼瘠瘦多病，气力微弱；未到天寒，手足已然不温。亲长皆觉得，此儿怕不会长命底。五六岁时，每患头晕目眩；一时天旋地转，坐立不稳，必须安卧始得。七八岁后，虽亦跳掷玩耍，总不如人家活泼勇健。在小学里读书，一次盘杠子跌下地来，用药方才复苏。以后更不敢轻试。在中学时，常常看着同学打球踢球，而不能参加。人家打罢踢罢了，我方敢一个人来试一试。又因为爱用思想，神情颜色皆不像一个少年。同学给我一个外号“小老哥”——广东人呼小孩原如此的；但北京人说来，则是嘲笑话了。

却不料后来，年纪长大，我倒很少生病。三十以后，愈见坚实；寒暖饥饱，不以为意。素食至今满三十年，亦没有什么营养不足问题。每闻朋友同侪或患遗精，或患痔血，或胃病，或脚气病；在我一切都没有。若以体质精力来相较，翻而为朋辈所不及。久别之友，十几年以至二十几年不相见者，每都说我现在还同以前一个样子，不见改变。因而人多称赞我有修养。其实，我亦不知道我有什么修养。不过平生嗜欲最淡，一切无所好。同时，在生活习惯上，比较旁人多自知注意一点罢了。

小时候，我不但瘠弱，并且很呆笨的。约摸六岁了，自己还不会穿裤子。因裤上有带条，要从背后系引到前面来，打一结扣，而我不会。一次早起，母亲隔屋喊我，为何还不起床。我大声气愤地说：妹妹不给我穿裤子呀！招引得家里人都笑了。原来天天要妹妹替我打这结扣才行。

十岁前后，在小学里的课业成绩，比一些同学都较差。虽不是极劣，总是中等以下。到十四岁入中学，我的智力及见发达；课业成绩间有在前三名者。大体说来，我只是平常资质，没有过人之才。在学校时，不算特别勤学；出学校后，亦未用过苦功。只平素心理上，自己总有对自己的一种要求，不肯让一天光阴随便马虎过去。

经过两度家塾四个小学

我于六岁开始读书，是经一位孟老师在家里教的。那时课儿童，入手多是《三字经》《百家姓》，取其容易上口成诵。接着就要读四书五经了。我在《三字经》之后，即读《地球韵言》，而没有读四书。《地球韵言》一书，现在恐已无处可寻得。内容多是一些欧罗巴、亚细亚、太平洋、大西洋之类；作于何人，我亦记不得了。

说起来好似一件奇事，就是我对于四书五经至今没有诵读过，只看过而已。这在同我一般年纪的人是很少的。不读四书，而读《地球韵言》，当然是出于我父亲的意思。他是距今四十五年前，不主张儿童读经的人。这在当时自是一破例的事。为何能如此呢？大约由父亲平素关心国家大局，而中国当那些年间恰是外侮日逼。例如：

清咸丰十年（西历 1860 年）英法陷天津，清帝避走热河。

清光绪十年（西历 1884 年）中法之战，安南（今越南）被法国占去。

又光绪十二年（1886 年）缅甸被英国侵占。

又光绪二十年（1894 年）中日之战，朝鲜被日本占去。

又光绪二十一年（1895 年）台湾割让日本。

又光绪二十三年（1897 年）德国占胶州湾（今青岛）。

又光绪二十四年（1898 年）俄国强索旅顺大连。

在这一串事实之下，父亲心里激动很大。因此他很早倾向变法维新。在他的日记中有这样一段话：

> 却有一种清流所鄙，正人所斥，洋务西学新出各书，断不可以不看。盖天下无久而不变之局，我只力求实事，不能避人讥讪也。（光绪十年四月初六日日记，“论读书次第缓急”）

到光绪二十四年，就是我开蒙读书这一年，正赶上光绪帝变法维新。停科举、废八股，皆他所极端赞成；不必读四书，似基于此。只惜当时北京尚无学校可入。而《地球韵言》则是便于儿童上口成诵，四字一句的韵文，其中略说世界大势，就认为很合用了。

次年我七岁，北京有第一个“洋学堂”（当时市井人都如此称呼）出现，父亲便命我入学。这是一位福建陈先生（镖）创办的，名曰“中西小学堂”。现在看来，这名称似乎好笑。大约当时系因其既念中文，又念英文之故。可惜我从那幼小时便习英文而到现在亦没有学得好。

八岁这一年，英文念不成了。这年闹“义和团”——后来被称为拳匪——专杀信洋教（基督教）或念洋书之人。我们只好将《英文初阶》《英文进阶》（当时课本）一齐烧毁。后来因激起欧美、日本八国联军入北京，清帝避走陕西，历史上称为“庚子之变”。

庚子变后，新势力又抬头，学堂复兴。九岁，我入“南横街公立小学堂”读书。十岁，改入“蒙养学堂”，读到十一岁。十二岁十三岁，又改在家里读书，是联合几家亲戚的儿童，请一位奉天刘先生（讷）教的。十三岁下半年到十四岁上半年，又进入“江苏小学堂”；——这是江苏旅居北京同乡会所办。

因此，我在小学时代前后经过两度家塾四个小学。这种求学得不到安稳顺序前进，是与当时社会之不安、学制之无定，有关系的。

从课外读物说到我的一位父执

我的自学，最得力于杂志报纸。许多专门书或重要典籍之阅读，常是从杂志报纸先引起兴趣和注意，然后方觅它来读底。即如中国的经书以至佛典，亦都是如此。他如社会科学各门的书，更不待言。因为我所受学校教育，以上面说的小学及后面说的中学而止；而这些书典都是课程里没有的。同时我又从来不勉强自己去求学问，作学问家；所以非到引起兴趣和注意，我不去读它的。——我之好学是到真“好”才去“学”的。而对某方面学问之兴趣和注意，总是先借杂志报纸引起来。

我的自学作始于小学时代。奇怪的是在那样新文化初初开荒时候，已有人为我准备了很好的课外读物。这是一种《启蒙画报》，和一种《京话日报》。创办人是我的一位父执，而且是对于我关系深切的一位父执。他的事必须说一说。

他是彭翼仲先生（诒孙），苏州人而长大在北京。祖上状元宰相，为苏州世家巨族。他为人豪侠勇敢；其慷爽尤可爱。论体魄，论精神，俱不似苏州人，却能说苏州话。他是我的谱叔；因他与我父亲结为兄弟之交，而年纪小于我父。他又是我的姻丈，因我大哥是他的女婿，他的长女便是我的长嫂。他又是我的老师，因前说之“启蒙学堂”就是他主办的，我在那里从学于他。

从他的脾气为人（豪侠勇敢），和环境机缘（家住江南、邻近上海得与外面世界相通），就使他必然成为一个爱国志士维新先锋。距今四十年前（1902 年），他在当时全国首都——北京——创办了第一家报纸。严格讲，它是第二家；1901 年先有《顺天时报》出版。但《顺天时报》完完全全为日本人所办。就中国人自办者说，它是第一家；广东人朱淇所办《北京日报》为第二家。当时草创印刷厂，还是请来日本工人作工头的。蒙养学堂和报馆印刷厂都在一个大门里，内部亦相通。我们小学生常喜欢去看他们印刷排版。

彭公手创报纸，共计三种。我所受益底是《启蒙画报》；影响于北方社会最大底，乃是《京话日报》；使他自身得祸的，则是《中华报》。

《启蒙画报》最先出版。他给十岁上下的儿童阅看的。内容主要是科学常识，其次是历史掌故、名人轶事，再则如“伊索寓言”一类的东西亦有；却少有今所谓“童话”者。例如天文、地理、博物、格致（“格物致知”之省文，当时用为物理化学之总名称）、算学等各门都有。全是白话文，全有图画（木版雕刻无彩色）。而且每每将科学撰成小故事来说明。讲到天象，或以小儿不明白，问他的父母，父母如何解答来讲。讲到蚂蚁社会，或用两兄弟在草地上玩耍所见来讲。算学题以一个人作买卖来讲。诸如此类，儿童极其爱看。历史如讲太平天国，讲“平定”新疆等等。就是前二年底庚子变乱，亦作为历史，剖讲甚详。名人轶事如司马光、范仲淹很多古人的事，以至外国如拿破仑、华盛顿、大彼得、俾斯麦、西乡隆盛等等都有。那便是长篇连载的故事了。图画为永清刘炳堂（用烺）所绘。刘先生极有绘画天才，而不是旧日文人所讲究之一派。没有学过西洋画，而他自得西画写实之妙。所画西洋人尤有神肖，无须多笔细描而形相逼真。计出版首尾共有两年之久。我从那里面不但得了许多常识，并且启发我胸中很多道理，一直影响我到后来。

我觉得近若干年所出儿童画报，都远不及它。

《启蒙画报》出版不久，就从日刊改成旬刊（每册约三十多页），而别出一小型日报，就是《京话日报》。内容主要是新闻和论说。新闻以当地（北京）社会新闻占三分［之］二①，还有三分之一是“紧要新闻”，包涵国际国内重大事情。论说多半指摘社会病痛，或鼓吹一种社会运动，甚有推动力量，能发生很大影响，绝无敷衍篇幅之作。它以社会一般人为对象，而不是给“上流社会”看的。因为是白话，所以我们儿童亦能看，只不过不如对《启蒙画报》之爱看。

当时风气未开，社会一般人都没有看报习惯。虽取价低廉，而一般人家总不乐增此一种开支。两报因此销数都不多。而报馆全部开支却不小。自那年（1902 年）春天到年尾，从开办设备到经常费用，彭公家产已赔垫干净，并且负了许多债。年关到来，债主催逼，家中妇女怨谪，彭公忧煎之极，几乎上吊自缢。本来创办之初，我父亲实赞助其事，我家财物早已随着赔送在内；此时还只有我父亲援救他。后来从父亲日记和银钱摺据上批注中，见出当时艰难情形和他们作事动机之纯洁伟大。——他们一心要开发民智，改良社会。这是由积年对社会腐败之不满，又加上庚子（1900 年）亲见全国上下愚蠢迷信不知世界大势，几乎招取亡国大祸，所激动的。

这事业屡次要倒闭，终经他们坚持下去，最后居然得到亨通。到第三年，报纸便发达起来了。然主要还是由于鼓吹几次运动，报纸乃随运动之扩大而发达。一次有东交民巷（各国使馆地界）一个外国兵，欺侮中国穷民，坐人力车不给钱；车夫索钱，反被打伤。《京话日报》一面

① 文中编者所增字用“［ ］”表示。——编者注

在新闻栏详记其事，一面连日著论表示某国兵营如何要惩戒要赔偿才行，并且号召所有人力车夫联合起来，事情不了结，遇见某国兵就不给车子乘坐。事为某国军官所闻，派人来报馆查询，要那车夫前去质证。那车夫胆小不敢去；彭公即亲自送他去。某国军官居然惩戒兵丁而赔偿车夫。此事虽小，而街谈巷议，哄动全城，报纸销数随之陡增。一次美国禁止华工入境，并对在美华工苛刻；《京话日报》就提倡抵制美货运动。我还记得我们小学生亦在通衢闹市散放传单，调查美货等等。此事在当时颇为新颖，人心殊见振奋，运动亦扩延数月之久。还有一次反对英属非洲虐待华工，似在这以前，但没有这次运动热烈。最大一次运动，是国民捐运动。这是由报纸著论，引起读者来函讨论，酝酿颇久而后发动底。大意是为庚子赔款四万万两，分年偿付，为期愈延久，本息累积愈大；迟早总是要国民负担，不如国民自动一次拿出来。以全国四万万人口计算，刚好每人出一两银子，就可以成功。这与后来民国初建时，南京留守黄克强（兴）先生所倡之“爱国捐”，大致相似。此时报纸销路已广，其言论主张已屡得社会拥护。再标出这大题目来，笼罩到每一个人身上，其影响之大真是空前。自车夫小贩、妇女儿童、工商百业以至文武大臣、皇室亲王，无不响应。后因彭公获罪，此事就消沉下去。然至辛亥革命时，在大清银行（今中国银行之前身）尚存有国民捐九十几万银两。计算捐钱的人数，要在几百万以上。

报纸的发达，确是可惊。不看报底北京人，几乎变得家家看报，而且发展到四乡了。北方各省各县，都传播到，像奉天黑龙江（东）、陕西甘肃（西）那么远。同时亦惊动了清廷。西太后和光绪帝都遣内侍传旨下来，要看这报。其所以这样发达，亦是有缘故的。因这报纸的主义不外一是维新，一是爱国；浅近明白正切合那时需要。社会上有些热心人士，自动帮忙，或多购报纸沿街张贴，或出资设立“阅报所”“讲报处”之类。还有被人呼为“醉郭”底一位老者，原以说书卖卜为生。他改行，专门讲报，作义务宣传员。其他类此之事不少。

《中华报》最后出版。这是将《启蒙画报》停了，才出的。在版式上，不是单张的而是成册的。内容以论政为主，文体是文言文。这与《京话日报》以“大众”为对象的，当然不同了。似乎当年彭公原无革命意识，而此报由其妹婿杭辛斋先生（慎修，海宁人）主笔，他却算是革命党人。我当时学力不够看这个报，对它没有兴趣，所以现在不大能记得其言论主张如何。

到光绪三十二年（1907年[①]），《中华报》出版有一年半以上，《京话日报》则届第五年，清政府逮捕彭杭二公并封闭报馆。其实彭公被捕，此已是第二次；不过在我的自学史内不必叙他太多了。这次罪名，据巡警部（如今之内政部）上奏清廷，是“妄论朝政、附和匪党”。杭公定罪是递解回籍，交地方官严加管束；彭公是发配新疆，监禁十年。其内幕真情，是为袁世凯在其北洋营务处（如今之军法处）秘密诛杀党人，《中华报》予以揭出之故。

后来革命，民国成立，举行大赦，彭公才得从新疆回来。《京话日报》于是恢复出版。不料袁世凯帝制，彭公不肯附和，又被封闭。袁倒以后再出版。至民国十年，彭公病故，我因重视它的历史还接办一个时期。

① 此处疑为《梁漱溟全集》中标注错误，应为1906年。——编者注

自学的根本

在上面叙述了我的父亲，又叙述了我的一位父执。这是意在叙明我幼年之家庭环境和最切近之社会环境。关于这环境方面，以上只是扼要叙述，未能周详。例如我母亲之温厚明通，赞助我父亲和彭公的维新运动，并提倡女学，自己参加北京初创第一间女学校“女学传习所”担任教员等类事情都未及说到。然读者或亦不难想象得之。就从这环境中，给我种下了自学的根本：一片向上心。

一面是从父亲和彭公他们的人格感召，使幼稚底心灵隐然萌露对社会对国家的责任感，而鄙视那般世俗谋衣食求利禄底“自了汉”生活。更一面是从那维新前进底空气中，自具一种迈越世俗的见识主张，使我意识到世俗之人虽不必是坏人，但缺乏眼光见识，那就是不行的；因此，一个人必须力争上游。顷所谓一片向上心，大抵在当时便是如此。

这种心理，可能有其偏弊；至少不免流露一种高傲神情。若从好一方面来说，这里面固含蓄得一点正大之气，和一点刚强之气。——我不敢说得多，但至少各有一点点。我自省我终身受用者，似乎在此。

特别是自十三四岁开始，由于这向上心，我常有自课于自己底责任；不论何事，很少须要人督迫。并且有时某些事，觉得不合我意见，虽旁人要我做，我亦不做。固然十岁时爱看《启蒙画报》《京话日报》，几乎成瘾，已算是自学，但真底自学，必从这里（向上心）说起。所谓自学应当就是一个人整个生命的向上自强，要紧在生活中有自觉。单是求知识，却不足以尽自学之事。在整个生命向上自强之中，可以包括了求知识。求知识盖所以濬发我们的智慧识见；它并不是一种目的。有智慧识见发出来，就是生命向上自强之效验，就是善学。假若求知识以至废寝忘食，身体精神不健全，甚至所知愈多头脑愈昏，就不得善学。有人说“活到老，学到老”一句话，这观念最正确。这个“学”显然是自学，同时这个“学”显然就是在说一切做人做事而不止于求些知识。

自学最要紧是在生活中有自觉。读书不是第一件事，第一件事，却是照顾自己身体而如何善用它。——用它来做种种事情，读书则其一种。可惜这个道理，我只在今天乃说得出，当时亦不明白的。所以当时对自己身体照顾不够，例如：爱静中思维，而不注意身体应当活动；饮食、睡眠、工作三种时间没有好的分配调整；不免有少年斫丧身体之不良习惯（手淫）。所幸者，从向上心稍知自爱，还不是全然不照顾它。更因为有一点正大刚强之气，耳目心思向正面用去，下流毛病自然减少。我以个一孱弱多病的体质，到后来慢慢转强，很少生病，精力且每比旁人略优；其故似不外：

一、我虽讲不到修养，然于身体少斫少浪费；虽至今对于身体仍愧照顾不够，但似比普通人略知照顾。

二、胸中恒有一股清刚之气，使外面病邪好像无隙可乘。——反之，偶尔患病，细细想来总是先由自己生命失其清明刚劲、有所疏忽而致。

又如我自幼呆笨，几乎全部小学时期皆不如人；自十四岁虽变得好些，亦不怎样聪明。讲学问又无根底。乃后来亦居然滥侧学者之林，终幸未落于庸劣下愚，倒反受到社会的过奖过爱。此其故，要亦不外：

一、由于向上心，自知好学，虽没有用过苦功，亦从不偷惰。

二、环境好，机缘巧，总让我自主自动地去学，从没有被动地读过死书，或死读书。换句话说：无论旧教育（老式之书房教育）或新教育（欧美传来之学校教育）其毒害唯我受的最少。

总之，向上心是自学的根本；而所有今日的我，皆由自学得来。古书《中庸》上有“虽愚必明，虽柔必强”两句话，恰好借用来说我个人的自学经过（原文第二句不指身体而言，第一句意义亦较专深，故只算借用）。

五年半底中学

我于十四岁那一年（1906 年）的夏天，考入“顺天中学堂”（地址在地安门外兵将局）。此虽不是北京最先成立的一间中学，却是与那最先成立的“五城中学堂”为兄弟者。“五城”指北京的城市；“顺天”指顺天府（京兆）。福建人陈璧，先为五城御史，创五城中学；后为顺天府尹，又设顺天中学。两个学堂的洋文总教习，同由王邵廉先生（天津人，与伍光建同留学英国海军）担任。汉文教习以福建人居多，例如五城以林纾（琴南）为主，我们则以一位跛腿陈先生（忘其名）为主。

当时以初设学校，学科程度无一定标准。许多小学比今日中学程度还高，而那时的中学与大学似亦颇难分别。我的同班同学竟有年纪长我近一倍者；——我十四岁，他二十七岁。有好多同学虽与我们年纪小的同班受课，其实可以为我们的老师而有余。他们诗赋、古文词、四六骈体文，都作得很好；进而讲求到“选学”（昭明文选）。不过因为求出路（贡生、举人、进士）非经过学堂不可；有的机会凑巧得入大学，有的不巧就入中学了。

今日学术界知名之士，如张申府（崧年）汤用彤（锡予）各位，皆是我的老同学。论年级，他们尚稍后于我；论年龄，则我们三人皆相同。我在我那班级上是年龄最小的。

当时学堂里读书，大半集中于英算两门。学生的精力和时间，都用在这上边。年长诸同学，很感觉费力；但我于此，亦曾实行过自学。在我那班上有四个人，彼此很要好。一廖福申（慰慈，福建），二王毓芬（梅庄，北京），三姚万里（伯鹏，广东），四就是我。我们四个都是年纪最小的；——廖与王稍长一两岁。在廖大哥领导之下，我们曾结合起来自学。

这一结合，多出于廖大哥的好意。他看见年小同学爱玩耍不知用功，特来勉励我们。以那少年时代的天真，结合之初，颇具热情。我记得经过一阵很起劲的谈话以后，四个人同出去，到酒楼上吃螃蟹，大喝其酒。廖大哥提议彼此相称不用“大哥”“二哥”“三哥”那些俗气；而主张以每个人的短处标出一字来，作为相呼之名，以资警惕。大家都赞成此议，就请他为我们一个个命名。他给王的名字，是“懦”；给姚的名字，是“暴”；而我的就是“傲”了。真的，这三个字都甚恰当。我是傲，不必说了。那王确亦懦弱有些妇人气；而姚则以赛跑跳高和足球擅长，原是一粗的体育大家。最后，他自名为“惰”。这却太谦了。他正是最勤学的一个呢！此大约因其所要求于自己的，总感觉不够之故，而从他自谦其惰，正可见出其勤来了。

那时每一班有一专任洋文教习，所有这一班的英文、数学、外国地理都由他以英文原本教授。这些位洋文教习，全是天津水师学堂出身，而王劭廉先生的门徒。我那一班是位吕先生（富永）。他们秉承王先生的规矩，教课认真，作事有军人风格。当然课程进行的并不慢。但我们自学的进度，总还是超过他所教的。如英文读本 *Carpenters Reader*（亚洲之一本），先生教到全书的一半时，廖已读完全书，我亦能读到三分之二。纳氏英文文法，先生教第二册未完，我与廖研究第三册了。代数、几何、三角各书，经先生开一个头，廖即能自学下去，无待于先生教了。我赶不上他那样快，但经他携带，总亦走在先生教的前边。廖对于习题一个个都做；其所做算草非常清楚整齐悦目。我便不行了；本子上很多涂改，行款不齐，字迹潦草。比他显得忙乱，而进度反在他之后。廖自是一天才，非平常人之所及[①]。然从当年那些经验上，使我相信没有不能自学的功课。

同时廖还注意国文方面之自学。他在一个学期内，将一部《御批通鉴辑览》圈点完毕。因其为洋版书（当时对于木版书外之铜印、铅印、石印各书均作此称）字小，而每天都是在晚饭前划出一点时间来作的，天光不足。所以到圈点完功，眼睛变得近视了。这是他不晓得照顾身体，很可惜的。这里我与他不同。我是不注意国文方面的。国文讲义我照例不看；国文先生所讲，我照例不听。我另有我所用的功夫，如后面所述，而很少看中国旧书。但我国文作文成绩还不错；偶然亦被取为第一名。我总喜欢作翻案文章，不肯落俗套。有时能出奇制胜，有时亦多半失败。记得一位七十岁的王老师十分恼恨我。他在我作文卷后，严重地批着“好恶拂人之性，灾必逮夫身”的批语。而后来一位范先生偏赏识我。他给我的批语，却是“语不惊人死不休”。

十九岁那一年（1911 年）冬天，我们毕业。前后共经五年半之久。

---

① 廖君后来经清华送出游美学铁路工程，曾任国内各大铁路工程师。

本来没有五年半底中学制度，这是因为中间经过一度学制变更，使我们吃亏。

中学时期之自学

在上面好像已叙述到我在中学时之自学，如自学英文、数学等课，但我所谓自学尚不在此。我曾说了：

> 由于向上心，我常有自课于自己的责任，不论什么事很少要人督迫。……真的自学，必从这里说起。
>
> 自学就是一个人整个生命的向上自强，要紧在生活中有自觉。

所有上节所述只是当年中学里面一些应付课业的情形，还没有当真说到我的自学。

真的自学，是由于向上心驱使我在两个问题上追求不已：一人生问题；二社会问题，亦可云中国问题。此两个问题互有关联之处，不能截然分开，但仍以分别言之为方便。从人生问题之追求，使我出入于西洋哲学印度宗教中国周秦宋明诸学派间，而被人看作是哲学家。从社会问题之追求，使我参加了中国革命，并至今投身社会运动。今届五十之年，总论过去精力，无非用在这两问题上面；今后当亦不出乎此。而说到我对此两问题如何追求，则在中学时期均已开其端。以下略述当年一些事实。

我很早有我的人生思想。约十四岁光景，我胸中已有了一价值标准，时时评判一切人和一切事。这就是凡事看它于人有没有好处，和其好处的大小。假使于群于己都没有好处，就是一件要不得的事了。掉转来，若于群于己都有顶大好处，便是天下第一等事。以此衡量一切并解释一切，似乎无往不通。若思之偶有扞格窒碍，必辗转求所以自圆其说者。一旦豁然复有所得，便不禁手舞足蹈，顾盼自喜。此时于西洋之“乐利主义”“最大多数幸福”“实用主义”“工具主义”等等，尚无所闻。却是不期而然，恰与西洋这些功利派思想相近。

这思想，显然是受先父的启发。先父虽读儒书，服膺孔孟，实际上其思想和为人乃有极像墨家之处。他相信中国积弱全为念书人专务虚文，与事实隔得太远之所误。因此，平素最看不起做诗词做文章的人，而标出“务实”二字为讨论任何问题之一贯的主张。务实之“实”，自然不免要以“实用”“实利”为其主要涵义。而专讲实用实利之结果，当然流归到墨家思想。不论大事小事，这种意思在他一言一动之间到处流露贯彻。其大大影响到我，是不待言的。

不过我父只是有他的思想见解而止；他对于哲学并没有兴趣。我则自少年时便喜欢用深思。所以就由这里追究上去，究竟何谓“有好处”？那便是追究“利”和“害”到底何所指？必欲分析它，确定它。于是就引到苦乐问题上来。又追究到底何谓苦，何谓乐？对于苦乐的研究，是使我深入中国儒家印度佛家的钥匙，颇为重要。后来所作《究元决疑论》① 中，有论苦乐的一段尚可见一斑。而这一段话，却完全是

①《究元决疑论》为二十四岁作，刊于《东方杂志》，后收为东方文库之一单行小册。

十六七岁在中学时撰写的旧稿。在中学里，时时沉溺在思想中，亦时时纪录其思想所得。这类积稿当时甚多，现在无存。

然在当时感受中国问题的刺激，我对中国问题的热心似又远过于爱谈人生问题。这亦为当时在人生思想上，正以事功为尚之故。

当时——光绪末年宣统初年——正亦有当时的国难。当时的学生界，亦曾激于救国热潮而有自请练学生军的事，如“九一八”后各地学生之所为者。我记得我和同班同学雷国能兄，皆以热心这运动被推为代表，请求学堂监督给我们特聘军事教官，并发给枪枝，于正课外加练军操。此是一例；其他像这类的事，当然很多。

为了救国，自然注意政治而要求政治改造。像民主和法治等观念，以及英国式的议会制度、政党政治，早在卅五年前成为我的政治理想。后来所作《我们政治上第一个不通的路——欧洲近代民主政治的路》①，其中诠释近代政治的话，还不出中学时那点心得。——那时对于政治自以为是大有心得的。

自学资料及当年师友

无论在人生问题上或在中国问题上，我在当时已能取得住在北中国内地的人所可能有的最好自学资料。我拥有梁任公先生主编之《新民丛报》壬寅、癸卯、甲辰三整年六巨册，和同时他编的《新小说》（杂志

① 此文见于《中国民族自救运动之最后觉悟》，中华书局出版。

月刊）全年一巨册（以上约共五六百万言）。——这都是从日本传递进来的。还有其他从日本传递进来的，或上海出版的，书报甚多。此为初时（1907 年）之事。稍后（1910 年后）更有立宪派之《国风报》（旬刊或半月刊？在日本印行），革命派之上海《民主报》（日报），按期收阅。——这都是当时内地寻常一个中学生，所不能有的丰富资财。

《新民丛报》一开头有任公先生著的“新民说”；他自署即曰“中国之新民”。这是一面提示了新人生观，又一面指出中国社会应该如何改造的；恰恰关系到人生问题中国问题的双方，切合我的需要，得益甚大。任公先生同时在报上有许多介绍外国某家某家学说的著作，使我得以领会近代西洋思想不少。他还有关于古时周秦诸子以至近世明清大儒的许多论述，意趣新而笔调健，皆足以感发人。此外有《德育鉴》一书，以立志、省察、克己、涵养等分门别类，辑录先儒格言（以宋明为多），而任公自加按语跋识。我对于中国古人学问之最初接触，实资于此。虽然现在看来，这书是无足取的，然而在当年却给我的助益很大。这助益，是在生活上，不徒在思想上。

《新民丛报》除任公先生自作文章约占十分之二外，还有其他人如蒋观云先生（智由）等等的许多文章，和国际国内时事纪载等，约居十分之八，亦甚重要。这些能助我系统地了解当日时局大势之过去背景。因其所记壬寅、癸卯、甲辰（1902 年—1904 年）之事正在我读它时（1907 年—1909 年）之前也。由于注意时局，所以每日报纸如当地之《北京日报》《顺天时报》《帝国日报》等。外埠之《申报》《新闻报》《时报》等，都是我每天必不可少的读物。谈起时局来，我都很清楚，不像普通一个中学生。

《国风报》上以谈国会制度、责任内阁制度、选举制度、预算制度等文章为多；其他如国库制度、审计制度，乃至银行货币等问题，亦常谈到。这是因为当时清廷筹备立宪，各省咨议局亦有联合请愿开国会的运动，各省督抚暨驻外使节在政治上亦有许多建议，而梁任公一派人隐然居于指导地位，即以《国风报》为其机关报。我当时对此运动亦颇热心，并且学习了近代国家法制上许多知识。

革命派的出版物，不如立宪派的容易得到手。然我终究亦得到一些。有《立宪派与革命派之论战》一厚册，是将梁任公和胡汉民（展堂）汪精卫等争论中国应行革命共和抑行君主立宪的许多文章，搜集起来合印的；我反复读之甚熟。其他有些宣传品主于煽动排满感情的，我不喜读。

自学条件，书报资料固然重要，而朋友亦是重要的。在当时，我有两个朋友必须说一说。

一是郭人麟（一作仁林），字晓峰，河北乐亭县人。他年长于我二岁，而班级则次于我。并且他们一班，是学法文底；我们则学英文。因此虽为一校同学，朝夕相见，却无往来。郭君颜貌如好女子，见者无不惊其美艳，而气敛神肃，眉宇间若有沉忧；我则平素自以为是，亦复神情孤峭。彼此一直到第三年方始交谈。但经一度交谈之后，竟使我思想上发生极大变化。

我那时自负要救国救世，建功立业，论胸襟气概似极其不凡；实则在人生思想上，是很浅陋的。对于人生许多较深问题，根本未曾理会到。对于古今哲人高明一些的思想，不但未加理会，并且拒绝理会之。盖受先父影响，抱一种狭隘功利见解，重事功而轻学问。具有实用价值底学问，还知注意；若文学，若哲学，则直认为误人骗人的东西而排斥它。对于人格修养的学问，感受《德育鉴》之启发，固然留意；但意念中却认为"要作大事必须有人格修养才行"，竟以人格修养作方法手段看了。似此偏激无当浅薄无根底思想，早应当被推翻。无如一般人多半连这点偏激浅薄思想亦没有。尽他们不同意我，乃至驳斥我，其力量却不足以动摇我之自信。恰遇郭君，天资绝高，思想超脱，虽年不过十八九而学问几如老宿。他于老、庄、易经、佛典皆有心得，而最喜欢谭嗣同的"仁学"。其思想高于我，其精神亦足以笼罩我。他的谈话，有时嗤笑我，使我惘然如失；有时顺应我要作大事业的心理而诱进我，使我心悦诚服。我崇拜之极，尊为郭师，课暇就去请教，纪录他的谈话订成一巨册，题曰"郭师语录"。一般同学多半讥笑我们，号之为"梁贤人、郭圣人"。

自与郭君接近后，我一向狭隘底功利见解为之打破，对哲学始知尊重；在我的思想上，实为一绝大转进。那同时还有一位同学陈子方，年纪较我们都大，班级亦在前，与郭君为至好。我亦因郭而亲近之。他的思想见解、精神气魄，在当时亦是高于我底，我亦同受其影响。现在两君都不在人世。①

另一朋友是甄元熙，字亮甫，广东台山县人②。他年纪约长一二岁，与我为同班，却是末后插班进来的。本来陈与郭在中国问题上皆倾向革命，但非甚积极。甄君是从（1910 年）广州上海来北京的，似先已与革命派有关系。我们彼此同是对时局积极的，不久成了很好朋友。

但彼此政见不大相同。甄君当然是革命派。我只热心政治改造，而

---

① 陈故去约二十多年，知其人者甚少。郭与李大钊（守常）为乡亲，亦甚友好，因曾在北大图书馆作事。张绍曾为国务总理时，曾一度引为国务院秘书。今故去亦有十年。

② 甄君民国八九年间在广东曾任大元帅府秘书，后来去国到美洲，今似在旧金山办报。

不同情排满。在政治改造上，我又以英国式政治为理想，否认君主国体民主国体在政治改造上有什么等差不同。转而指摘民主国，无论为法国式（内阁制），抑美国式（总统制），皆不如英国政治之善。——此即后来辛亥革命中，康有为所唱“虚君共和论”。在政治改造运动上，我认为可以用种种手段，而莫妙于俄国虚无党人的暗杀办法。这一面是很有效底，一面又破坏不大，免遭国际干涉。这些理论和主张，不待言是从立宪派得来底；然一点一滴皆经过我的往复思考，并非一种学舌。我和甄君时常以此作笔战，亦仿佛梁（任公）汪（精卫）之所为；不过他们在海外是公开底，我们则不敢让人知道。

后来清廷一天一天失去人心，许多立宪派人皆转而为革命派，我亦是这样。中学毕业期近，而武昌起义；到处人心奋动，我们在学堂里更呆不住。其时北京的和天津的保定的学生界秘密互有联络，而头绪不一。适清廷释放汪精卫。汪一面倡和议，一面与李石曾、魏宸组、赵铁桥等暗中组织京津同盟会。甄君同我即参加其中，是为北方革命团体之最大者。所有刺良弼，刺袁世凯，和在天津暴动的事，皆出于此一组织。

初入社会

按常规说，一个青年应当是由“求学”到“就业”；但在近几十年的中国青年，却每每是由“求学”而“革命”。我亦是其中之一个。我由学校出来，第一步踏入广大社会，不是就了某一项职业而是参加革命。

因为青年是社会的未成熟分子，其所以要求学，原是学习着如何参加社会，为社会之一员，以继成熟分子之后。却不料其求了学来革命。革命乃是改造社会。试问参加它尚虞能力不足，又焉得有改造它的能力？他此时缺乏社会经验，对于社会只有虚见（书本上所得）和臆想，尚无认识。试问认识不足，又何从谈到怎样改造呢？这明明是不行的事！无奈中国革命不是社会内部自发的革命，缺乏如西洋那种第三阶级或第四阶级由历史孕育下来的革命主力。中国革命只是最先感受到世界潮流之新学分子对旧派之争，全靠海外和沿海一带传播进来的世界思潮，以激动起一些热血青年。所以天然就是一种学生革命。幼稚、错识、失败都是天然不可免的事，无可奈何。

以我而说，那年不过刚足十八岁；自己的见识和举动，今日回想是很幼稚的。自己所亲眼见的许多人许多事，似都亦不免以天下大事为儿戏。不过青年作事比较认真，动机比较纯洁，则为后来这二三十年的人心所不及。——这是后来的感想，事实不具述。

清帝不久退位，暗杀暴动一类的事，略可结束。同人等多半在天津办报，为公开之革命宣传。赵铁桥诸君所办者，名曰《民意报》。以甄亮甫为首的我们一班朋友，所办底报则名《民国报》。当时经费很充足，每日出三大张，规模之大为北方首创。总编辑为孙炳文浚明烈士（四川叙府人，民国十六年国民党以清党为借口将其杀害于上海）；我亦充一名编辑，并且还作过外勤记者。今日所用漱溟二字，即是当时一笔名，而且出于孙先生所代拟。

新闻记者，似乎是社会上一项职业了。但其任务在指导社会，实亦非一个初入社会之青年学生所可胜任。现在想来，我还是觉得不妥的。这或者是我自幼志大言大，推演得来之结果吗！报馆原来馆址设在天津，后又迁北京（顺治门外大街西面）。民国二年春间，中国同盟会改组中国国民党成立，《民国报》收为党本部之机关报，以汤漪主其事，我们一些朋友便离去了。

作新闻记者生活约一年余。连参预革命工作算起来，亦不满两周年。在此期间内，读书少而活动多，书本上的知识未见长进。而以与社会接触频繁之故，渐晓得事实不尽如理想。对于“革命”“政治”“伟大人物”……皆有“不过如此”之感。有些下流行径、鄙俗心理，以及尖刻、狠毒、凶暴之事，以前在家庭在学校所遇不到底，此时却看见了；颇引起我对于人生，感到厌倦和憎恶。

在此期间，接触最多者当然在政治方面。前此在中学读书时，便梦想议会政治，逢着资政院开会（宣统二年三年两度开会），必辗转恳托介绍旁听。现在是新闻记者，持有长期旁听证，所有民元临时参议院民二国会的两院，几乎无日不出入其间了。此外若同盟会本部和改组后的国民党本部，若国务院等处，亦是我踪迹最密的所在。还有共和建设讨论会（民主党之前身）和民主党（进步党的前身）的地方，我亦常去。当时议会内党派的离合，国务院的改组，袁世凯的许多操纵运用，皆映于吾目而了了于吾心。许多政治上人物，他不熟习我，我却熟习他。这些实际知识和经验，有助于我对中国问题之认识者不少。

激进于社会主义

民国元年已有所谓社会党，在中国出现。这是江亢虎（汪精卫之南京伪政府考试院副院长）在上海所发起的，同时他亦就自居于党魁地位。那时北京且有其支部之成立，主持人为陈翼龙（后为袁世凯所杀）。江亦光绪庚子后北京社会上倡导维新运动之一人，与我家夙有来往，我深知其为人底细。他此种举动，完全出于投机心理。虽有些莫名其妙的人附和他，我则不睬。所有他们发表的言论，我都屏斥，不愿入目。我之倾向社会主义，不独与他们无关，而且因为憎恶他们，倒使我对社会主义隔膜了。

论当时风气，政治改造是一般人意识中所有；经济改造则一般人意识中所无。仅仅“社会主义”这名词，偶然可以看到而已（共产主义一词似尚未见），少有人热心研究它。元年（1912 年）八月，中国同盟会改组为国民党时，民生主义之被删除，正为一很好例证。同盟会会章的宗旨一条，原为“本会以巩固中华民国，实行民生主义为宗旨”；国民党党章则改为“巩固共和，实行平民政治”。这明明是一很大变动，旧日同志所不喜；而总理孙先生之不愿意，更无待言。然而毕竟改了。而且八月廿五日成立大会（在北京虎坊桥湖广会馆之剧场举行），我亦参加。我亲见孙总理和黄克强先生都出席，为极长极长之讲演，则终于承认此一修改，又无疑问[①]。这固然见出总理之虚怀，容纳众人意见；而经

① 以我个人记忆所及，此次改组，内部争执甚大。即在定议之后，尤复有人蓄意破坏。成立大会，似分在北京上海两地同时开会。沪会即因此斗争而散；北京方面以孙黄二公亲临，幸得终局。当时争点，一即删去民生主义，而于别一条文中列有民生政策；又一则同盟会原有女同志，而新党章不收女党员。当场有女同志唐群英、沈佩贞、伍崇敏等起而质问，并直奔台上向宋教仁寻殴，台下亦有人鼓噪。唯赖总理临场讲演，以靖秩序。时值盛夏，天气炎热，总理话已讲完。左右频请续讲，以致拖长数小时之久，汗流满面。勉强散票选举，比将票收齐，已近天黑。自早晨八时开会，至此盖已一整天矣。在当时主持改组者，盖以为宪政之局已定，只求善于运用，远如欧美之产业发达，近如日本之经济建设，皆不难循序而进。此时只须实行社会政策，足防社会问题于未来，无唱社会主义之必要。而运用宪政则在政党。故改组即在泯除暴力革命秘密结社之本色，而化为宪政国家之普通政党，俾与一般社会相接近，以广结同志，多得选民也。

济问题和社会主义之不为当时所理会，亦完全看出了。

我当时对中国问题认识不足，亦以为只要宪政一上轨道，自不难步欧美日本之后尘，为一近代国家。至于经济平等，世界大同，乃以后之事，现在用不到谈它。所见正与流俗一般无二。不过不久我忽然感触到“财产私有”是人群一大问题。

约在民国元年尾二年初，我偶然一天从家里旧书堆中，检得《社会主义之神髓》一本书，是日本人幸得秋水（日本最早之社会主义者，死于狱中）所著，而张溥泉（继）先生翻译的，光绪三十一年上海出版。此书在当时已嫌陈旧，内容亦无深刻理论。它讲到什么“资本家”“劳动者”底许多话，亦不引起我兴味；不过其中有些反对财产私有的话，却印入我心。我即不断地来思索这个问题。愈想愈多，不能自休。终至引我到反对财产私有的路上，而且激烈地反对，好像忍耐不得。

我发现这是引起人群中间生存竞争之根源。由于生存竞争，所以人们常常受到生活问题的威胁，不免于巧取豪夺。巧取，极端之例便是诈骗；豪夺，极端之例便是强盗。在这两大类型中包含各式各样数不尽底事例，而且是层出不穷。我们出去旅行，处处要提防上当受欺。一不小心，轻则损失财物，大则丧身失命。乃至坐在家里，受至亲至近之人所欺者，耳闻目见亦复不鲜。整个社会没有平安地方，说不定诈骗强盗从那里来。你无钱，便受生活问题底威胁；你有钱，又受这种种威胁。你可能饿死无人管，亦可能四周围的人都在那儿打算你！啊呀！这是什么社会？这是什么人生？——然而这并不新奇。财产私有，生存竞争，自不免演到这一步！

这在被欺被害底人，固属不幸而可悯；即那行骗行暴底人，亦太可怜了！太不像个“人”了！人类不应当这个样子！人间的这一切罪恶社会制度（财产私有制度）实为之，不能全以责备哪个人。若根源上不解决，徒以严法峻刑对付个人，囚之杀之，实在是不通的事。我们即从法律之禁不了，已可证明其不通与无用。

人间还有许多罪恶，似为当事双方所同意，亦且为法律所不禁的，如许多为了金钱不复计及人格的事。其极端之例，便是倡优。社会上大事小事，属此类型，各式各样亦复数之不尽。因为在这社会上，是苦是乐，是死是活，都决定于金钱。钱之为用，乃广大无边，而高于一切；拥有大量钱财之人，即不啻握有莫大权力，可以役使一切了。此时责备有钱底人，不该这样用他的钱；责备无钱人，不该这样出卖自己。高唱道德，以勉励众人。我们亦徒见其迂谬可笑，费尽唇舌，难收效果而已！

此外还有法律之所许可，道德不及纠正，而社会无形予以鼓励底事；那便是经济上一切竞争行为。竞争之结果，总有许多落伍失败的人，陷于悲惨境遇。其极端之例，便是乞丐。有的不出来行乞，而境遇悲惨须人救恤者，同属这一类型。大抵老弱残废孤寡疾病底人，竞争不了，最容易落到这地步。我认为这亦是人间的一种罪恶。不过这种罪恶，更没有哪一个负其责，显明是社会制度的罪恶了。此时虽有慈善家来举办慈善事业以为救济，但不从头理清此一问题，支支节节，又能补救得几何？

此时普及教育是不可希望的，公共卫生是不能讲的，纵然以国家力量勉强举办一些，无奈与其社会大趋势相反何？——大趋势使好多人不能从容以受教育，使好多人无法讲求卫生。社会财富可能以自由竞争而增进（亦有限度），但文化水准不见得比例地随以增高，尤其风俗习惯想要日进于美善，是不可能底。因根本上先失去人心的清明安和，而流于贪吝自私。再加以与普及教育是矛盾底，与公共卫生是矛盾底，那么，将只有使身体方面心理方面日益败坏堕落下去！

人类日趋于下流与衰败，是何等可惊可惧的事！教育家挽救不了；卫生家挽救不了；宗教家、道德家、哲学家都挽救不了。什么政治家、法律家更不用说。拨本塞源，只有废除财产私有制度，以生产手段归公，生活问题基本上由社会共同解决，而免去人与人间之生存竞争。——这就是社会主义。

我当时对于社会主义所知甚少，却十分热心。其所以热心，便是认定财产私有为社会一切痛苦与罪恶之源，而不可忍地反对它。理由如上所说亦无深奥，却全是经自己思考而得。是年冬，曾撰成《社会主义粹言》一种（内容分十节，不过万二三千字），自己写于蜡纸，油印数十本赠人。今无存稿。唯在《漱溟卅前文录》中，有《槐坛讲演之一段》一篇，是民国十二年春间为曹州中学生所讲，讲到一点从前的思想。

那时思想，仅属人生问题一面之一种社会理想，还没有扣合到中国问题上。换言之，那时只有见于人类生活须要社会主义，却没有见社会主义在中国问题上，有其特殊需要。

出世思想

我大约从十岁开始即好用思想。其时深深感受先父思想的影响，若从今日名词言之，可以说在人生哲学上重视实际利害，颇暗合于中国古代墨家思想，或西方近代英国人的功利主义。——以先父似未尝读墨子书，更不知有近代英国哲学，故云暗合。

大约十六七岁时，从利害之分析追问，而转入何谓苦何谓乐之研索，归结到人生唯是苦之认识，于是遽尔倾向印度出世思想了。十七岁曾拒绝母亲为我议婚，二十岁开始茹素，寻求佛典阅读，怀抱出家为僧之念，直至二十九岁乃始放弃。——放弃之由，将于后文第十八节言之。

按：1969年秋间曾写有《自述早年思想之再转再变》一文，实为此节最好参考之资料，兹不烦重加述说。又关于苦乐问题之研索，则早年《究元决疑论》一文内有一段述说，可资参看。

学佛又学医

我寻求佛典阅读之，盖始于民国初元，而萃力于民国三年前后。于其同时兼读中西医书。佛典及西医书均求之于当时琉璃厂西门的有正书局。此为上海有正书局分店。据闻在上海主其事者，为狄葆贤，号平子，又号平等阁主，崇信佛法，《佛学丛报》每月一期，似即其主编。金陵刻经处刻出之佛典，以及常州等处印行之佛典，均于此流通，任人觅购。《佛学丛报》中有李证刚（翊灼）先生文章，当时为我喜欢读。但因无人指教，自己于佛法大乘小乘尚不分辨，于各宗派更属茫然，遇有佛典即行购求，亦不问其能懂与否。曾记得“唯识”“因明”各典籍最难通晓，暗中摸索，费力甚苦。

所以学佛又学医者，虽心慕金刚经所云“入城乞食”之后制，自度不能行之于今，拟以医术服务人民取得衣食一切所需也。恰好有正书局代售上海医学书局出版之西医书籍，因并购取读之。据闻此局主事者丁福保氏，亦好佛学，曾出版佛学辞典等书。丁氏狄氏既有同好，两局业务遂以相通。其西医各书系由日文翻译过来，有关于药物学、内科学、病理学、诊断学等著作十数种之多，我尽购取闭户研究。

中医古籍则琉璃厂各书店多有之。我所读者据今日回忆似以陈修园四十八种为主,《黄帝内经》以至张仲景《伤寒》《金匮》各书均在其中。我初以为中西医既同以人身疾病为研究对象，当不难沟通，后乃知其不然。中西两方思路根本不同，在某些末节上虽可互有所取，终不能融合为一。其后既然放弃出家之想，医学遂亦置而不谈。

父亲对我信任且放任

此节的最好参考资料是我所为《思亲记》一文（见先公遗书卷首）。吾父对我的教育既经叙述在第二节，今此节不外继续前文。其许多事实则具备于《思亲记》所记之中，兹分别概述如下：

父亲的信任我，是由于我少年时一些思想行径很合父意，很邀嘉赏而来。例如我极关心国家大事，平素看轻书本学问而有志事功，爱读梁任公的《新民丛报》《德育鉴》《国风报》等书报，写作日记，勉励自己。这既有些像父亲年轻时所为，亦且正和当时父亲的心理相合。每于晚饭后谈论时事，我颇能得父亲的喜欢。又如父亲向来佩服胡林翼慷慨有担当，郭嵩焘识见不同于流俗，而我在读到《三名臣书牍》《三星使书牍》时，正好特别重视这两个人。但这都是我十四五岁以至十九岁时的事情，后来就不同了。

说到父亲对我的放任，正是由于我的思想行动很不合父亲之意，且明示其很不同意于我，但不加干涉，让我自已回心转意。我不改变，仍然听任我所为，这便是放任了。

不合父意的思想行动是哪些呢？正如《思亲记》原文说的——

> 自（民国）元年以来谬慕释氏，语及人生大道必归宗天竺，策数世间治理则矜尚远西。于祖国风教大原，先民德礼之化顾不知留意。

实则时间上非始自民国元年，而早在辛亥革命时，我参加革命行动，父亲就明示不同意了，却不加禁止。革命之后，国会开会，党派竞争颇多丑剧，父亲深为不满，而我迷信西方政制，以为势所难免，事事为之辩护。虽然父子好谈时事一如既往，而争论剧烈大伤父心。——此是一方面。

再一方面，就是我的出世思想，好读佛典，志在出家为僧，父亲当然大为不悦。但我购读佛书，从来不加禁阻。我中学毕业后，不愿升学，以至我不结婚，均不合父意，但均不加督促。只是让我知道他是不同意的而止。这种宽放态度，我今天想起来仍然感到出乎意料。同时，我今天感到父亲这样态度对我的成就很大，实在是意想不到的一种很好的教育。不过我当时行事亦自委婉，例如吃素一事（守佛家戒律）要待离开父亲到达西安时方才实行。所惜我终违父意，父在世时坚不结婚；其后我结婚则父逝既三年矣。

当年倾慕的几个人物①

吾父放任我之所为，一不加禁，盖相信我是有志向上的人，非趋向下流，听其自己转变为宜。就在此放任之中，我得到机会大走自学之路，没有落于被动地受教育地步。大约从十四五岁到十八九岁一阶段，我心目中有几个倾慕钦佩的人物，分述如下：

梁任公先生当然是头一个。我从壬寅、癸卯、甲辰（1902 年—1904 年）三整年的《新民丛报》学到很多很多知识，激发了志气，受影响极大。我曾写有纪念先生一文，可参看。文中亦指出了他的缺点。当年钦仰的人物，后来不满意，盖非独于任公先生为然。

再就是先舅氏张镕西先生耀曾，为我年十四五之时所敬服之人。镕舅于母极孝，俗有“家贫出孝子”之说，确是有理。他母亲是吾父表姐，故尔他于吾父亦称舅父，且奉吾父为师。他在民国初年政治中，不唯在其本党（同盟会、国民党）得到群情推重信服，而且深为异党所爱重。我在政协《文史资料选辑》中写有一文可参看。惜他局限于资产阶级的政治思想，未能适应社会主义新潮流。

再就是章太炎先生（炳麟）的文章，曾经极为我所爱读，且惊服其学问之渊深。我搞的《晚周汉魏文钞》，就是受他文章的影响。那时我正在倾心学佛，亦相信了他的佛学。后来方晓得他于佛法竟是外行。

再就是章行严先生（士钊）在我精神上的影响关系，说起来话很长。我自幼喜看报纸。十四岁入中学后，学校阅览室所备京外报纸颇多，我

① 参见本书“自我评价”一章中“在生活和思想上对我影响最大的人”一节。——编者注

非止看新闻，亦且细看长篇论文。当时北京有一家《帝国日报》常见有署名“秋桐”的文章，讨论宪政制度，例如国会宜用一院制抑二院制的问题等等。笔者似在欧洲，有时兼写有《欧游通讯》刊出，均为我所爱读。后来上海《民立报》常见署者“行严”的论文，提倡讲逻辑。我从笔调上判断其和“秋桐”是一个人的不同笔名又在梁任公主编的《国风报》（一种期刊、出版于日本东京）上见有署名“民质”的一篇论翻译名词的文章，虽内容与前所见者不相涉，但我又断定必为同一个人。此时始终不知其真实姓名为谁。

后来访知其真姓名为章士钊，我所判断不同笔名实为一个人者果然不差。清廷退位后，孙中山先生以临时总统让位于袁世凯，但党（同盟会）内决议定都南京，要袁南下就职，《民立报》原为党的机关报，而章先生主持笔政，却发表其定都北京之主张。党内为之哗然；又因章先生本非同盟会会员，群指其为报社内奸。于是章先生乃不得不退出《民立报》。自己创办一周刊标名《独立周报》，发抒个人言论。其发刊词表明自己从来独立不倚 independent 的性格，又于篇末附有寄杨怀中先生（昌济）长达一二千字的书信。书信内容说他自己虽同孙（中山）黄（克强）一道奔走革命，却不加入同盟会之事实经过（似是因加入同盟会必誓言忠于孙公并捺手指印模，而他不肯行之）。当时他所兄事的章太炎、张溥泉两位，曾强他参加，至于把他关锁在房间内，如不同意参加便不放出（按此时他年龄似尚不足二十岁），而他终不同意。知此事者不多，怀中先生却知道，可以作证。《独立周报》发刊，我曾订阅，对于行严先生这种性格非常喜欢。彼此精神上，实有契合，不徒在文章之末。

其后，章先生在日本出版《甲寅》杂志，我于阅读之余，开始与他通信，曾得答书不少，皆保存之，可惜今尽失去。其时正当孙黄二次革命失败，袁世凯图谋帝制，人心苦闷，《甲寅》论著传诵国内，极负盛名。不久章先生参预西南倒袁之役，担任军务院秘书长。袁倒黎继，因军务院撤销问题，先生来北京接洽结束事务，我们始得见面。但一见之后，即有令我失望之感。我认为当国家多难之秋，民生憔悴之极，有心人必应刻苦自励，而先生颇以多才而多欲，非能为大局负责之人矣。其后细行不检，嫖、赌、吸鸦片无所不为，尤觉可惜。然其个性甚强，时有节概可见，九十高龄犹勤著述（我亲见之）自不可及。

思想进步的原理

思想似乎是人人都有的，但有而等于没有的，殆居大多数。这就是在他头脑中杂乱无章，人云亦云，对于不同的观点意见，他都点头称是。思想或云一种道理，原是对于问题的解答。他之没有思想正为其没有问题。反之，人之所以有学问，恰为他善能发见问题，任何微细不同的意见观点，他都能觉察出来，认真追求，不忽略过去。问题是根苗，大学问像一棵大树，从根苗上发展长大起来，而环境见闻（读书在其内），生活实践，则是它的滋养资料，久而久之自然蔚成一大系统。思想进步的原理，一言总括之，就是如此。

往年曾有《如何成功今天的我》一篇讲演词（见于商务馆出版的《漱溟卅后文录》），又旧著《中国文化要义》书前有一篇《自序》均可资参看。

东西文化问题

我既从青年时便体认人生唯是苦，觉得佛家出世最合我意，茹素不婚，勤求佛典，有志学佛。不料竟以《究元决疑论》一篇胡说瞎论引起蔡元培先生注意，受聘担任北大印度哲学讲席。这恰值新思潮（五四运动）发动前夕。当时的新思潮是既倡导西欧近代思潮（赛恩斯与德谟克拉西）[1]，又同时引入各种社会主义学说的。我自己虽然对新思潮莫逆于心，而环境气氛却对我讲东方古哲学的无形中有很大压力。就是在这压力下产生出来我《东西文化及其哲学》一书。这书内容主要是把西洋、中国、印度不相同的三大文化体系各予以人类文化发展史上适当的位置，解决了东西文化问题。

回到世间来

《东西文化及其哲学》一书，在人生思想上归结到中国儒家的人生，并指出世界最近未来将是中国文化的复兴。这是我从青年以来的一大思想转变。当初归心佛法，由于认定人生唯是苦（佛说四谛法：苦、集、灭、道），一旦发见儒书《论语》开头便是“学而时习之不亦乐乎”，一直看下去，全书不见一苦字，而乐字却出现了好多好多，不能不引起我

① Science（科学）、Democracy（民主）的音译，五四时期称为“赛先生”“德先生”。——编者注

极大注意。在《论语》书中与乐字相对待的是一个忧字。然而说“仁者不忧”，孔子自言。“乐以忘忧”，其充满乐观气氛极其明白；是何为而然？经过细心思考反省，就修正了自己一向的片面看法。此即写出《东西文化及其哲学》的由来，亦就伏下了自己放弃出家之念，而有回到世间来的动念。

动念回到世间来，虽说触发于一时，而早有其酝酿在的。这就是被误拉进北京大学讲什么哲学，参入知识分子一堆，不免引起好名好胜之心。好名好胜之心发乎身体，而身则天然有男女之欲。但我既蓄志出家为僧，不许可婚娶，只有自己抑制遏止其欲念。自己精神上就这样时时在矛盾斗争中。矛盾斗争不会长久相持不决，逢到机会终于触发了放弃一向要出家的决心。

机会是在 1920 年春初，我应少年中国学会邀请作宗教问题讲演后，在家补写其讲词。此原为一轻易事，乃不料下笔总不如意，写不数行，涂改满纸，思路窘涩，头脑紊乱，自己不禁诧讶，掷笔叹息。即静心一时，随手取《明儒学案》翻阅之。其中泰州王心斋一派素所熟悉，此时于东崖语录中忽看到“百虑交锢，血气靡宁”八个字蓦地心惊：这不是恰在对我说的话吗？这不是恰在指斥现时的我吗？顿时头皮冒汗，默然有省。遂由此决然放弃出家之念。是年暑假应邀在济南讲演《东西文化及其哲学》一题，回京写定付印出版，冬十一月尾结婚。

在北京大学

1920 年，在北京大学任教期间的梁漱溟，
左为他的夫人黄靖贤

本章原题为《五四运动前后的北京大学》，约写成于 20 世纪 60 年代后期。录自《梁漱溟全集》第 7 卷，山东人民出版社 1993 年版。关于在北大的经历，可参见作者为北京大学九十周年而作的《值得感念的岁月》。——编者注

我到北大任教的经过

我到北京大学任教，始于 1917 年下学期，而受聘则在其前一年蔡先生初接任北大校长之时。蔡先生之知我，是因看到那年（1916 年）6、7、8 月上海《东方杂志》上连载我写的《究元决疑论》一篇长文。文中妄以近世西洋学说阐扬印度佛家理论，今日看来实无足取，而当时却曾见赏于许多人。记得蔡先生和陈独秀先生（新任文科学长，相当于后来之文学院长），以印度哲学讲席相属之时，我本不敢应承的。我说：我只不过初涉佛典，于此外的印度哲学实无所知。而据闻在欧洲在日本一般所谓印度哲学，皆指“六派哲学”而言，其中恰没有佛家。蔡先生反问：“你说你教不了印度哲学，那么，你知有谁能教印度哲学呢？”我说不知道。蔡先生说：“我们亦没有寻到真能教印度哲学的人。横竖彼此都差不多，还是你来吧！你不是爱好哲学吗？我此番到北大，定要把许多爱好哲学的朋友都聚拢来，共同研究，互相切磋；你怎可不来呢？你不要当是老师来教人，你当是来合作研究，来学习好了。”他这几句话打动了我，只有应承下来。

虽则答应了，无奈我当时分不开身，当时我正为司法总长张镕西先生（耀曾）担任司法部秘书。同时任秘书者有沈衡山先生（钧儒）。沈先生多为张公照料外面周旋应付之事，我则为掌理机要函电。倒袁者本以西南各省为主，张公实代表西南滇川两粤而入阁。正在南北初统一，政治上往来机密函电极多，我常常忙到入夜。我既于此门功课夙无准备，况且要编出讲义，如何办得来？末后只得转推许季上先生（丹）为我代课。

及至次一年，经过张勋复辟之役，政府改组，镕西先生下野，我亦去职，南游入湘。10 月间在衡山的北军王汝贤等部溃走长沙，大掠而北，我亦不得安居，随着溃兵难民退达武汉，就回北京了。因感于内战为祸之烈，写了一篇《吾曹不出如苍生何》，呼吁有心人出来组织“国民息兵会”，共同制止内战，养成民主势力。自己印刷数千册，到处分送与人。恰这时许先生大病，自暑假开学便缺课，蔡先生促我到校接替，于是才到北大。

许季上先生在佛学上的素养远胜于我，又且长于西文。他讲印度哲学，一面取材西籍，一面兼及佛典。我接替他，又得吴检斋先生（承仕）借给我许多日文的印度哲学书籍作参考。其后，我出版的《印度哲学概论》就是这样凑成的。我在北大，随后又开讲一门唯识哲学，自己编写了《唯识述义》三册，次第付印（今已无存）。对于讲唯识，我后来有些不敢自信，建议蔡先生由我去南京支那内学院请人来讲。初意打算请吕秋逸先生（澂），未成事实，改请了熊十力先生。熊先生来到北大，即有《新唯识论》之创作。他却是勇于自信而不信古人的。1920 年我提出“东西文化及其哲学”作了一个月的讲演，不在哲学系课程之内。然却由此在哲学系添讲儒家哲学一课。到 1924 年暑期我自己去山东办学，辞离北大，计在校共有六个整年。

当时有关佛学的其他讲座

当时我讲的印度哲学既括有佛学在内，又且专开一门唯识哲学。但在爱好哲学从而爱好佛学的蔡先生，犹以为未足，先后又请了几位先生任讲佛学。一位是张尔田先生（孟劬）讲《俱舍论》（代表小乘）；一位是张克诚先生曾讲了《八识规矩颂》《观所缘缘论》（代表相宗或称有宗）；还有一位邓高镜先生（伯诚）曾讲了《百论》（代表性宗或称有宗）。虽然其时间都不长，似亦不列入哲学系正式课程之内，然而蔡先生之好学却于此可见。其中张克诚先生，原是先在西四牌楼广济寺自愿宣讲，任人来听的。蔡先生和校中一二同事亲往听讲几次，便约请其到校内来讲了。

我们从许多处皆可看出蔡先生对学术、对教育、对社会运动有他一股热诚，不愧为应乎其时代需要的革命家，而全然不是一位按照章则规程办事的什么大学校长。所有的史料均足为证明，即如上述一些小事亦复可见。

哲学系的盛况

蔡先生曾创立以美育代宗教的学说，又尝在校自己讲授过美学。他为哲学系先后聘请的教员很多，我不能悉记，即不能备举。我且举一个张竞生。这是从美育、美学而联想起来的，因为张先生曾讲了一年《美的人生观》。并且把它印成了书出版。这自然是他自己的学说。其后，他在校外又出版一种《性史》，似是陆续发行的期刊，其内容猥亵，很遭物议。我虽亦认为给社会的影响不良，然却谅解其人似与下流胡闹者有别。总之，由蔡先生的哲学兴趣，又请了一些有哲学兴趣的教员，便开发了学生们的哲学兴趣。哲学系在当时始终为最重要的一个学系，估量比其他任何学系的学生都多。特别是自由听讲的人极多，除了照章注册选修这一哲学课程者外，其他科系的学生，其他学校的学生（例如琉璃厂高师的学生，太仆寺街法专的学生等等），乃至有些并非在校学生，而是壮年中年的社会好学人士，亦来入座听讲①。往往注册部给安排的教室，临时不合用。就为按照注册人数，这间教室座位可以容得下，而实则听讲的人竟然多出一倍。我自己的经验，当 1923 年前若后，我讲儒家思想一课，来听讲的通常总在 200 人左右。初排定在红楼第一院某教室，却必改在第二院大讲堂才行。学年届满，课程结束，举行考试的试卷亦有 90 多本。此即注册的正式学生之数了。大约胡适之讲课，其听讲的人可能比这还要多。

然而莫以为来听的人，都是钦佩这位主讲的。例如有彭基相、余光伟等同学，他们都不大同意我之所讲。据闻他们对旁人说：“我是来听他荒谬到什么程度。”这种态度并不可厚非，这正见出当时学术气氛的浓厚。大家都在为学术，所以学生求学非只为取得资格、取得文凭。记得同学朱谦之曾反对学校考试，向校当局申明自己不参加考试。蒋梦麟代校长有书面答覆张贴出来，说不参加考试是可以的，不过没有成绩

① 以我所知，广东伍庸伯先生（观淇）、苏北江问渔先生（恒源）在当时皆年近四旬，而天天在北大听课的。伍先生听课达一年之久。江先生在当时是一位农商部主事。他一面任职，一面听课，竟然取得正式毕业资格。

分数，将来便没有毕业文凭。像这样不计较分数和文凭者颇有其人，非只朱一个。同时，我还清楚记得张贴出来的答覆上面，竟称他“谦之先生”。这位校长先生又未免太客气了吧!

蔡校长在北大的一段历史意义不寻常

今天的新中国必以新民主主义革命为其造端，而新民主主义革命则肇启于五四运动。但若没有当时的北京大学，就不会有五四运动出现；而若非蔡先生长校，亦即不可能有当时的北京大学。直截了当地说，1921年中国共产党的诞生。1924年孙中山先生改组中国国民党，国共第一次合作，都是从五四运动所开出的社会思想新潮流而来的。毛主席曾说过这样一些话，可以为证：

> 自有中国历史以来，还没有过这样伟大而彻底的文化革命。当时以反对旧道德提倡新道德、反对旧文学提倡新文学，为文化革命的两大旗帜，立下了伟大的功劳。
>
> 五四运动是在思想上和干部上准备了1921年中国共产党的成立，又准备了五卅运动和北伐战争。(以上均见《新民主主义论》)

如所周知，这是远从世界历史、近从中国历史当其时机运会到来所起的一大变化，自有许多人聚合参预其间，不能归功于任何一个人。然人必有主从，事必有先后。论人则蔡先生居首，论事则《新青年》出版在先。许多人的能以聚合是出自蔡先生的延聘，而《新青年》的言论倡导正都出自这许多人的手笔。

陈独秀创刊《新青年》，始于1915年，经过一年多，1916年蔡先生聘他为文科学长。蔡先生一向主张办大学要以文、理两科为主；所有其他法、商、工、农、医等科都是在这两科学术基础上的发挥应用。故尔，作为全国最高学府的北京大学，其任务全在把文、理两科办好。两科比较，文科尤为蔡自己兴趣所在，则其聘陈，非出一时随便可知。据我当时见闻，事情却又凑巧，蔡来京就校长职，税居南城官菜园上街。陈适亦为上海亚东图书馆（一个出版社，《新青年》初由其印行）募集股款来京，住于旅馆中。两位先生虽早相识，然对于文科学长人选，蔡初未有意于陈，旁人力荐，经访谈几次极洽，乃定局。陈是反封建的一位闯将，是新文化运动的急先锋。其为人圭角毕露，其言论锋芒逼人，恰与蔡先生的为人态度不相似而极相反。人人皆知蔡先生长北大，于新旧各派人物兼收并蓄，盛极一时。然其内心倾向坚持在新的一面，我们从其用陈见之，尤于其后一力支持陈氏见之。校外固然把陈当作洪水猛兽来反对，校内亦有不少人对他有反感，因为他往往说话得罪人（例如在会议席上当面给理科学长夏元瑮以难堪之类），而且他细行不检，更予人以口实。然以有蔡先生自己出面对外承担一切，对内包容不疑不摇，故卒能俾陈发挥其作用。

胡适到北大，即由陈引来。行严先生与蔡与陈皆相熟，至好。很快经邀聘到校，任教逻辑一课兼图书馆主任，但未能久于其事[①]。李大钊

① 据章行严先生谈，清末革命，他与蔡先生同搞“爱国学社”，与陈同办《国民日报》，多年相熟友好。蔡、陈于1916年接北大事，他恰去日本，经函电邀聘，立即应聘到校。但次年广东护法方面七总裁拥岑春煊为主，发表他为秘书长，事前并未征求他同意。在南北对抗局中，使他不得安于北大，遂尔离去云。

则由章行严力荐而来；并且以所任图书馆主任让李。鲁迅（周树人）则是早先经蔡先生引用于教育部，此时又请其来校兼课的。此外的人物当然还多。还有同学中亦出了不少有力人物，皆与当时运动有关。然人物尽多，其中要以陈、胡、李、周四人起的作用最大。其影响所及不限于校内，抑且不限于北京一地而能风动全国者，则以种种刊物是不胫而走的。这些刊物，《新青年》而外，如《每周评论》《新潮》《努力》等等尚多，然其中要以《新青年》起的作用最大，又不待言。以时间计之，“五四”“六三”是 1919 年 5 月、6 月的事，其时《新青年》刊行既满三年有半。正为在事前有这三年多的酝酿发酵而后乃有北京八校的学生行动和上海各地的罢工、罢市那些风潮出现，不是吗？

试看，毛主席之从湖南来北京大学旁听各课[1]，不正是被新思潮吸引而来，不正是在五四运动发生的一年之前吗？那时非独青年学子多被吸引北来，就是年纪大很多的，亦有不少人其思想有烦闷、生命有活力亦一样抱着为解决问题的心情而北来。例如今天年过九旬的张难先这位老人家，就是其中之一，当时他且将五旬了。据我所知，不一其例，且不多举。

核论蔡先生一生，没有什么其他成就，既不以某种学问见长，亦无一桩事功表见。然而他所成就之伟大，却又非寻常可比。这就是：他从思想学术上为国人开导出一新潮流，冲破了社会旧习俗，推动了大局政

---

① 毛主席在长沙师范求学之时，最受知于教师杨怀中先生（昌济），情谊极深。1917 年间，杨任北大哲学系教授，讲西洋伦理学史等课，住家地安门鼓楼东豆腐池胡同。毛主席北来，即投住其家，一面经杨介绍为图书馆职员，一面缴费做旁听生听课。正值五四行动之时，毛主席却未在北京。我在当年与杨先生曾彼此互有过从，顾未及结识毛主席。

治，为中国历史揭开新的一页。在这里，他并非自己冲锋陷阵的。他之所以能成其功，全在他罗致聚合了上述许多人物，倾心倾力维护他们，并从而直接间接培养出了许多青年后起人物。

雄辩会

雄辩会是当时北大同学间发起成立的一种组织，主要以练习作讲演和彼此辩论为务。据我记忆，起始于 1918 年春季，参加者以法科同学居多数。我当时担任着印度哲学讲席，而在古印度社会公开辩论哲理之风最盛，其“因明”之学即发端并发展于此。因此同学们曾邀我在他们会上讲过一次话。其会务主要负责人，记得是方豪、雷国能等同学。此会后来发展如何，延续下去有多久，不详。

行知会

“行知会”抑或为“行知社”，其名称我记不明确。其发起成立似较晚，大约在 1922 年或 1923 年了。这是由哲学系同学们所发起，而参加者亦以哲学系同学居多。当时北大同学中间的种种组织非常之多，或注意知识方面，或注意艺术方面，或注意社会问题而有志于社会运动。唯此会则以个人的品德行谊为其注意所在；只要求各人就其所知所信而勉行之，故称“行知会”。参加的同学人数不多，约二三十人。不过教员方面被邀请参加者亦颇有人，我本人即其中之一。据记忆，还有徐炳昶先生（旭生）、屠孝寔先生（正叔）；乃至其时在校任课的德国人卫礼贤先生亦参加。凡会员初次出席于会者，即自己谈其所知所信和过去生活经历，以及今后如何自勉。记得我曾亲听到卫礼贤自谈其早年如何来到中国传教，久而久之，如何如何大大佩服了中国文化和学术，今后回国将以毕生精力从事译述宣传云云（他的中国语文很好）。其时负责会务者，只记得一个同学是河南人，姓杨，而忘其名。事隔十数年后，抗战期间忽遇其人于开封，似改名杨一峰。屠先生故去多年，现在谈及往事只有徐先生尚可为证。

致力乡村运动

20 世纪 30 年代从事乡村建设运动时期的梁漱溟

我为何有“乡村建设”的主张 *

我从前是非常之信佩西洋近代政治制度，认为西洋政治制度是非常合理的，其作用是非常巧妙的。我彼时总是梦想着如何而可以使西洋政治制度到中国来实现，从十五岁起一直到二十余岁都是如此，所谓“策数世间治理，则矜尚远西”者是也。在此际亦正是与先父的思想相背道而驰的时候。诸君如果需要明白我彼时对于西洋政治制度之了解与思想，可参看《中国民族自救运动之最后觉悟》一书中第四篇《我们政治上第一个不通的路——欧洲近代民主政治的路》一文。此文前半篇皆是阐明西洋近代政治制度之优良巧妙也。

我在清末时为一立宪论者，其后又转变而为革命论者。当我所以赞

---

* 本节录自作者 1934 年的长篇讲话《自述》1 月 5 日、6 日的讲话内容，有删节。题目为编者加。参见《梁漱溟全集》第 2 卷，山东人民出版社 1990 年版。——编者注

成立宪论时，实鉴于美国、法国的制度不若英国的制度。当时我对于中国问题之见解，以为最关紧要的是政治改造问题而不是对满洲人报仇问题。如果认作是报仇问题，则推翻满人，赶回满人到关外去固当也。因为认作是改造问题，而西洋政治制度安排最妥善者莫如英国，则趋向英国，乃自然之理。迨至清廷对于立宪无诚意时，大势所迫，不得不转而革命；但我之视辛亥革命仍是认作一种政治改造运动。民国成立之后，我以为政治改造之要求已属达到，或可说已有希望，而事实上乃大不如此。反至一年远似一年，一年不如一年，开始时还似有希望，而日后则越来越绝望。当此时也，一般人类多责难彼时三数强有力者之破坏政治制度，如袁世凯之破坏约法以及其他军阀之攘夺竞争；而在我则始终认为这不是某几个人所能破坏的，我们仅责难少数人，实已蹈于错误之境地。即今日之国民党，党内种种不健全和失败，亦决不是某一个人的过失，或是某某等几个人的过失。我常喜欢对人如此说：我们看任何事，不要只看中心点，须看四周围，看背景、看环境；不能只看近处，还须看远处；不能只看浅处，还须看深处；不能只看一时，还须得看过去所以如此的成因与由来。所以在当时一般人都责难袁世凯和其他军阀有力者，而我则不然。我由此而转变到第二段思想中去。

我深悟到制度与习惯间关系之重大，我深悟到制度是依靠于习惯。西洋政治制度虽好，而在中国则因为有许多条件不够，无法建立起来。许多不够的条件中最有力量者即习惯问题。或关系其他条件而可以包括许多其他条件者即为缺乏习惯这一极重要条件。因为中国社会、中国人（一切的人）缺乏此种习惯，则此种制度便建立不起来。

我常如此说：我之看一个人，就是一团习惯；一个社会（不论是中国社会，意大利的社会乃至于其他的社会）什么都没有，亦不过是一团习惯而已。中国社会之所以成为中国的社会，即是因为中国人有中国人的习惯。吾人须知道人类与其他动物不同，人类受后天影响极多，极大，而其他动物则不然，以先天所形成者为多。人类之生长，即习惯之生长，此在稍稍了解教育学、心理学者，类皆能知之也。吾人一举一动，一颦一笑，皆有其习惯；所谓“习惯”，换言之即是“路子”。譬如我写字，我有我的习惯，有我的路子，一提笔即是如此。推而至于说话，亦复如此：两唇一张，即“那么来”。中国人一向就是“那么来”，有他那种习惯，有那样路子；而他的路子与西洋人本不相同。夫然，西洋政治制度不能在中国建立起来，何足怪异？

民国元年公布之临时约法（即或是其他的新法令、新制度，如国会议员选举法等），在彼时虽然订成，虽然实行；但是这一件东西，只不过投入吾们大社会中一个很小之因子而已，只不过投入很有历史很有旧习惯之社会中一个新的因子而已。这小因子（如上文所说国会选举法）投入社会之后，虽然因着激刺也可以发生反应的事实（即是大家选举国会议员）；但是吾人应该明瞭，任何事实之构成，因子至多，决不是单纯而简单的，新投入之小因子，不过很多因子中之一极少极小部分；其比例必不及九与一，即新因子不及旧因子之什一也。以故所得之结果有十分之九不是新的。此种结果，当然不是初所预期之结果也。徵实言之，在公布临时约法时，其希望超过事实上所可能做到者。约法之破坏，在一般人视为出乎意料之外，而在我则视为并非意外之事，应该认那最初草订临时约法者自己错误了。因为他们看着社会如白纸一般，看社会中人软面条无异，可以任凭染色，任凭改变；欲红则红，欲绿则绿；欲长则长，欲短则短。而不知事实上所诏示于吾人者，乃大谬不然。我们虽然给予刺激，虽然看到反应，但不过动一动而已。其结果决非若吾人当初所预期者也。总之，小的因子，决不能有把握要社会到怎么一种地步去。

所谓因子多，即是条件多；所谓旧势力大，即是旧习惯深。民国初年之后，国事日非，当时我并不责难某一个人或是少数人，我惟有深深叹息，叹息着中国人习惯与西洋政治制度之不适合。此时我已不再去热心某一种政治制度表面之建立，而完全注意习惯之养成。惟其如是，又从而引入了以下之转变。

当我注意到养成新政治习惯时，即已想到“乡村自治”问题。此中过程颇明显，因为我心目中所谓新政治习惯，即团体生活之习惯，国家为一个团体，国家的生活即团体的生活。要培养团体生活，须从小范围着手，即从乡村小范围地方团体的自治入手，亦即是由近处小处短距离处做起。我心目中所谓新政治习惯可分两方面言之：其一即团体中之分子，对于本团体或公共事务之注意力须培养起来；又其一即为培养其活动力。因为既经有了注意力即有“要如何”之方向，发生是非利害赞成反对等意思并奔走活动。希望活动力大，非团体中人对于此种活动发生〈与〉[①]兴趣不可；活动力不大，则团体无生气、无进步。我们要培养新的政治制度习惯，即是要培养分子的注意力活动力或是团体力。因为我有这些觉悟，所以特别注意乡村自治。今日从事于乡村建设运动实萌芽于彼时。简要言之，即是从政治问题看到习惯问题，从习惯问题看到团体力之培养，从团体力之培养问题看到由小范围做起，于是有乡村自治之主张也。

关于上文所述种种，即是我的思想在此一阶段中转变的历程。忆民

① 文中编者删削字用“〈 〉”表示。——编者注

国十七年在广州政治分会曾有《开办乡治讲习所建议书》之提出，此稿现在尚可看到。其中即从养成新政治习惯立论也。又有“乡治十讲”之笔记稿一束，即在广东地方警卫队编练委员会为各职员所讲述者；惟未暇校正，时下亦未印行耳。

我彼时注意政治习惯问题很自然的转变到乡村自治（即今日之乡村建设）的主张，实在说来，尚不能算是深刻。因为彼时我虽然觉悟到中国如果要实现西洋式的政治制度，非先从培养此种制度之基础即养成新习惯入手不为功。而未悟此种制度原不能实现于中国。日后我乃觉悟到决无法使中国人养成西洋式的政治基础（即是新习惯），决不能培养成此种新习惯，因为其中有梗阻处，有养不成处。而其梗阻则中国数千年文化所陶铸成的民族精神不同于西洋人而来。我所谓民族精神系包含以下两层：其一是渐渐凝固的传统习惯，其二是从中国文化而开出来的一种较高之精神，这两层皆为养成西洋式政治制度或政治习惯的梗阻。关于第一层之所以成为梗阻者，还容易看到；因为中国人，类多消极怕事，不敢出头，忍辱吃苦，退缩安分。此项阻梗或可矫正，不过比较费事耳。但在第二层则成为真的不可能，而又为一般人所不易看出者，因为西洋的政治制度或是习惯，较之于中国民族文化开出来的一种较高之精神为粗浅，为低下，现在已经开发出较高的精神，实无法使之再降低，使之再回转过来。关于第一层乃是吾们中国人的短处。但在第二层则为中国人之优越处，而此优越所在，即是西洋近代政治制度不能在中国建立起来的根本窒碍，无可设法解决的困难。中国人将不能不别求其政治的途径。至若什么是中国文化较高之精神，中国文化较高之精神为什么回不过来，我在《中国民族自救运动之最后觉悟》一书最前四篇论文已分析言之矣。其中尤以第三篇《我们政治上的第一个不通的路——

欧洲近代民主政治的路》一文之后半节说得透切。诸君可参看原文，兹不申论。

我们回想最近二三十年来的经过，是不是政治改造运动失败史？较远之辛亥革命运动，以及十五年国民党北伐后厉行之党治，乃至于其间各次的政治改革，哪一次不是失败？有哪一次未曾失败得到家？我们回想其间的原因，固然由大多数人不习惯不明白为障碍，更有一种积极的力量，即是那些从事于政治改造运动者，他们不自觉的反对他。否认他，取消他自己的政治改造运动，此乃真正失败原因之所在也。从他们意识方面而言之，可以说他们是向西走或向南走，走向西洋制度的路子上去，而一究其实则是向东走，或向北走，不向西洋政治制度的路子上走去，不自觉的背道而驰，或者是一足向东一足向西。而所以使他们如此者，实由于他们本身有不好的习惯，而同时又有较高之精神，要他们否认自己所要的路子，要他们自己拒绝自己的要求；这却是一般人所未能见到之处。

吾人今日所处之地位为最苦闷，即是因为政治上旧的新的道路都没有了。旧的道路再不能走回去，因为我们在意识上明白的积极的否认了他。在此情势之下，实无异乎吾人的当前筑起一面高墙，阻着道路，想回去亦无方法通过去。从别一方面言之，新的道路又未能建立起来，不特未能建立起来而且又在无意中，不知不觉中挡住了自己的前进，否认了自己所认为的新的道路。以故新轨之不得安立，实与旧辙之不能返归，同其困难，此亦为世人所不之知者。

这种觉悟（即是上文所述各节），比较稍迟，民国十年发表《东西文化及其哲学》一书时犹未之知也。彼时一方面固然觉悟到中国文化开发出来的一种较高之精神，但在同时仍信服西洋政治制度为必由的途径；如果中国能建立西洋政治制度，则经济、工业等等皆可有办法。洎乎民国十一年至民国十六年间，才切切实实认识了，决定了西洋政治制度与中国不能相连。中国虽然可以有政治制度，但决不是近代西洋的政治制度。经过此番觉悟之后，即坚决而肯定了我的主张，从乡村起培养新政治习惯，（与先前所主张者，表面上虽相同，而实在则有别也，其大别不在答案之形式，而在有此答案之由来。）培养中国式的新政治习惯，而不是西洋式的。培养之方，惟有从乡村起为最适宜。舍此以外，别无方法。并且我相信中国今日之地方自治，都市的成功一定是在乡村自治成功之后。从表面上看来，似乎都市中的自治容易办，因为都市方面物质较富，人民有知识，可以开会，会选举，仿佛具备着相当的条件。而其实都市自治，要想办成，虽圣人亦不能也。当初的我，是从小范围的观点上注意到乡村，这时的我却是从新习惯之必为中国的而更加注意到乡村。①

我觉悟到中国人不能用西洋制度，于是吾人遂觉悟到一切政治制度于我们皆用不上。换句话，要吃现成饭是不行的，必须自己创造。我希望大家明瞭此一项确定的重要，因为我们既经明白了中国之旧有制度以及欧洲近代之政治制度乃至于俄国式的政治制度，皆无法拿来应用，则我们非从头上来不可。前者所云，必须培养新习惯，从小范围，从乡村做起，这虽也是从头上来之觉悟，但此种觉悟，尚未到家。待至此时恍然知无可假借，非从根芽处新生新长不行。这才是到家的觉悟。我有这样的意思，在心头盘旋往还，在上文内业已讲及开始于民国十一年，但心头上老是不能决定，老是迟疑，因为还希望眼

① 以上为 1 月 5 日所讲。——编者注

前能有一个对付的办法可以使国家略好。盖此心颇不忍国家命运之日濒危境。直到民国十六年之际，我方始明确断定，在政治上，当前实在没有办法。虽然在民国十五年国民党北伐时，胸怀中曾也满储着希望，以为这或许是一个转机，或许是一个办法；而且在彼时即有种种事实，不由得不使我怀着这种观望。迨至民国十五年底十六年初，我先前从朋友中分出的人由南方回北平之后，为我报告此行所得印象与感想等等，其时虽在国民党气势极盛之际，我即已明白了这条路子还是走不通，还是非失败不可。因为中国人都不会走西洋路。一切现成的制度，都无法拿来应用。

民国十六年五月间，我因南方诸友好之殷切邀约，乃偕友人南行抵广州，晤会李任潮（济深）先生（时李先生以总参谋长代总司令留守后方）。此中经过情形，我于《中国民族自救运动之最后觉悟》一书《主编本刊之自白》一文中第三节曾有所叙述；现在不妨把原文引徵于下：

> 自民国九年底，任潮先生离北京回粤，我们已六七年不见。我一见面，就问他，从他看现在中国顶要紧的事是什么？任潮先生原是“厚重少文”的一位朋友，向不多说话。他很迟重地回答我：“那最要紧是统一，建立得一有力政府。”他又慢慢地申说，从前广东是如何碎裂复杂，南路邓本殷，东江陈炯明，又是滇军杨希闵，又是桂军刘震寰，以及湘军豫军等等；人民痛苦，一切事无办法。待将他们分别打平消灭，广东统一起来，而后军令军制这才亦统一了，财政民政亦逐渐收回到省里了；内部得整理有个样子，乃有力出师北伐。所以就这段经历而论，统一是最要紧的。现在的广东，实际上还有不十分统一之处，假使广东的统一更进步些，那我更可

作些事。一省如此，全国亦复如此。我问他，怎样才得统一呢？他说：“我是军人，在我们军人而言，其责就要军人都拥护政府。”他更补说一句：“这所谓政府自是党的政府，非个人的。”我冷然的说道：“国家是不能统一的，党是没有前途的；凡你的希望都是做不到的！”他当下默然许久不作声；神情间，似是不想请问所以然的样子。——我们的正经谈话就此终止。

当时李先生的说话真是根据事实而来的。他既不再说话，我亦不愿多说。因为其时他负有坐镇后方之责，我何敢扰乱他的心思。我乃离开广州城回到乡间（即新造细墟）去住。其后任潮先生似乎有点回味我那初见他时所说的怪话，我才和他在一起共事，替他帮忙（担任政治会议广州分会建设委员会代理主席——代李先生）。总之，在此时我觉悟到一切现成的政治制度都无法拿来应用于中国。中国在最近的未来，实际上将不能不是些分裂的小局面。每个小局面都还是大权集中在个人之手，将无法统一；即使统一，亦不过表面形式而已。换言之，将成为一个军阀割据的局面；所以不能避免此种局面的症结之所在，仍是由于中国无现成之政治制度可由轨循也。任何政治制度决不能在此短时期内建立起来。

在此际，我的用思，有一发展，我迅速地从政治制度问题而旁及于经济问题，从政治上之无路可走而看出于经济上之无路可走。原来经济进步，产业开发不外两途，其一即是欧洲人走的而为日本人所模仿的路子，即是近代国家制度能确立，社会有秩序，法律有效力，各个人可以本营利之目的以自由竞争成功资本主义的经济；其二即是俄国的制度，由政府去统制经济，若工业之收归国有，农业亦徐徐因国家经营农场之故而改变其私有的局面等等。这两条路，不论是自由竞争或是统制经济，都须有其政治条件或其政治环境。如前者之须有安宁的社会秩序，后者之须有强有力的政府，而此两大前提，在中国则全不具备；夫然又何能走向欧洲或俄国的路子上去？但在另一方面看，舍此而外，又别无第三条路可走，委实令人苦闷、傍徨，没办法。（在民国十八年时，我准备写《中国民族之前途》一书时，曾列有我们政治上第一个不通的路，第二个不通的路，我们经济上的第一个不通的路，第二个不通的路四章。）

我又很迅速的开悟出中国经济的路子须与先前所觉悟到的政治制度或习惯，同时从乡村培养萌芽起，二者可算是一物之两面。政治习惯之养成有赖于经济问题之解决，经济问题之解决又有赖于政治习惯之养成。所谓政治习惯，在上文内曾一再申说即是团体生活的习惯；而团体生活之培养，不从生计问题不亲切踏实；同时生计问题要有一解决，又非借结合团体的办法不行也。因此之故，我又看透了中国社会本来所具备的那全套组织构造，在近数十年内一定全崩溃，一切只有完全从头上起，另行改造。我先前以为政治制度是如此，现在却明白整个的社会，社会的一切，皆是如此，总须从头上起，另行改造。从哪里改造起？何从理头绪？何处培苗芽？还是在乡村。

我的思想上开展之处，尚不止此。当我看出中国社会组织构造已属崩溃时，便在比较中西社会组织构造之不同中，一方面寻求西洋社会的组织构造，如何从历史之背景演变而来，我们何以不能成那样的社会。总之，过去是那样，现在当然另是一个样子，将来又是一个样子。于是我先前所用之心思，所有的思想，已随即落实而不是流入于空洞之处，我的主张便更坚决不疑。在这些地方，得益于马克思和共产党各方面之启发不少；我的主张虽不相同于马克思和共产党，正因为不相同而思想上获得许多帮助也。先前喜欢比较的研究东西文化，现在更上下沟通成为一体。如上文所提及之中西社会组织构造以及历史背景等等。其间何以不相同，《东西文化及其哲学》一书实开发出一副窍门也。我的许多实际而具体的主张，无一不本诸我的理论，而我的理论又根由于我对于社会之观察，以及对于历史之推论分析等等。在观察社会与推论分析历史时又无在不有关于东西文化之分析研究也。徵实言之，我使用心思时，有如下图所表示者：

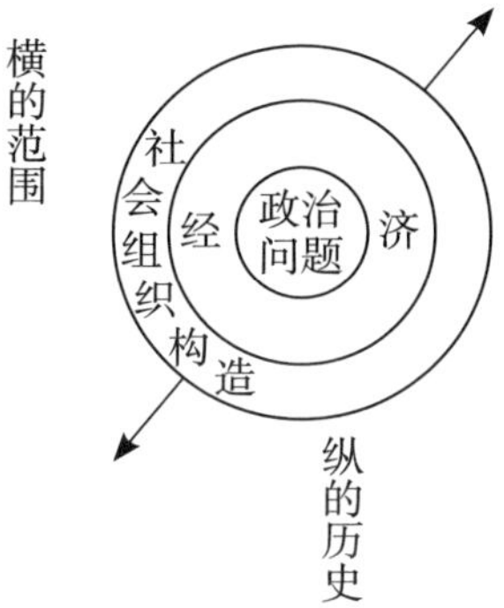

圆圈所表示者为思想范围之扩展，箭头所表示者为过去未来之纵的通达。因为我是看的通体，是看的整个，不是看的片面，不是看的局部，便不由得向上追寻，向下推究；越向上追寻，越会看清楚下面，越看清楚下面，越会知道上面。在这样看透了通体整个之后，我一方面很快慰的认清过去对于东西文化所研究，一方面更成熟了我今日乡治的主张。此项主张之成立，过去对于东西文化之研究，启发实在很多。

我提出“乡治”的主张是民国十七年的事；而主张之前后贯通，完全成熟，则近三年间事也。此中详细经过，日后必须为诸位讲及。在此

际唯有一点须先为提示者，诸君须认清我之用思过程，乃是从眼前实际问题起（如先前因为对于中国政治问题之烦闷以迄于日后归究到培养政治习惯等等，无一非眼前实际问题也），绝非从高处理想起；因为是从眼前实际问题起，最初乃有一种很浅之觉悟或主张（如先前所主张之培养政治习惯须从乡村起），有此主张之后，乃实际去做或继续不断的研究探索，于是辗转而入于深微之处，辗转而入于比较抽象之处，或者说是人生哲学方面去了。可是，关于这一点，我所见到者与罗素则不相同，应该在此附带一声明与叙述。

英儒罗素对于中国文化与精神，颇致佩服与爱赏，他由中国回归英土之后，时常讲到中国的文化。我数曾引徵之。他说：

> 中国今日所起之问题，可有经济上、政治上、文化上之区别。三者互有连带关系，不能为单独之讨论。惟余个人，为中国计，为世界计，以文化之问题为最重要；苟此能解决，则凡所以达此目的之政治或经济制度，无论何种，余皆愿承认而不悔（见罗素《中国之问题》第 1 页）。

他又说：

> 余于本书，屡次说明中国人有较吾人高尚之处，苟在此处，以保存国家独立之故，而降级至吾人之程度，则为彼计，为吾人计，皆非得策（见前书 241 页）。

罗素认为中国文化，决不可有损伤，这是他的成见，而在我心目中本来的却一无所有，空空洞洞，但是从眼前实际问题起向前去追求，凡可以解决实际问题者，我皆承受，其损及中国精神与否我是不管的。但追求的结果，乃识得“中国文化”“民族精神”这两个东西。——虽说像是抽象的，不可捉摸的，但从别一方面言之，却又是实在的，可以看出的。他好似一面墙壁，如果不依顺他，则不能通过这墙壁，而达到此面墙时非转弯不可，非至一定路程时亦不能转弯也。所以我又说他不是空洞的东西，可以拿出来也。

曾有人因为我好标举“民族精神”这名词，乃以什么是“民族精神”？“民族精神”在哪里？两问题相垂询。推测问者的用意，或是以为我讲空话。其实我在发表《东西文化及其哲学》一书尚未曾用到“民族精神”这名词——此不难于原书中得其证明也。其后发现了这个东西，遂名之曰“民族精神”。在上文中我曾屡屡说及，我个人是呆笨认真的一个人，你便让我空空洞洞不着实，我都不会。我非把握得实际问题争点，我便不会用思，不会注意。我是步步踏实在的。我非守旧之人，我因呆笨认真之故常常陷于苦想之中，而思想上亦就幸免传统的影响、因袭的势力。“民族精神”这回事，在我脑筋里本来没有的，“东方文化”这大而无当的名词，我本是厌听的。我皆以发见实际问题争点，碰到钉子以后，苦思而得之，原初都是不接受的。这点以后当慢慢向诸君道来。

实在，在罗素先生他本人尽可放心。我们如果要在政治问题上找出路子的话，那决不能离开自己的固有文化，即使去找经济的出路，其条件亦必须适合其文化，否则必无法找寻得出，因为这是找的我们自家的路，不是旁人的路。不是旁人的路，所以我们在先前尽可不必顾虑到中国文化，中国民族精神；在问题追求有了解决，有了办法时，一定不会离开他。许多人的用思，起于理想要求，这是一个绝大的错误；我之用心，乃是从眼前实际问题起。罗素悬一个不损及中国文化的标准倒使人无法解决实际问题了。

我所主张之乡村建设，乃是解决中国的整个问题，非是仅止于乡村问题而已。建设什么？乃是中国社会之新的组织构造（政治经济与其他一切均包括在内），因为中国社会的组织构造已完全崩溃解体，舍重新建立外，实无其他办法。至若应用这个名词亦有几度修改。十七年我在广州时用“乡治”，彼时在北方若王鸿一先生等则用“村治”，如出版村治月刊，在河南设立村治学院等等皆是也。民国十九年河南村治学院停办。诸同人来鲁创办类似于村治学院性质之学术机关。我等来鲁之后，皆以“村治”与“乡治”两名词不甚通俗。于是改为“乡村建设”。这一个名词，含义清楚，又有积极的意味，民国二十年春季即开始应用。但我之主张，则仍继续已往之村治主张，并未有所改变也。还有我们所主张之乡村建设可以包括一般人口中所常说“乡村建设”；但一般人口中所常说的“乡村建设”则不能包括我们所主张者；因为他们的主张，还多是局部的，非若我们之整个也。最近六七年来，我皆是在研究并实际从事于此种乡村建设运动中。

在上文内，我曾提及，我现在反省我的过去，我发觉到自己有四不料。第一个、第二个不料都已说过。第三个不料也已经说得分明，即是不料我自己生长于北京而且好几代皆生活于北京，完全为一都市中人，未尝过乡村生活，而今日乃从事于乡村工作，倡导乡村建设运动。以一个非乡村人而来干乡村工作，真是当初所不自料的事！现在再继续下去讲第四个不料。

第四个不料即是当初我不自料乡村建设运动民众教育或说是社会教

育为一回事。记得十九年率领河南村治学院学生赴北平参观时，现任师范大学校长李云亭（蒸）先生招待同人等于公园内，席间他演讲曾提到，在他心目中看，村治学院亦是民众教育的工作。（李先生为一热心倡导民众教育者，曾先后任江苏教育学院劳农学院——即今日教育学院之前身——教授、实验部主任，教育部社会教育司司长。）彼时我心实未敢苟同此意，以为我们所办理的，明明白白地为乡村自治自卫，我们何尝从教育出发？何尝在办教育？但过了数年到此时我已经回味到李先生说的不错，乡村建设也就是民众教育。民众教育不归到乡村建设就要落空；乡村建设不取道于民众教育将无办法可行。在事实上无处不表现出这个样儿；我们不妨提出几种略加说明：

去年夏季七月半前后，在邹平举行之乡村建设讨论会（其后改为乡村工作讨论会），前来参加者，以教育机关为多，如定县平民教育促进会，无锡江苏省立教育学院，上海中华职业教育社等；明明为一乡村工作讨论会而乃以教育机关前来参加者为最多。又如去年八月间中国社会教育社举行第二届年会于济南，本院亦前往参加，年会讨论之中心问题且为“由乡村建设以复兴中华民族”；明明是一个教育团体的年会，而讨论之中心问题亦复是“乡村建设”。本院定名为“乡村建设研究院”，并未标榜其目的在谋中国教育之改造，而中外人士之视本院，则多认为本院乃是从事于教育改造工作的机关，如美国哈佛大学教授霍金、哥伦比亚大学教授罗格等来华考察教育之结果，莫不视本院是一个谋教育改造的机关。广州中山大学教育研究所主任庄泽宣先生于去年赴欧洲参加世界新教育会议，讲及中国之新教育运动时，特于本院在邹平之工作，介绍颇多。各省人士来本院参观之后，多北上又去定县参观；本院与定县双方自身并未自己说我们是相同的工作，而外人之视本院与定县则为同样工作。这些都是事实。

又如二十一年南京国民政府内政部召集之全国第二届内政会议，被邀参加者有本院，有定县平民教育促进会，有无锡教育学院。本来，内政会议讨论地方自治问题而请本院出席，原无足异；但又邀请定县与无锡参加者，可知在内政部方面看，不论邹平、定县、无锡皆是做的地方自治的工作。又事前曾简派各省地方自治筹备员，山东为我，河北为晏阳初先生，江苏为高阳先生亦可见。再次，二十二年一月间教育部召集之民众教育会议，定县、无锡被邀出席，固极应当；但亦请本院参加，可知教育部的看我们，都是从事于民众教育工作者。当真的我们乡村建设之推行机关所谓乡农学校或乡学村学者，亦就是民众教育机关。因此之故，不待为理论之申明，乡村建设与民众教育已不可分，事实上已合而为一矣。

我们再推究其间的原因，即是这两个地方的所以合流，不难知道这是由于中国社会问题的管束，使之不得不然也。因为大家身躯上都有中国社会问题的负担与压迫，在探求方向时，在寻求自家工作或自家事业如何办法才对之时，不期然而殊途同归；办教育者除非不想办真正的教育，如果想如此，非归到乡村建设不可；从事于乡村建设工作者，除非不欲其工作之切实，亦非走教育的路子不为功。乡村工作者在探求方法时只有归之于教育，教育者在寻找方向或目标时也只有归之于乡村建设，这都是中国社会问题逼迫他们如此走。

回想到去年夏季在邹平举行之乡村工作讨论会，我敬聆各方面的报告，得有一个很好的启发，即是今日社会中有心人士从四面八方各不同的方向，无一不趋归一处，即是趋归于乡村建设。这也是他们在当初所不自料的。譬如我们听华洋义赈会，定县平民教育促进会，上海中华职业教育社，华北工业改进社，燕京大学社会学系主办之清河试验区，以及来自河南村治学院同学会，镇平、汲县、遂平各处友好的报告（如由上列每个团体工作进行之经过与转变考究之，亦可得知以下结语），不论他们办事业的最初动机，在救人，在提倡识字，在训练工商业应用人才，在研究学术，在乡村自救（或自卫），而演变结果，皆归到乡村建设来，均认定于此处着手，方始根本有办法。此点实给予我们一最大关切重要的启发。我们与其说乡村建设运动是人为的，真不若说是自然而然的；我们与其说乡村建设运动倡导于我，不如说是历史的决定。我亦是被历史决定的，所以我亦料不到我自己啊。[①]

我致力乡村运动的回忆和反省 *

乡村运动是我一生中一桩大事，在事隔多年之后，今天有必要回忆，略加叙述，同时也就反省批判之。因有旧著如《中国民族自救运动之最后觉悟》《乡村建设理论》《乡村建设论文集》等书可资考核，今为此文只须联缀前后之事却无需详述了。

远从几代祖先以来，我家世居大城市中，对于乡村生活实多隔膜。只因中国是一大农国，是一大乡村社会，城市知识界人终不能不关心乡村耳。但我之注意到乡村则更有其特殊原由。

① 以上为 1 月 6 日所讲。——编者注

* 本节录自《梁漱溟全集》第 7 卷，山东人民出版社 1993 年版。成文于 1977 年 2 月 18 日即旧历正月初一。——编者注

原由在我生逢国家多难之秋，受先父及父执彭翼仲先生影响，自幼关心大局政治，在清季则由请愿开国会而激进参加革命。清廷退位，袁世凯当权，破坏临时约法，解散国会，民间曾无抗阻之力，甚且容其出现帝制运动。顿悟广大人民根本没有民主要求，所谓宪政徒托空言是不行的。我所梦想的议会政治政党内阁，要必先养成国人的政治能力，而建基则在地方自治。我之下决心去乡村，盖志在从小规模的地方自治入手也。

质言之，我最初不过幼稚地在学西洋而已。但不久便觉悟得中国不可能走西洋资本社会之路，而有农村立国之想。试检看《中国民族自救运动之最后觉悟》一书便知。这种想法，我袭用了古有的“乡治”一词。1927 年我在广州曾分十个小题目做了《乡治十讲》，其稿今不存。1928 年并在两广政治分会提出设立乡治讲习所建议案。1929 年春从广东出来游历各地，考察乡村工作，写有《北游所见记略》一文。北方朋友王鸿一先生此时则已创刊《村治》月刊于北京，并帮助河南彭禹廷、梁仲华、王柄程诸君创建河南村治学院。我适因粤局有变化，无意南返，即应鸿一介绍参加了《村治》月刊社和河南村治学院工作。因而写出《河南村治学院旨趣书》一文。

1930 年蒋阎冯中原大战之后，河南村治学院被迫停办，原河南省主席韩复榘转任山东省政府主席，邀请原河南村治学院副院长梁仲华暨诸同人在山东继续进行工作。同人协议不延用“村治”或“乡治”名词而改称“乡村建设”。于是成立山东乡村建设研究院，选定邹平县为其实验区，于 1931 年年初开始工作。又由我写成《山东乡村建设研究院缘起及办法概要》一文，自此“乡村建设”一词遂通行于世。

1932 年后连年有全国乡村工作讨论会之自动地三次集会，以迄其后有乡村建设学会之组成，盖非偶然。要言之：乡村运动的大发展，形成高潮，实以全国农村经济的大破坏大崩溃为其前导。此大破坏在国际贸易进出口上表现为不出亦不进，引起上海金融界的惊呼；救济农村遂为当务之急，南京政府因以特设农村复兴委员会；同时乡村改进工作乃纷纷见于全国各地矣。

1935年后山东乡村工作之大展开，则激于日寇侵略，悍然唱出“华北五省（晋、绥、察、冀、鲁）三市（北京、天津、青岛）自治”口号而来。原计划以三年时间全省各县普设乡农学校为基层地方行政机关，并适应国防需要，负责当地壮丁的军事训练。惜只进行得七十余县而日寇遽侵及鲁境，加以省当局自违其初衷而失败。——以上情节可参看抗战初期我所写《告山东乡村工作同人同学书》。

上为回忆部分，下为反省批判之文。

旧著《乡村建设理论》一书曾标有“一名《中国民族之前途》”字样，可见其自许之心情。我以为中国民族之前途即在走向社会主义、为世界人类先导。就当时的两大党（国民党共产党）而论，中共固旗帜鲜明，国民党创建者孙中山先生的三民主义内涵正同有社会主义思想。但我以为他们所走的道路均不足副其志。

却不料事实证明中国共产党在毛主席领导下统一了全中国，稳定地在建设社会主义新中国，而我所致力者则落空。落空了，岂能不引起自己反省与批判。经过对照比较而后觉悟到我自己错失所在。试分为三点申论之。

一、过去我认识得西人所长中国所短要不外：（一）科学技术，（二）团体组织而已。西洋人以及摹学西洋的日本人，所以表见其威力者要在此；吾人虽泱泱大国，然而在人事方面则一向散漫和平，在学术上则又夙短于制服自然、利用自然的技能。近百年来的失败在此。今者急起直追又须避免再走他们的资本主义道路。而要从组织乡村农工合作入手；以合作组织吸收运用农工生产上的科学技术。合作组织一分的扩大，生产上科学技术的运用随以一分的增进；生产上一分的增进又引发组织上一分的扩大。而随着合作组织的开展，科学技术的利用又得提高一步。如是彼此往复推动着前进。经济上的生产与分配问题相缘不离，学术上生产上一切进步掌握于广大社会，悉为社会造福，便顺理成章地进入最后的共产社会。

这自是偏从主观愿望而来的一篇说话，缺乏客观形势的分析。客观形势分析的话，在我不是没有；先见于《乡村建设理论》，后见于《中国文化要义》中，此不重述。无奈，阶级观点不强，此即输于毛主席之处。由于缺乏阶级观点，初则强调团结抗敌，继则强调合作建国，奔走各方非不尽心尽力，而终于落空者，则避分求合不懂矛盾统一之理也。毛主席不然，他从团结愿望出发，而先之以分清敌、我、友、建党、建军、建立统一战线，有分际地有步骤地行进，末后便把全国人统一到自己周围；对照下来，我之错失所在便明白了。

以上所说可参看我早先写的下列各文：

1.《我的努力与反省》。

2.《我的学习改造得力于〈矛盾论〉》。

3.《请王克峻同志指教的一篇话》。

二、如上所说，我诚然错了，却并非全无是处。老中国社会既有其特殊性之一面，另一面亦有其一般性，即略同于他方社会者。毛主席强调阶级斗争，从阶级斗争来解决复杂的中国问题，以武装革命打败了反革命的武装，建起了无产阶级专政的国家。此其成功就在抓住中国社会的一般性那一面。在其专政时期善走群众路线。百废并举，国势蒸蒸日上。但世无久而不变之局。关系全局的毛主席本身即在转变，况乎其他种种讵能久延哉？具有数千年传统文化的中国社会之特殊性一面，卒必将显现出来。

此特殊性是什么？从秉持阶级观点的毛主席口中曾说出的一句老实话：中国社会是小资产阶级的汪洋大海（见于他对美国朋友斯诺的谈话中）。正确地诠说：老中国社会近二千年恒观为散漫和平消极相安之局，而不见有西洋那样凝固的阶级集团斗争。有资产阶级而后有无产阶级；无产阶级专政是它翻身起来压资产阶级而专其政；在散散漫漫原乏两大阶级相对形势的中国，只能一时借用之，或为引申譬喻而用之。一旦中国社会本质（特殊性）彰显，全国以一党为支柱的政治局面便没有根据基础，将起变化。

我虽不能说变化出什么模样，但我可以断言其前途先见分化，后则为多元中心的合作。分化出于事实所不可避免，合作则我民族固有精神之所归趋也。

什么是我民族固有精神？此对照世界其他各方面而可见，我夙括举之曰：人生向上，伦理情谊。请检看旧著《乡村建设理论》中《村学乡学须知》各文，将从其具体事例的设计而得晓然。

“人生向上，伦理情谊”两句话是我对传统文化民族精神的理解认识，亦是其概括。同时亦是对人类前途的理想所寄。距今四五十年前我径直提倡其实行，而不知道非其时。世局的历史发展不是直线前进的，毛主席舍开中国特殊性而走社会一般性（阶级斗争、社会革命）道路却为对症施药。他的道理浅，我的道理深；我正失之于所想深奥耳（掉转说，又不够深，若更深进一层就好了）。

三、如我所说，我诚然错了；然而所见仍然没有错，只不过是说出来太早了。——失之于太早。

早在五十多年前我便预测世界最近未来将是中国文化的复兴；语见旧著《东西文化及其哲学》第五章。早在四十年前便在乡村建设运动中图实现其萌芽（注：村学、乡学）正为所思所见一贯不易，言之不觉重复。

若问将在世界最近未来所复兴的中国文化，具体言之是什么？扼要言之，那便是从社会主义向共产社会迈进时，宗教衰微而代之以自觉自律的道德，国家法律消亡而代之以社会礼让习俗。请细审旧著《中国文化要义》一书所阐明的要义，此不絮陈。

抗战以来自述

1938年，梁漱溟（左）访问延安时与毛泽东交谈

此文原题为《我努力的是什么——抗战以来自述》，最初连载于《光明报》1941年9月18日—11月3日，文中被香港新闻机构检扣部分，以□□表示。收入本书时略去引言及各节标题序号。参见《梁漱溟全集》第6卷，山东人民出版社1993年版。——编者注

1941年二三月间的一段经过

这一段经过，我看见曾有两个刊物提说到。一是陶百川先生主编的《中央周刊》似用《劝驾记》为题。一是邹韬奋先生写的《抗战以来》第75节《第二届国民参政会的前夜》。不过，都语焉不详。我现在较精确的记述当日事实（其中自然仍省略许多），读者不妨取以与前两文相印证。

这一段经过，是1941年2月22日起，到3月27日为止的，其内容便是中共参政员毛泽东等七人，对于1月间新四军事件表示抗议，用书面通知国民参政会秘书处说：在他们所提善后办法十二条未经政府裁夺前，即不出席参政会。而参政会已定3月1日开会。所以居第三者地位的参政同人，不便坐视，特于2月22日集会商谈。当日在座者，计有张君劢、罗隆基等各位，左舜生、李璜等各位，沈钧儒、邹韬奋等各位，黄炎培、冷遹等各位，而前届参政员章伯钧、张申府亦参加，连我自己共有十五人。大家商谈结果，推定左罗及我共三人，负责起草几条意见，作为向双方说话的根据。当晚左罗及我三人又作一度交换意见，而委托我来执笔。23 晚我写好之后，通知各位朋友于 24 日集会。大家看了，我所写好的无甚修改，即依年齿为顺序而签名。第一为张表方（澜）先生，第二为褚辅成先生，余不必细数。除章伯钧、张申府两位未签名外，仍得十六人之数。褚先生为国民党老前辈，素不存党派成见，此次亦自愿列名。我写的共四条，其条文如下：

（一）为昭示全国团结，此次大会中共参政员之出席必不可少。

（二）为永杜纷争，全国一切军队，应与任何党派绝缘，统一于国家。

上项原则之实行应由各方面合组委员会秉公监督办理。

（三）抗战建国纲领公布瞬满三年究竟实行者几何？而现在事实，背乎各条规定者又有若干？应由各方面合组委员会切实检讨。其有实行不力者，应督促实行。背乎各条规定者，应加纠正。并以此委员会为常设之监督机关。

（四）根据二三条，合设一委员会，以最高领袖为主席，遇有不能出席时，派负责代表主席。设委员八人，网罗各方面充任之。委员会议决事项立即生效，不再经任何机关核定。

蒋公的表示

十六人签名的一份，又在四条前后加了头尾，作成一封信的方式，准备呈给蒋公。中共方面，则约了周恩来、董必武两位来面谈。周谈话甚多，总其要点，不外两层：第一层表示，极欢迎第三者出来说话，他们愿与第三者共同推进民主，可以将自己的事，加倍让步。第二层表示，四条主张甚好，若得当局接受，则他们出席，亦即不成问题。这是25日的事。27日早，蒋公约去见面，除面呈那四条外，又加口头说明。大意着重两点：一点是军队必须脱离党派而统一于国家，方为根本杜绝纷争之道。一点是国家政令，每每宣布而不实行，抗战建国纲领，即其一例。我们不多要求旁的东西，只要求兑现。我们要求给我们监督兑现的权。蒋公对此两点，皆表示甚以为然。总结来说：就是接受我们的建议，可以组织那个委员会。至于中共参政员出席问题，则嘱咐我们去劝他，并约第二天再见面。我们当将此意，即刻转告周、董两位。除中午一度谈话外，当晚复在油市街四号（国民参政会秘书处）由同人与周、董切实商讨，请其撤回那不肯出席的通知书。周、董二君迄未同意，仅允电延安请示。第二天28日，同人再见蒋公，即以周君已电延安为告，接续商量组织委员会事，甚为顺畅。临末，蒋公追问中共出席不成问题否？无人敢负责答复。于是蒋公严切表示，明天（3月1日）他们出席，即当按一个党派参加主席团一个主席之原则，推选周恩来为主席团之一。如其不出席，则是他们不惜以国内裂痕暴露于外，他们要负责的。以后即无话谈。请你们去告诉他！

那时只剩半天工夫，非常迫促，所以我同黄（炎培）、沈（钧儒）、左（舜生）诸公顾不得吃饭，赶去访问周、董两位。既传达领袖的话，亦表示同人的要求，请决定出席，勿负各方面之望。周君等似亦无甚固执之点，仅谓必须候取延安覆电。他们自己有电台，在化龙桥近处的山上，每日午后四时，晚十时，天明五六时，和延安通电三次。所以周君对我们说，至迟夜晚必有覆电。收得覆电，马上通知我们。政府诸公关心此事者，都向我们问消息。我们皆作乐观的答复。因当时空气确实不像有问题的。但不料我同黄先生坐候一夜，屡次用电话询问周君；周君亦在山上坐候收电，到底不得复音。天明周、董两位亲来见我们，说电台发生障碍，收不到延安电报，不便出席。经再三恳谈，终无法相强。已到开会时间，忽于电话上，蒋公亲语黄先生，嘱我们代表他，敦劝董、邓两参政员速即出席（因七参政员中实只有董必武、邓颖超在渝）。我们只得再跑去劝驾。他们自然不肯来，写了一封抱歉的信，声明没有党中央命令，不由自主。我们赶至会场，将此信回复蒋公，大会早在开幕了。

我们将信面呈蒋公，并代为解释，说他们第因电令未到，不好出席，非有他意。蒋公当表示可以等待他们一天。于是由黄炎培、张君劢等四十二人临时动议，将下午大会停开，所有主席团的选举改在第二天举行。为是等到他们出席后，便可选出周恩来参加主席团。

延安提新十二条

到了第二天，3 月 2 日黎明，我同黄先生又用电话询问周君。复言延安电报已到，我们正色然而喜，却不料其又有十二条的提出，要当局接受了，然后出席。十二条件如下：

（被检）

这是所谓新十二条，比较前次十二条降低甚多（□□□□□□□□□□□□□□□□），但不论条件高低，我们从来不预闻讨价还价之事。我们是以国民立场过问国事，本着我们的主张和信念（见前述四条）而奔走努力。我们并非作和事佬，调停的人。何况这种分家的办法，和我们要求国家统一的精神不合，同人皆感觉失望，不能赞一词。国民党方面的情绪如何，更不必说了。

一个委员会问题

中共既不出席，主席团的五位，当日选举出来（有左舜生、张君劢），自无周恩来在内。正午十二时同人聚于一心饭店，商决我们今后动止如何。我提出意见说：中共的十二条我们实不愿加以讨论。况且逐条磋商，必致延过了参政会期；要当局一口答应，又万无此理。可否向他们作如下的商量：

一、原提之十二条，今事成过去，不必再议；

二、原提之十一条，似相当于我们所主张的那个委员会，请按照我们的四条主张继续进行商量；

三、自第一至第十各条都暂不讨论，候那委员会成立时，交委员会裁决之。

此即集中到一个委员会问题。而委员会如何组织，则请周恩来先生和张岳军（群）先生直接见面，较易解决，更加上君劢、舜生共四人商洽起草。得出草案，即刻请领袖核定。一经核准，即可一面成立委员会，而一面中共出席参政会。若能在此届大会内终得圆满出席，尚足以安慰国内人心，及国际友邦之望。

个人接洽

同人都很消极，我的意见未被采纳。结论是：我个人可以单独进行，不与大家相关。黄先生对我说：你如果要进行，我劝你先问得张岳军同意，然后再见周恩来。君劢先生对我说：你欲晤张岳军，我可替你向他约

个时间。张表方先生亦鼓励我。我接受了几位先生的美意自愿试一试看。

3 月 4 日承张岳军先生过访，相谈甚畅。他还提到二十八（1939）年秋间，我从华北回来，力主军队应属于国家之说，当时不过一空想，而今则居然得到两党的承认，何等可喜。又说：军队国家化，政治民主化，立国之道更无余义矣！但我提议请他们与周君恩来直接商谈委员会事，他却说且待请示最高当局再说。于是我再三叮咛，请其于请示好之后，告知我。

次日（5 日）清早，我访君劢先生，恰又与岳军先生相遇。他说：今晚蒋公在嘉陵宾馆招待全体参政员，他亦被邀陪坐；届时定可答复我。而在他走了之后，君劢极力劝我不必等待他，尽可先访周恩来。我想亦无碍，就去访周。我见周，未谈眼前具体之事，而从根本大端上有所讨论，如军队统一于国家等问题。其详容另记。到晚上，嘉陵宾馆席散后，岳军招我于一旁，问我曾否进行，若未进行，过了明天再说。我转问何故。他答：蒋公定于明天（6 日）亲自代表国民政府，向参政会宣布共产党事件，并希望参政会对此问题有所表示。所以我们要看了明天的形势再进行。言罢，匆匆分手。

周恩来的意见

我闻言，急觅君劢商量。我说：不知蒋公将作何宣布，又不知要参政会作何表示？假若双方洽商好，而以领袖之宣布，参政会之表示，作一转圜文章，最妙。否则，多一次宣布表示，即加重一层痕迹，更难转圜，我愿尽今夜作一度努力，请你代约岳军明早等候我。希望在明天下午蒋公出席参政会之前，能洽商一结果。君劢允为照办。我即刻访周倾谈，当夜宿于周家。我对周君诚恳地爽直地说出下列两层要紧意思：

一、当局决定明日作一宣布。但我嘱托张岳军候我消息。我们都是爱护大局的，必不可使大局更僵。所以我来请教你，要赶在今夜明晨洽商一结果，俾大局从此转圜。

二、最好集中到一个委员会问题来商量。商量时最好请你与张岳军直接谈，而第三者参加讨论。委员会事确定了，大小事都交付委员会解决，请先出席参政会，以慰各方之望。

周先生答复我的话，总结有下列几层：

一、由于王秘书长（世杰）、何部长（应钦）连日在大会上的两次宣布，我们出席参政会问题，可说已成过去，不必再谈。我们固不知蒋先生明日如何宣布，但想其影响大局者，好亦好不到哪里，坏亦坏不到哪里。——自然是若能不再作何宣布最好。

二、撇开参政会出席问题，我们不拒绝任何的商谈。像是各方合组委员会的问题，尤所愿谈。委员会如成立，一定参加。

三、同张岳军先生直接谈，无所不可，梁先生问得张先生同意，我马上去见他。

四、前于3月2日有一件签呈，系以周恩来名字，作为下属长官（不作为党派关系）口气，列举几件小事，然而是很痛苦的事，例如某处扣车，某处扣人，几个月不发下护照等等，请求委员长批交各该机关制止或纠正者，请转恳张岳军先生向委员长促请早为批下。——能批一“查明办理”的字样都好。

我只得照他的话，第二天据实转告张先生，张表示且待过了下午再商。

这天（6日）下午蒋公代表国民政府对参政会宣布共产党事件，词义严重，并且话很长。报纸曾有披露，此可不述。接着参政同人临时动议，表示盼望中共参政员出席之意。其议决文和中共参政员的答文，均经揭载于报纸，此亦不叙。彼此一往一复文章愈多，彼此间的距离愈远。我适有自己事待办，亦就离渝回乡了（我居住四川璧山县乡间）。

参政同人继续努力

听说我离渝期间，大会上有某参政员（陕西籍，忘其名）又提出一案，关涉到陕北边区和十八集团军，亦经议决通过，此事后来亦生影响。

10日我自乡赶回重庆，大会已行闭幕式，因闻张岳军先生将于翌日返成都，特于夜雨中偕张表方先生访之。我对他说，我为国民党打算，认为那个委员会应当赶快成立才好。要知抗战四年中，共产党一天一天长大起来，就是国民党的失败。这失败由于三点：一点是遇事含糊，没有清楚明白的解决，陕北边区到底合法不合法，即其一例，其它类此甚多。一点是遇事拖延，不迅速解决。此事例亦甚多。末一点是单靠武力和特务警察来制止共产党发展，没得舆论有力的援助。类乎我们这一般人均不愿说话，是其一例，共产党就在这三点中得其发展。要想补救，必须改正前失。委员会就是最好的办法，一切问题可在委员会上有清楚明白的解决；并且马上解决，不予拖延；解决时有第三者大家共同讨论，自必有正义公道；万一某方违背诺言，自由行动，则舆论亦必然援助政府的制裁。所以我希望当局不要以为那委员会是只利于共产党和第三者的。蒋先生为中共问题很焦心，而少有人能替他分心筹划，我们都盼望你能帮助他。岳军先生似颇以为然。他说他十天后将再来重庆，希望我亦继续努力。

参政会开罢过去，中共问题原无时限之督迫，而同人仍思尽力。13日午由黄炎培、沈钧儒、张君劢、左舜生四位出名在一心饭店请客。被请的都是参政同人，而以中共参政员为主要对象，当由众人公推褚（辅成）、黄、张、左及我五个人共负继续进行之责。

蒋公传见周恩来

14日下午闻讯，蒋公手谕张冲转周恩来，约于15日下午见面。据说自上年冬以来，周君屡次求见皆不可得。一切交涉只能由叶剑英与军令部刘次长接洽。因政府认定系军令军纪问题，叶为十八集团军参谋长，在军令部系统之间义须服从，无多少商量。而周君则代表共产党，不见周即不愿落于党对党的问题上也。忽然传见，意必有话商谈。

待到17日晚间，周、董各位回请我们吃饭之时，周君将15日谒见情形，说给我们。则据云并未谈到要紧处，蒋夫人先面见，甚亲洽，蒋公后出来，亦无不愉快之色。周君即未提出大问题来说，仅提到3月2日的签呈，请早赐批示，蒋公谓这很容易。又谓你可再写了来，周君自云本日（17日）遵即再度写签呈八件递上。前次系一签呈列举多事，今改为一事一呈，委员长喜欢批哪一件即可批哪一件。

委员会组织草案

在我们想，大局问题的解决，仍有待于那个委员会。适国民参政会王秘书长（世杰）亦向同人表示，委员会事仍可商量进行。遂根据从前我们的四条意见，经他协助，草成一个委员会的组织章则。草案原文，我未保存，今不能全记。大致是这样：

一、名称定为国民参政会特别委员会。

二、委员定为十五人，设常委三人。委员人选不限于参政员，意在军政实际负责人参加。

三、蒋委员长为主席。因事缺席则指定一常委临时代理。

四、关于推进民主，加强团结，督促军队国家化，监督抗战建国纲领之实行等四项，有权调查提议，决议并促其实行。

五、议决案由主席负责执行。

王秘书长前任法制局长多年，对于起草法规具有专长。其一条一条的文字，都经苦心斟酌，并不像我写的这样拙笨，但大意确是如此。

19日我们五人先在秘书处与王君洽谈后，约好22日面呈蒋公核定。20日中午原系蒋公宴请国民参政会驻会委员廿五人。饭罢留下我们五人细谈。对于草案认为可行，仅将常委改为三人至五人，委员改为十五人至十九人，余无改动。问我们若未曾与中共谈过，可即往商谈。

委员会之难产

22日我们约了周、董两位于君劢家谈话。即以委员会草案给他们看，而征其意见。周君说话虽多，但重要争点则似无几。最重要只有一点：他们反对以此委员会隶属参政会。我们说：此委员会必有系属之处，与其系属于政府，不如属于参政会。并且大会已闭幕，我们准备由驻会委员产生出来（且准备作为主席团的提议）。因为照驻会委员会的新章增加了建议权。周君亦认为不妥。他指出此届大会上一次一次的宣布，一次一次的议决（特别是陕西某参政员的提案），使他们落于绝对不利地位，他们无法再出席产生于此参政会，而且隶属于此参政会之委员会。他又指出驻会委员会的建议，照章程上规定以不背大会议决案为限，如果有人指摘此委员会不合于大会决议案精神，或指摘此委员会所行者不合于大会所议决，那么，都有被推翻的可能。因此，他坚决地说：即使延安同意了，而命他出席委员会时，他亦要坚辞不担任。

我们觉得他的话相当有理，亦不强争。更恐除此点外，尚有其他问题；恐周君意见外，延安尚有意见；故结论请其以草案全文电达延安征问后，再作讨论。周君谓一二日必有复讯，遂约于24日再会面。

23日午前我们同访张岳军先生。——他已因国民党中央开全会由成都来渝。我们将一切情形都说给他，并表示我们已不考虑这委员会隶属参政会的问题，须另想办法。他觉得其他办法不易想，然或者亦非全无办法。不过，若不属于参政会则委员会的名称即又成问题。因为当然不再称国民参政会特别委员会，而亦不能秃头的一个特别委员会，那就很费思索了。最后我个人声明定期25日赴桂林，不能等待完成此事。张君劝我等待有结果再去。

在此期间，蒋公夫妇曾请周恩来夫妇吃饭（是为第二度见面）。其确期，今指不出。据闻仍无重要谈商。

24日午后，如约与周君等重行会见。忽有某君贸然来参加，致妨碍谈话。又因周君亦称延安尚无详复，遂改期27日再谈。但我原定25日同林隐青（虎）先生赴桂的，竟以此被同人强留，不得成行。又事有可异者，25日我国际宣传处收录敌人广播，此委员会乃为东京所宣说出来。

27日同人与周君等再相会见。周君报告延安意见共有七点之多。其中大问题有二：一、反对此委员会隶属参政会，而认为不必有其所系属；二、主张此委员会定名“各党派联合委员会”。其他尚有各党派委员平均各一人等五点。同人闻讯均有难色。而周君则称他在党内甚难劝说让步的话。因为前将极痛苦的几件小事签请批示查明办理者，至今仍不得批。党内责他，一点小事都办不了，何颜徒劝自己让步。同人互商，认为双方诚意不足，此事殆无成功之望，只好结束，不再进行。除当面向周君声明外，同时向王世杰先生声明：托其代陈于蒋公，于是近四十日来之奔走，至此宣告停顿。

29 日一早我即离开重庆，去桂林了。

我努力团结是为了统一

这一段经过的叙述至此为止。末了，要总结来说几句论断的话。

这结论在我胸中有若干话欲说，但在笔下能写出发表的，却只两点，如后。

> 一点是：事虽无成，而在全国团结（或统一）运动上却已有了进步。说老实话，我是要求统一的（看以后所述自明）。不过我认定统一要从团结得之。所以我努力团结，是为了统一。国家统一不统一，于何处决定呢？那无疑是以军队的统一不统一为决定。若此一方彼一方各有各的军队，任你如何说国家统一亦是假话，而且内战永不能完。我很早提出要军队脱离党派而统一于国家，就是为此。许多朋友听见我的主张，都笑我太书生。□□□，□□□□□□□□□□□□□□□□□？□□□□□□□□□□□□□□□，绝对做不到的事。甲如此说，乙如此说，丙如此说……几乎没有人赞成我。我自己亦不免摇惑起来，怕是距离事实太远，实现无望。然而武力统一，强迫地将军队收归一处我是早确认其无成的。——不是不能成，是成了旋即失

败。倘若和平统一是空想，武力统一又是徒劳，则中国岂非没有统一之日。没有统一，即没有建设与进步。没有建设与进步，就没有中国。没有中国？这是不可想象的事。所以我一定要求军队统一；我相信一定作得到。

这一信念，总算从经过事实中，没有令我失望。我二十八年从华北游击区目睹我军□□□□□□，回至大后方，倡言军队须统一于国家之时，虽赞成的很少，而到这次参政同人商量向两党提出我们的主张意见时，却被列为最重要之一条。并且得到几方面朋友，十六位先生联署。这给我的鼓励不小。更增我希望的，两党皆慨然同意，并没有碰钉子回来。廿八年切实指教我，说我是幻想空想的张岳军先生，亦转过来替我乐观。还间接听到张君劢李幼椿（璜）二位转述何部长应钦陈部长立夫在不同地点对不同的朋友谈话，或以军队脱离党派为莫大之幸，或以军队直属国家为素所主张。不论大家命意用心是否相同，我皆认为是进步。□□□□□□□□□□□。

今事虽未成，这一句话却唱出了。事之不成，我早看到。不要说那委员会没有成，就令委员会成立，亦不免吵闹一场而散。就令不吵不散（廿九年成立之特种委员会即未吵过，其事见后），军队统一亦不易办成。但我以为尽管不成，而原则已昭示天下，□□□□□□□□□□□。□□□□□□□□□，□□□□□□□□□□。□□□□□□ □□□□□□□，总有一天要交出给国家。所以这原则的承认，实在是统一运动向前迈了一大步。

既有进一步，就不白努力；当然我要再努力下去。——这是第一点。

又一点是：看清楚事之所以无成，都为第三者太无力量。在四十日的经过中，□□□□□□□□□□，□□□□□□□；□□□□□□□□□□，□□□□。□□□□□□□，□□□□□□□。□□□□，□□□□□□□□□，我们没有力量于其间。这是事情不能成功之由来。□□□□□，□□□□□□□□□□□□□□，□ □□□。□□□□□□□□□□□□□□□□□□□，□□□□□□？□□□□，□□□□，□□□□□□。□□□□□□□□□□□□□□□，□□□□□□□□□□ □□□□□□□□□。

□□□□□□，□□□□□□□□，□□□□，□□□□□□□。□□□□□□□□□□□□□□□□□，却亦有一种和平正义的力量。大局便可不难好转。今后再度努力的方针方法就是如此。——这是第二点。

就以上面两点，为此一段经过的叙述作结束。

“七七”以前的讲演

1941年二三月间的一段经过叙述后，我们翻转来再从抗战之前叙起。

抗战之前，我本来是在山东作乡村工作，其详情不叙在此篇。现在只叙逼近抗战前夕，我在成都的一次讲演。从这一讲演中，说明了我平时努力的乡村工作和抗战的关系，使读者了解我四五年来努力之前的背景。

在“七七”卢沟桥炮声未响之前，我们抗敌的情绪已经紧张了。6月13日我在成都省党部大会场，作了一次“我们如何抗敌”的讲演。事缘四川省政府刘主席（湘）屡次函电邀我入川，我在5月尾经过南京武汉飞到重庆成都两处，曾为一个月之盘桓，作了三十次以上的讲演（有时一天两三次），此为其中之一次。那次，有教育厅长蒋志澄先生陪着去，地点借省党部，性质是公开的任人来听，事后成都各报皆有登载。今撮举大意如下：

开首：今讲“我们如何抗敌”一题，是为了有些朋友不明白我们乡村工作和应付当前国际问题的关系，嫌我们缓不济急；所以要特地指明我们正是准备抗敌，才从事乡村工作之理。

次段：中国今日要抗敌，应采两原则：一是必须靠无限的兵力，而眼前有限的兵力为不足。中国常备军虽多，但行的募兵制，除了常备军便无其他。此有限兵力，至多不过可用一时而已，万万不足用。非化民为兵，求之于无限不可。又一是不求摧敌于一朝，而要能与之作持久战，取得最后胜利。因为我们的国防军备是不足以和敌人为主力之决胜的，只有拖久以待他之内溃。

三段：假定上面的话不错，就必得认定两点去下功夫：

一、增厚国民的抗敌情绪及能力；

二、加强政府的统制力量。

从第一点，就是求得无限兵力的法子；从第二点，就有了如何指挥运用此无限兵力的根本。

四段：要政府的力量强大，有赖于多数国民的支持；要政府能遂行其统制，有赖于下层机构的健全灵活。但照现在情形，上下之情未通，希望老百姓支持政府似难；民众都缺乏组织与训练，要下层机构健全灵活更作不到。

五段：所以我们必得要启发出老百姓拥护政府的情绪，并且加以训练及组织才行。然而这一功夫作到了，亦正是增厚国民的抗敌情绪及能力。因此，前认定两点作功夫者，核实只一桩事而已。

这一桩事是什么呢？就是要从农业和农民入手作功夫。

六段：所谓从农业和农民入手的功夫有二：

一、先解除农业上种种妨害（灾害，匪患，苛捐杂税等等）；更进而积极促兴农业（技术，金融，合作等等）。

二、切近农民日常生活予以组织训练（自卫，自治，合作等等）；更进而为临时对外抗敌的组织训练。

七段：为何定须如此作功夫呢？其理由有四点：

一、国民之大多数为农民。

二、非政府关切农民生活问题，替他设法，则农民不会爱国，不会拥护政府。

三、非感情相通，则组织训练不会成功。

四、非有日常生活上的组织训练，则临时抗敌的组织训练就无根。

八段：我们的乡村建设工作，正是切近农民日常生活加以教育及组织，健全地方下层机构，为政府统治运用之准备；正是解除一点农业上痛苦，培养农民爱国情绪，并增加其抗敌能力的。所以我们正是从事抗敌的工作，纵使缓不济急，但似别无更急切有效的办法。

我们主张扩大乡村建设工作以应敌。完了。

六个月后（二十六年十二月十二日），蒋委员长于退出南京时，发表的告国民书上说：中国持久抗战，其最后决胜不在各大都市，而实寄于全国之乡村；四千万方里以内，到处造成有形无形之坚强壁垒以制敌云云。可见我们平素努力者尚没有错。

抗战前夕，我的努力，我的主张，是这个。当然，抗战起来了，更将本此方针，要求发动民众。其奔走事实经过见后。

“八一三”以前的文章

我在川时，卢作孚陈筑山两先生适从庐山回川。他们给我讲，政府当局为大局问题将约集在野人士，同到庐山，彼此商讨。给我的一份请帖，由作孚转来，切嘱于7月初间到庐山去。

我于6月29日出川，经武汉北上，7月2日早到北平。那时北平谣言甚多，情势紧张，已有风雨欲来之势。7月4日南下，于津浦车中遇胡适之、林宰平两先生，他们都应约到庐山谈话会的。我告知他们，我随后亦到。5日在济南下车，折返邹平一视。旋即回济南，准备南下，而卢沟桥炮声发作矣。

从此以后，我即为抗战奔走，东西南北，没有休息。琐事不足记，记我当时的主张。此主张发表于“八一三”上海抗战爆发之前夕，8月10日至12日载上海《大公报》。题目是：怎样应付当前的大战。今列其内容如次：

开首：提出三条大原则——

第一，全国军民的动作，乃至他们的生活，都要在最高统一的军令政令下面而动作而生活。

第二，政治要民主化，政府与社会要打成一片。

第三，有钱的出钱，有力的出力，有知识的出知识。

三条原则互相关联，不可分割。现代战争都是以整个国力相较量，胜负关键在于后方。而况我们欲为持久之计，更非深蓄其力于广大的社会不可。第三条即与全国人力物力合为一国之力以应敌。如何合法？则不但要有“节制之师”，更须有节制之民。一切统一节制之后，可以举全国人力而化为一个抗战工具。——这就是第一条之意。但要想举国工具化，还得要举国主体化。那即是使举国之人都得其感情意志之发抒，意识到为他自己而抗战，不是给人家作工具。第二条所以要政治民主化，政府与社会打成一片者，在此。

综合起来说，要在以第一条的系统化，第二条的民主化，来完成第三条的一切国力化。

次段：指出这三点都是理想，距离事实现状甚远甚远。例如中国事向来无系统无条理，国家最近才统一，政治民主化三十年未作到等等。因此，我们第一项提出具体办法来，不要说空话；第二，须从工作上不断改进，随时练习，以期接近理想。并请大家注意，如违反这三条原则，抗战必然抗不成。

三段：提出十四条较为具体的主张办法来。其大意可约之为六点：

1. 全国军队固然要有其编制系统，全国国民亦要纳入一大组织系统中，以配合于军队系统。前者假定称为第一系统，后者假定称为第二系统。两大系统的上端，总统于一最高统帅部，而且两大系统在下面亦处处是相配合的。

2. 第二系统虽大致不异于平时行政机构，然此时要在领导国民直接地或间接地应战，国民之一切活动悉受节制，人力物力悉资国用，其工作之烦难复杂百倍平时，尤以下层机构直接民众者为最。故应发动全国知识分子，有计划地分布下去，担负下层工作，随事运用教育功夫，完成其军令政令所付予之任务。

3. 第二系统，大致仍以市统街坊，以县统村乡，上下系属，节节相制。而下层单位宜小不宜大，旧日保甲等制度必须改变，寓教育于行政之中，而隶行政于军事之下。

4. 全国人粗分为知识分子，军事人才，普通民众三种。知识分子，军事人才，又各分高下等级和门类。除配置于第一系统者外，皆有计划地分配于第二系统上中下各级，大小各单位。务使每个人各有其岗位，又互为有机的配合，适宜的分布，要他从乎一定计划，发生预期的作用。

5. 凡事要有条理，要有系统，要有计划，便有一大前提，是即调查统计。调查统计在中国几乎等于没有。欲使其从无到有，只能由粗入密，以渐而进。知识分子领导民众之第一工作，将为此事。一面凭机构作调查，凭调查作计划，凭计划去工作；又一面从工作中随时修正改进其调查其计划，乃至其机构其系统。如是而后，系统乃日进于合理，计划乃日进于正确精密。

6. 全部系统（包含第一、第二两系统）是一部抗战机构，愈到末梢愈落于被使用的工具地位。然而国家主体亦正在此基层民众。我们要政治民主化，应就以下层每个最小单位（假如说一街一村）

还而为国家主体所由构成之一个细胞，给他们以申达其痛痒要求的机会，却不必盲从于近世议会制度。其具体方案另详。

以上约举六点，见其大意而已。原文固视此为繁，然仍多引而未发之处。此其内容实包括有：

一、国家行政以讫地方行政的大改革；

二、教育制度的改造；

三、政治的改造。

关于第一项，是为要适应战时动员需要，将中央地方军政一切机关系统化，合理化。其内容又包括三大主张：

一、本于国防第一之原则，凡现在事权上有党政二元，军政二元的情形，必须使其一元化。——廿八年改组国防最高会议为国防最高委员会，将中央党部，行政立法等五院，军事委员会都放在内而统一之，其命意相合。□□□□，□□□□□。□□□□□□□，□□□□□，□□□□□。

二、中央上级机关要缩小到可能最小地步，将人才钱财尽量移到中级下级地方机关去。此即坐在高处发号施令的人要少，而在下面真正作事的人要多。此即将集中在大都市而浪费之人才钱财，分散匀布于全国地方乡村，极经济的利用之，使完成全国动员工作。

三、全国动员工作一定不可单纯以行政的强制力行之，而必须以教育来完成他。下层机构要明白确定其为教育机关，而负行政和动员的任务。同时，党的民众工作亦完全融合于内，不要另有。

关于第二项教育制度的改造，是我多年以来的主张。那就是廿二年应教育部之约，写的《社会本位的教育系统草案》。中国教育多年患着与社会脱节的大病，与实际问题需要不相切；而战争时期一切要求最真切最逼紧，似乎不容他偷过，亦许正是他改造的时机到了。所以在原文十四条中之第九条，曾提出教育改造这一问题，而声明将另成专篇讨论之（亦预备在《大公报》发表）。但后来看到仍是不痛不痒，一年一年度到现在，自己竟亦无兴趣来写此文。其内容要点，大致是：

一、学校教育与社会教育合一不分。

二、各级教育设施应厘定其教育对象之区域，以社会区域之大小统属，别其等级，著为系统（假定为国学、省学、县学、乡学、村学），各负其区域内之教育责任。而上级学府应辅导下级之进行，下级学府应受上级之指导。各级学府间，于上有系属，于下有责成，期于有统制有计划的进行。

三、教育系统与行政系统沟通合作，以行政力量辅翼教育，以教育功夫推行政令。两系统在其上端（县以上）虽合作而各有机构；在下级（县之下）则教育机关直与地方下级行政地方自治组织融为一体而不分。

四、在行政系统内之技术人员技术机关，应与教育系统内各专门学科合并设立，或相联络，务求实际工作与学术研究之互相沟通辅助。如是乃使实际问题在学术指导下解决，学术研究受实际问题之推动而切实进步。

关于第三项政治的改造，就是政治民主化的要求。我当时亦声明将另成专篇讨论之，后来亦是没有写。我的主张与现行的县临时参议会，省临时参议会，国民参政会这一套完全不同。我主张以第二系统担负动员任务的小单位（其本身为一组织，内容有知识分子，有军事人才，有普通民众），转过来作为国家主体的细胞，作为民意的来源地。若干小细胞（假定一百内外）各有一代表，定期集会，提出他们在工作上在生活上的问题、困难和意见，送到上级去。此上级若干单位（假定为二三十县）亦各有其代表，亦定期集会，根据下级送来的讨论，当然亦得有新意见提出。他们可以分别决定那些是有待请示上级的，那些是直接可以指示下级去作的。然后有全省全国的集会讨论，照此推上去。这样的议会有两大好处：

一则议员不是飘于空际的，而确有其所代表者。他说话不是一个人的空话乱想，而是一部分真痛痒的申诉。他说出来亦有后盾，有力量，不轻容易被拒绝。

二则议题议论丝丝扣到当前事实上，求其改进，而不是作文章。因为动员（兵役，粮食，增产，节约等等）工作上的问题，老百姓生活上的问题，经过考量一级一级拿出来，待你解决了再执行的，那有空文章呢？

请看今天的参议会、参政会如何？议员于社会无根，议题议论于事实无干，只是一大装饰品，皆是学人家的议会制度，而不善学之过。

总起来，我是采取两大方针：一方向统制走去，一方向民主走去。

国防参议会

“八一三”以前的几天，我在上海，每天与蒋百里先生见面，商讨时局。11日因听了蒋先生的话，有急事特地到南京一行。夜车开行之前，适上海市公安局长蔡劲军来晤谈。他将敌我两方紧张情形告知我，说不一定马上开火。我心中忐忑而兴奋。

夜车开行不久，乘客入睡甚熟之时，忽闻人马声喧。车正停在无锡车站。站台上满是军队，站长传知客人一律下车，奉命火速运军队去沪。当时众人纷纷下车，我亦同英国友人戴乐仁先生互相帮忙，移下行李，再作打算。自然传说甚多，而我心里则认为已经开火了。

当日幸得附他车，继续起行。但我已认定开火之故，过南京即未下车，迳返山东，准备自己岗位内之事。12 日经兖州到济宁，刚下车入门，我们工作同人即谓中央连电促我入京，正转电至上海觅我。我未休息，仍乘原车回兖州，候南下车入京。14 日清早抵京，晤张岳军、熊天翼诸君，一面得知“八一三”开火情形，一面得知中央将成立国防参议会，要我参加。

关于国防参议会，邹韬奋先生的《抗战以来》第四节《参政会的胚胎》曾加叙述。但其中所述，不无记错之处。即如原书说，国民政府 8 月底集合全国各党派领袖们组织国防参议会云云；其实“八一七”就举行第一次会了。那天是夜间集会的，到的人有张伯苓、胡适之、周恩来、蒋百里、李璜、傅斯年诸先生。在上海的沈钧儒、黄炎培等各位尚未赶到。因聘书 15 日才送出。秘书长是彭学沛（交通次长兼任），不是甘乃光。甘先生只在临末了，参议会将结束，才来担任几天。

我想分几层来叙述叙述：

一、这个会无疑地是民主在抗战期间的萌芽（邹先生语）。从内容人物来看，几乎全是在野的，党外的。即为国民党的，或系素不接近中枢的，如马君武先生。这种精神，的确表见政府要团结全国力量，集中全国之思虑与识见的意思。从这个会追上去，便是庐山谈话会。再可追溯到“一·二八”那年的洛阳国难会议，其命意和性质皆大致相同。

从国难初起的国难会议，直到今天的国民参政会，实是一脉下来，平时并没有这种集会，更未成立为机关。而由国难逼来，则马上召集之，就充分证明其为这时所必需。翻过来，平时政府固不见得找这些人来中央，而这些人在平时亦未见得愿意来。（我倒无所谓，平时政府召集内政会议，教育会议，乃至财政会议，我都来过。）今天政府愿意大家来，大家亦愿意来，一面是政府开诚延纳，一面是大家竭诚拥护。团结在此，民主在此，统一在此，进步在此。气象光昌，三十年来所未有；谁说敌人不大有造于我！

二、任何一桩事，不要看外表形式，而看其有无一段真意存于其间。国防参议会虽小，形式多不具备，而我感觉却还不错，似较今天的国民参政大会还好些。这就是初起时，意念较真。论人数虽后来增至廿五六人，而开会时总不过十余人，可谓甚小。人所以到的少，例如蒋百里先生、胡适之先生均即奉命出国，毛泽东先生在延安没来，周恩来后亦不到，黄炎培沈钧儒二公常往来上海，张耀曾、颜惠庆两位讫未入京，晏阳初先生和我亦是往来不定。但正因人少，精神凝聚，谈话亲切，亦从容随便。这样倒使彼此少隔阂，而易沟通。开会时间亦多，多时每周至四次（当九国公约在北京开会之时，为听取国际消息）。有不少军事外交财政金融上较机密的事亦可知道一点，亦正为其人少之故。到后来参政大会上，几百人在座，政府便不肯拿出报告了。参政大会先是三个月一集会，后改半年一集会。政府报告都先作出文章，付印成册，数目字很详细，各部长朗诵一番。形式整齐，而意味却减多了。大会有议长，议事有规则，提案有手续，表决算人数，种种形式当然比较从前好看。开会时车马云集，亦甚热闹，但按实来，却按不到一点东西。

邹先生书中，说国防参议会在组织及职权上，简单之极，根本没有什么文字上的规定，连全体参议员名单亦未见过。这大致是事实。我们收到的聘函，原来就是密件（开首称密启者），所以没有向外发表名单。开会时，交换意见，每每就是口说，用不着书面。然正为此之故，或以一言半语对政府有所启发，或往复斟问使我们得所了解。邹先生又说“代理主席汪精卫把大家意见口头转达政府当局，有时亦把当局意见口头转达给该会同人，如此而已”。此亦事实。然而比较后来参政会上文书印件传来递去，像煞有介事者，未必无用。我想中国政事一切落于“等因奉此”，正应当矫正。而见于有名的英国宪政，全靠习惯和精神，不假条文规定；似乎我们亦不要尽在条文上作功夫，而要培养起宪政的精神和习惯，才有希望呢！

三、国防参议会组织及职权的条文规定，亦许有的，我却未看见。我只记得第一天的会上，张伯苓先生曾问及参议员的选任，以何为标准原则。胡适之先生曾问及参议会怎样去实行参议。当时代主席汪精卫对于头一问题，大致回答说着重在野党派，社会人望，和具有专长的人。总之，政府为了抗战，认为必须借重的，就可选任。对于第二问题，则分三层。一层是政府认为时局严重无比，特请大家来共商国事，亟愿听取各方意见。——这就是说，看大家有什么建议。二层政府应付时局或将有些计划方案之类，交到会上请大家共同参酌。三层政府随时以国际情势前方战况以及如何应付的方案，告知大家，使大家得以了解而支持政府。

现在想来，三层之中，实重在第三层。不止是政府主观要求在第三层，末后收到一点效用亦在第三层。

论到第一层，大家怀抱的意见，向政府建议的，军事外交等等自亦不少。而为众议所集中的，约有三四点。头一点要调整政府机构，使之合理化，简便化。因为五院各部会太庞大，不合战时需要。又加战时新机关层出，叠床架屋。行政效率不能增加，反而减少。曾慕韩先生创为“袖珍政府”之议，主张缩小组织，取其轻便，易于移动。此一要求，实是众议所同，□□□□□□□。大抵裁减人员容易，裁减机关较难；裁减小机关容易，裁减大机关较难。政府迁武汉后的改组，各部曾有裁并，五院就不行。直到抗战建国纲领，还有这一条要求保持在（见第十四条：改善各级政治机构，使之简单化、合理化，并增高行政效率，以适合战时需要）。

再一点，要发动民众。三一点，要成立民意机关，认为参议会不够。四一点，肃清贪污。直到我军退出上海，政府将要西迁，张君劢、左舜生、黄炎培、沈钧儒、罗文干、马君武、李璜、杨赓陶和我九人尚联名提出这几点，恳切地面呈当局。

论到第二层，政府交议之件亦不少，最大的一案要数全国总动员计划大纲。此与后来到武汉时，交议的节约计划大纲，同为洋洋大文。参议同人亦费不少心思去讨论，□□□□□，□□□□□□□□□□□□，□□□□□□□。

论到第三层，政府确曾将军事外交各种情报，说给我们不少，使我们于大局情势恍然有所了解。一向局外人责备政府的心理，为之减少，而支持政府的情绪增加。举一个例来说：抗战前段，尤其初起之时，很多人殷切地希望苏联帮忙，亦极相信苏联一定帮忙，乃至期待他出兵或外蒙出兵。在看不见苏联积极帮忙之时，就以为政府不肯接近苏联。于是由责备而不谅解的心理很多流行在社会。但参议同人晓得事实不如此，便对政府没有不谅解，而且支持政府的作法。像沈老先生、黄老先生都是在上海为多数人所信仰。他们的态度是支持政府的，便使反政府的空气不易起来。这种减少政府与社会之间的隔阂，而沟通之的效用，怕是国防参议会收效的一点。

但前两层亦不是完全没有效用。例如：当时后方几个省政府主席，都空着，或本人留京，或旁人兼代，君劢先生提请政府注意，大局严重时不宜如此。政府于是就调动补充，或令本人回任了。又如关于农产工商的调整机构，在记忆中仿佛出于黄先生建议的。

四、参议同人总是不满意参议会这一机关。共产党方面总不肯到会，亦是缺憾。各方要求成立正式民意机关者很多，当局亦表示接受，请大家提出方案来。闻当时收到的方案，就有七件之多。代主席汪精卫曾向我们述说，党内对这一问题的踌躇。他说有三点困难：一点是人数上困难，一点是产生方法的困难，还有一点是职权上困难。

何谓人数上困难呢？他说人数少了不像民意机关（参议同人即自觉人数少不足代表国民，没有力量），非多不可。但多到几百人的会议，实不切眼前紧急状态中的需要，而且没有地方开会（当时我们在铁道部地下室开会，大本营亦在地下办公）。事实上即有困难。

何谓产生方法的困难呢？他说正式民意机关总要用选举方法产生出来。但要办选举却是一大事。户口不清，选民难计，地广人多，交通不便，今战事紧急，安得从容举办？而况从来的选举（他包括国民大会的选举说）都办不好，人人皆不满意，今仓促中更办不好。或者为战事的影响，根本办不成。

何谓职权上困难呢？他说自战事起来后，党内曾有决议说：今后要多数人工作，少数人讨论，一个人决定。——这一个人当然是说蒋委员长。若正式民意机关必应有最后决定之权，没有决定之权，不成一民意机关。但这样便与上面的原则冲突了，所以很困难。

这是在南京的话，后来迁到武汉，卒成立国民参政会。而由于这三点困难不易解决，只能勉强算一个准民意机关。

五、末了，说到我个人在参议会中的尽力，却无多。参议会在南京时，我常常跑回山东照顾我们自己的工作。参议会在武汉时，我又跑一次延安，并驻于徐州许久。所以黄炎培先生常笑我缺课。——每次开会我们坐下来听代主席委委宛宛谈各种消息情报，黄、沈诸老均笔记甚勤，如像学生上课一样，因以缺席为缺课。

我所尽力者，总是我的老主张，发动民众。第一天（8 月 17 日）会上，我就拿出来说。我要求建立一个担负全国动员的系统机构，以应付大战。大意就是《大公报》所发表的（见前“八一三以前的文章”一节内）。那话说起来，未免长些，内容涉及行政改革、教育改造。有一位性急的朋友，就起来阻止我，不要说下去。他以那时上海的炮火正紧，应当商量军事，商量外交，你怎么说这个呢？当时会议席上参议诸公而外，政府各部长均在座，看神气能理会我的意见的人很少。大约他们都觉得我“文不对题”罢！我的话，亦实在说早了些。但不知抗战四五年的今日，对于这个需要，这个主张可有人认识否！

8 月 19 日我奉蒋公命，陪同蒋百里先生到山东，视察防务，离京缺席很久，到 10 月初，沈钧儒先生在会上提一建议案，大致主张利用失学失业知识分子（如留日学生回国的，华北各大学学生及其他）组织乡村工作团下乡工作。原案经国防最高会议采纳，交下参议会再拟具体方案。于是促动我，为再度之献议。

那具体方案，是经秘书长彭学沛，邀集参议同人，会同各有关主管机关（例如大本营第六部，内政部，中央农业实验所，实业部合作司，卫生署等）拟定的。从我看去，于事实无益有损，不能附和。原案要点：

一、开首点明，此种工作系补助中央暨地方行政所不足，因为原有其负责机关的。

二、列举工作项目，内计有民众训练，抗战宣传，农业改良，合作指导，公共卫生等若干项。

三、工作团或称服务团由知识分子青年们组织起来，得请当地行政机关审核许可，便可成立。工作是可以巡回于各处的。

四、经费由政府酌量补助之。

此案若在负地方之责的行政机关（如省政府，专员公署，县政府）看去，一定反对。不但民众训练一类事，不能随便付给这工作团去作；即宣传的事，指导改良的事亦都不愿他们来添麻烦乱手脚。在工作团方面，无权无责，职位不明，亦断断无法工作。又如农业改良等，亦断非平素无设备研究，可以行的。如其工作，亦只是儿戏般的工作。在行政上，其弊不止于骈枝；在动员上，收效等于零。所以说他无益有损。

我认为凡事不作则已，要作便须责任分明，章法清楚。知识分子下乡，从事动员工作，原为当务之急；但无条理无计划，以杂凑出之，以点缀出之则不可。必要将他纳入负责机关系统之中，使他真知道事情的难处，使他没得躲闪，心思力气都用出来，事情才办得好。这样，就必须建立全国动员的系统机构，而改造现行政，乃至改造教育才行。听了我的话的人，多舌矫不下，觉得岂不牵动太大？谁都没有这个勇气。

适晏阳初先生亦为此事被促到京。我们二人即相约面见蒋公，陈述所见。那天恰好黄任之、江问渔两先生亦有事见蒋公，其被指定的时间又恰与我们差不多。于是我们四人就一同来陈说。经我们一番陈说，又指摘当时动员工作的甚多缺点。蒋公很乐于接受，就指定我们四人拟定计划，并嘱咐在旁的张岳军先生协助进行。

我们四人奉命之后，曾为数度集议，一度访陈立夫部长。又承政府将关于动员的一切计划草案法令送来参考。乃一面就动员说话，对于那些法令章则，条陈了十几条的意见。复一面就乡村说话，提出一个非常时期乡村工作计划大纲；请政府择行其一。那时节，上海战事我军已退出大场，黄先生急欲回沪一视，晏先生因湖南工作正忙，亦要回湘，江先生则赴武汉的约期已届。所以此计划大纲就嘱我一人起草。我起草出来的时节，则我军已退出上海，政府正忙于西迁，草案虽经托岳军先生转呈，而在那时情况下，却无从谈起了。

访问延安

11 月 16 日政府开始西迁，当晚有船先送参议员赴汉口。我因顾念山东事情，仍先回山东。又应李宗仁司令长官之邀到徐州。迟至 12 月 9 日，乃到武汉。曾卧病旬日。病愈，即于新年（1938）1 月 1 日飞西安。

本来退出南京时，各参议同人有奉命视察各地方者（如曾慕韩先生奉命视察云南之类），我自请视察陕西及河南。所以这次到西安，算是奉命的。但我目的地实是延安。先经与武汉的八路军办事处接洽好，又经与西安八路军办事处接洽备车，遂于 1 月 5 日往延安。关于这一段访问经过，我择要分述于次：

访问延安的动机

我去延安是有两件事要作：

一是对于中国共产党作一考察。

二是对于中共负责人有意见要交换。

若论其意绪动机，则蕴蓄已久。我是要求社会改造的人，我始终同情共产党改造社会的精神。但我又深深反对共产党不了解中国社会，拿外国办法到中国来用。我认定北伐后，老社会已崩溃，只须理清头绪来建设新社会，没有再事暴动破坏的必要。这里有两句话：

从进步达到平等；

以建设完成革命。

这是我的信念。不断地暴动与破坏，将只有妨碍建设，梗阻进步，延迟革命之完成，实在要不得。不过 1927 以后十年的事，亦不完全怪他。国民党原来领导中国革命，口里亦总在诵念“革命尚未成功”的遗嘱，却是革命情绪已不紧张。政府固以建设号召于国中，而路线走向哪里，颇不明了。除蒋公一人焦劳不已而外，多数生活逸乐，早已安于现状。切志革命的人，自不免别寻出路。血战十年，真是民族的深痛极憾！所以自从共产党放弃对内斗争，国民党坚苦淬砺领导国人，共同抗战以来，当然是民族命运一大转机。我们欣喜之余，不能不考虑两个问题：

一、多年对内斗争的共产党，一旦放弃对内斗争，可谓转变甚大；但此转变是否靠得住呢？

二、以同仇敌忾而得见国家统一，诚足欣幸；然为巩固此统一，似非国人有进一步的努力不可。

我对于暴动破坏痛惜于衷者愈久，则对于第一个问题想求得解答愈切。于是就非去考察考察不可。从事乡村建设多年的我，无时不梦想国家统一，以便整个规划进行，觉得眼前抗敌的统一总不满足。对于第二个问题就怀抱一些具体意见，想去努力看一看。

再明白地说，我访问延安的两件事，其一所谓考察者，不是考察别的，是专为考察共产党的转变如何。其一所谓交换意见者，不是交换旁的意见，是专为求得国家进一步的统一，而向中共负责人交换意见。

延安所见

我于二十七年 1 月 5 日由西安往延安去，于 25 日返回西安，往返共三星期。随行者有黎君邹君两位。车是军用大卡车，无蓬。路是军用公路，一切宽度，坡度，转弯角度，均不合于公路规矩。而自西安往北，愈走愈高，缺乏桥梁涵洞，车行危险而且费事。时当严冬，奇冷难支，举目所见，荒凉凄惨。人口之稀少，地方之穷苦，一望而知，可不待问。而愈问愈惊，多有出人意表者。

所谓陕甘宁边区者，闻其代主席张国焘（主席为林祖涵先生）言之，共有二十一个县又半。人口是九十余万，而实只五十余万（张言如此）。即平均一县两万多人，岂不奇怪。愈荒即愈苦，其苦自不待言。许多游记笔记，于那里生活情况，各有记述，亦不必详及。我只证言约近四年前的延安确是苦（后来亦许不同）。

然而在极苦的物质环境中，那里的气象确是活泼，精神确是发扬。政府，党部，机关，学校都是散在城外四郊，傍山掘洞穴以成。满街满谷，除乡下人外，男男女女皆穿制服的，稀见长袍与洋装。人都很忙！无悠闲雅静之意。军队皆开赴前方，只有些保安队。所见那些制服的人，多数为学生。

学校似有六处，所谓抗日军政大学，陕北公学，马列主义学校（简称党校），鲁迅师范，摩托学校（机械学校），如是等等。花样新鲜，趣味丰富。内容组织，课程科目，教学方法，生活上各种安排，值得欣赏之点甚多。自然其中卤莽灭裂，肤浅可笑者亦正不少。这是大胆创造时，所不能免，不足深怪。并且事实上证明，他们是成功的。因为许多学生来自北平、天津、上海南洋等处，现在的起居饮食，比了从前不知苦多少倍，而求学兴趣转胜，一般身体并不见差，不是成功吗？①

一般看去，各项人等，生活水准都差不多；没有享受优厚的人，是一种好的风气。人人喜欢研究，喜欢学习，不仅学生。或者说人人都像学生。这又是一种好的风气。爱唱歌，爱开会，亦是他们一种的风气。天色微明，从被窝中坐起，便口中哼啊抑扬，此唱彼和，仿佛一切劳苦都由此而忘却！人与人之间情趣增加，精神上互为感召流通。——凡此印象，我脑中尚存留，但不知今日延安尚保持得否？

---

① 关于这些教育（或称训练），我本嘱随行的友人考察记录，不过材料不在手边，只好从略。但我为使上面的话不落空，为使大家深切予以注意起见，我特指出那学生生活的苦况。吃饭总是吃小米饭，没有掉换。菜只一样，萝卜汤，有点盐，没有油。滋养二字，不能谈。睡在窑洞内，空气光线皆不足，而且潮湿。又是人与人挤拢一起，铺位分不开，跳蚤虱子纵横无法清除。最苦不堪的，是早起没有脸水，因为担水上山来不易，水都冻冰，要柴来烧，而柴是贵的。所以一盆水，第一个人洗过，第二人洗，第二人洗过，第三人洗，第三人洗过，第四人洗，如此，洗到七八个人才算完。这种情形，卫生二字向谁讲？我留延安半月以上，随我去的邹君参加到他们学生队中，故知之详且确，没有虚假。奇怪的是身体并不见差（面色不见黄瘦难看），兴趣都很好！这不是一种成功吗？

政府、党部及司法机关，皆曾参观。边区政府亦分民财教建四厅。县政府则有两个：一个是边区所属的，一个是自省政府来的。法院院长为广西雷君，据谈他们的法律大半遵照国民政府，而亦有自己撰作的。还有一种露天开会的审判，最为特别（偶一行之）。监狱内亦有可记之处，惜记忆不清。

共党人物多半会见。唯军事领袖朱、彭、刘、贺、林诸位不在延安，未见到。又惜未多住些时，谋与乡民接近，藉知其所感受者如何。

关于边区的民主政制，从条文及传说中曾得其略。上自政府主席，下至村乡长，都是选举出来的。并且各级都有议会。手边无材料可资叙述，暂亦不愿随便批评。虽然是一个要紧问题，却从略了。

中共转变问题

我们参观地方党部的时候，由郭君洪涛接谈。谈到民众运动，指出农民会从前是不许地主，不许富农参加的，现在都许可参加。延安城内从前只有市民会，没有商会，现在亦照外面一样有商会组织。总起来说，民众团体以前是阶级性的组织，现在是全民性的了。一面其运动亦改变以救国为号召，一致对外，不再向于内部作阶级斗争。——这是一种转变。

我们参观地方政府的时候，由代主席张国焘接谈。他谈边区的民主政制甚详。指出现行政制与从前苏维埃不同之点，例如从前没有选举权的人现在都有选举权被选举之权。同时谈到土地革命之放弃，地主多已回来了。不过土地已经分配，不能收回他原有土地，而由旁处补还给他。

关于土地问题，张国焘、毛泽东都表示今后的方针政策尚有待研究，并希望各党派共同研究。——这自是一种重要转变。

地方政府所作的事，不论大事小事，似乎都与从前苏维埃时代不同。参观曾有笔记，今不在手边。记得教育厅正在改编各种教材（小学用的，民众用的），亦拿出来给我们看。建设厅指导办理合作社，因大环境改变（从前被封锁现在开放），政策改变，亦变更甚多。如是种种，从其工作的转变看去，正接近我们的乡村建设。

从事情上所见，大致如上。从理论上，则对于中国前途，似抱一种三段的看法。他们都说：要在抗战中争求民主，亦相信必能相当实现民主（第一段）；从实现民主，逐步前进中，就可和平转变到社会主义（第二段）；从社会主义进一步到共产，亦许是我们子孙的事了（第三段）。

因此又有两种责任或两大任务的说法：一种是现时实际任务，就是为实现三民主义而奋斗；一种是将来远大理想，就是完成共产主义。

这就是说，他们没有什么不可与其他党派合作的，他们将求着与大家合作；他们将争取不流血的革命，而不用着暴动和破坏。

我又曾提出几个问题，问他们。譬如我问：你们都说团结御侮，是否不御侮即不团结呢？明白地说，对内斗争是一时放弃呢，抑永久放弃？当时中共中央政治局总书记张闻天君答复我，他们原来与国民党合在一起北伐的，但中途被排斥，十年苦斗非其所愿，今得重合，将长久合作下去，共同抗战，共同建国。

我又问：过去的分裂决不能单责国民党；就令责任完全在国民党，而如何陷于错误亦必有由。况如此大党得广泛支持，以压共产党，时间亘续十年之久，断非偶然。究竟所由造成此大分裂大斗争之客观因素是什么？这些因素到今天是否已经转变不存在？请一一分析言之。假若不能指出其客观因素，则从前错误，□□□□□□□□□？□□□□□□□□□□，□□□□□□□□□□□□□□？——这一追问，仓卒之间张君未能给我好的答复。

我又问：照一般之例，为完成革命，革命党当必须自操政权施行其有方针有计划的建设才行；那么，今后中国共产党是否必要取得政权呢？假如说，不一定自操政权，然则将如何去完成共产革命，愿闻其详！张君对此的答复，大意是说他们将帮助国民党完成其革命，就不一定要自操政权。如何完成共产革命，似未说清楚。

叙起来太长，我作个结论罢。大致所见事实，和谈话接触上，使我们相信中共在转变中。他们的转变不是假的，不是一时策略手段如此。他们不愿再事内战的情绪很真切。他们对中国前途的三段看法，和他们说的两大任务，是切合于他们理论的，不是饰词。他们当然给我愿意看的事来看，当然给我愿意听的话来听。谁没有门面事，谁没有门面话？何况共产党？但我那时结论，确是如此。

但这只是结论的一面。还有一面，即其转变虽不假，却亦不深。因为他们的头脑思想没有变。他们仍以阶级眼光来看中国社会，以阶级斗争来解决中国问题。换句话说，根本上没有变。似乎只是环境事实要他变，他自己情绪亦在变，而根本认识上所变甚少。

当时有当时的事实，当时有当时的情绪；今天如何，不在我这观察结论之内。

毛泽东的会谈

在延安谈话最多的是和毛泽东先生。前后共谈八次。有两次不重要，一是他设宴招待的一次，又一次是临走之前，他来送行。其余六次，每次时间多半很长，至少亦两个钟头。最长者，就是通宵达旦。——这样有两次。因为毛先生夜里不睡觉，而白天睡。谈话多从晚饭后开始，不知不觉到天明。他这种生活习惯，听说是在军中养成的。夜里面他将作战计划作好，次日大家出去作战，他便睡觉。傍晚起来，听取报告，又作计划入夜。明天大家作战，他又睡觉了。

毛先生民国七八年曾在北京大学图书馆中作事，而那时我正在北大教书。毛先生的老师（又其岳父）杨怀中先生（昌济）又同时教授于哲学系，彼此相好。杨老先生住居地安门豆腐池胡同，毛先生亦随他同住。我去看杨先生，亦和他碰过面。——这是一点旧缘。此番会晤，在我印象上甚好。古时诸葛公称关美髯曰逸群绝伦，我今亦有此叹。他不落俗套，没有矫饰，从容，自然，而亲切。彼此虽有争辩，而心里没有不舒服之感。大致每次都可以让你很舒服的回去。

他于听你谈话时，喜用笔随手记录。秃笔粗墨，在大纸上横行写来如飞。我一边谈，他一边写。我谈完，他便手指所记要点，一条一条答复。条理清楚，句句到题。我将我的一两种小册子，和四十万言的一部《乡村建设理论》都赠他，请他指教。隔一天再见面时，他取出一搭纸来，纸上已将我书内要点，或他认为好的地方，皆摘录排列，井井有条。这都是可佩服之处。不过他太忙，虽喜欢看书，未能沉潜反复。况对我的书，似未能全部看完一遍。——这是我一点小不痛快。

从旁看他的生活起居，看他的身体，不免使人替他担心。夜间不睡是其一例。还有嗜烟嗜酒，亦太过。谈话时，他为你斟茶，而自酌酒。酒是白酒，亦用不着菜肴。烟亦恒不离手。我曾问他的健康如何。他答我说，人家传我有肺病，医生检查过没有的，但我患神经衰弱。在他们的社会中，似对他特别优待。饮食（夜间同饭所见）却看来亦俭素。唯所住屋内，不火自暖。是从屋外掘地，转于地下烧煤，所费不资。在全延安更无此设备。又他出门走路，有四卫士相随，别的人俱未见有。

我和他的谈话，除交换意见者，另记于后外，兹选择几段，叙于此。

我问张闻天先生那两个问题，亦向毛先生问过。对于造成 1927 年后分裂斗争的客观因素，他有答复。大致分别为国内的因素，国际的因素，而取今昔不同，对照言之。即如国际一面，在那时各帝国主义者虽彼此有矛盾，而同惧中国之赤化，却使他们可以统一起来。于是他们就来分化中国内部，使国共分裂。国共之分裂，此盖为有力因素。但到今天来则相反。今天国际上有侵略的日德意一边，有反侵略的英美法苏一边，而统一不起来。他们就不能共同来对付中国。侵略者如日本人，固然利于中国之分裂，而行动适足以反迫成中国之团结。反侵略者则不愿中国再有内战，处处从正面助成我们团结。上年（指二十五年）西南两广为要求抗日有所举动时，和双十二事变之时，英美友人的心理和其活动，皆为最好例证。他说：这就是今昔客观因素之不同。由于这些因素（国际的更加国内的），他相信国共前途只会团结，不会分裂。——这是一段。

对于中共要不要取得政权问题，他先转问我：我们（他自指）不是已经有一部分政权了吗？假如国民党邀我们参加到中央政府去，我们亦可以参加。他如不邀，我亦不强求。即使他来邀，而我们亦待考量大局相宜否。倘于国际情势有所不便时，我们还是不参加的。但往长远里看，国共必是长期合作；长期合作中，少不了参预政权。——大意不否认要有政权，而表示不夺取政权。这又是一段。

我又问他一个问题：中国共产党过去最大错误是什么？听说共产党

朋友常作自我检讨，不知亦曾检讨及此否？是否亦可说给我们外边人。他笑着答我道：你且说一说看。我说据我所见，有两个对照：

一是十五六七年北伐时，革命军并非以兵力或战术战略制胜，而成功在政治上适合当时大势需要。对照来看，十年间共产党之革命无成，即是其政治上的失败，政治上路线错误。因其在政治上若适合时势需要的话，则配合起军事，应当早成功了。

一是抗战之前到现在（指谈话之时），共产党博得国内大多数的同情拥护和期待，声光出于各党之上。这其中并无别的原故，只为放弃对内斗争，倡导团结抗日，适合人心要求，政治上所走的路线走对了。对照来看，过去十年之劳而无功，仅仅靠军事来维持党的生命，政治路线之不对可知。

我末了说：我们祝望中国共产党今后继续争取政治上的胜利，而不要再靠军事维持一条党命。毛君笑颜相谢，说你的意思很可感！

意见的交换

我迫切地要求统一，但我绝对不承认有武力统一中国的可能。我相信只有在国人意志集中意志统一上，得到国家统一。这一信念，被抗战前后的事实证明了。在抗战上中国表见了从来未有的统一。然而这是不是从一个武力中心向四外发展，征服全国的结果呢？谁都可以看见没有这事。反之，谁都看见是全国各方甘心情愿来拥护一个中心（各方的人都到中央来，各方的力量都贡献给国家），中央亦开诚接纳的结果。

但这个统一明明是外来的。只为暴敌愈逼愈紧，使不同的中国人感受到同一威胁，眼光不容旁视，心念自然集中，不期而造成全国人意志的统一。由意志统一于对外，而国家内部统一了。这全为暴敌之所赐，其势不可久恃。我们必须乘此时机，从内部自己奠立永久之统一。

从内部自己奠立永久之统一，——这如何可以作到呢？这并不难做到。只从本身“如何建设新中国”大题目上，能集中全国人意志而统一之，当然就行了。

我去延安考察中共的转变，同时亦是测探统一前途的消息。我既见中共正在转变中，因进一步提出这一问题，问中共负责人毛泽东。以下便是交换意见的大概。

我问他：以我看中国问题有两面，一面对外要求得民族解放，一面对内要完成社会改造（即建设新中国）；你看对不对呢？他答：完全同意。

我问他：这两面问题应当分别解决呢，抑或一并解决，不得分开？他答：这原是相关的事，不应分开来谈。但究非一事，在进行解决上或时有轻重宾主之异。譬如眼前应当一切服从于抗战，第二问题只能附在第一问题里去作。

我说，这在我亦没有疑问。不过我却要求在今日民族对外之时，决定我们本身社会改造之事。我认为此一决定，正为对外抗战所必要，有两个理由在这里：

> 一则必团结而后能抗战，团结不力则抗战不力。但如今日的团结明明植基甚浅，几乎是一时手段，甚感不够。完成社会改造为吾民族自身基本问题，必在此问题上彻底打通，彼此一致，团结才是真的。否则，隐略不谈，必生后患。
>
> 二则抗战必求与国，而我们的友邦一面有资本主义的英美，一面有共产主义的苏联，若我们自己国策未定，恐难交得上朋友。中

> 国要决定自己要走的路，并坦然以示友邦，不招猜忌，不启觊觎。胸中无主，外交无成。我们必须认定自己的前途，而把握自己前途走去，才能打开在国际环境中的局面。

他对于我的话认为很对。

我于是提出我的主张，要确定国是国策。所谓国是国策，就是对民族解放社会改造两大问题，及其所涵细目，均有确切之订定。尤其要紧的，在建国的理想目标，并其达于实现的路线步骤。如何来确定呢？这当然要全国各方开诚相商，共同决定。他表示单为抗日而团结，诚不免一时手段之嫌。但他又虑社会改造问题重大，牵涉甚远，各方意见或未易接近。倘各方意见不能归一，岂不又影响眼前抗日？似不如走一步，说一步。

我说你这种顾虑亦是应有的，不算过虑。但遇此困难，当以热心（热心于彻底团结）信心（相信彼此说得通）克服之，而努力以求得最后结果。

他说你的意见是好的。此事最好由国民党来倡导进行，或其他方面来推动提倡。中共方面，因为刚将抗战促动起来，不过六个月又吵动什么社会改造问题，似乎不便。假若国民党或其他愿为此根本商讨，那他们共产党当然欢迎之至。

他又对我说：此时（1938 年 1 月）他们正请得国民党同意，两党起草共同纲领。在武汉有八个人——国民党为陈立夫、康泽等四人，共产党为陈绍禹、周恩来等四人——正在蒋先生指导下起草。共同纲领和你所说国是国策亦甚相近。假若由两党的扩而为全国的，由侧重眼前抗战的，进而包括建设新中国，便是了。你何不赶回武汉，去推动推动呢？

毛君屡次对我说，中国现在已是团结，但仍须求得进一步的团结。我便说，你想进一步的团结，除了我这办法还有什么办法呢？我又问他，并问张闻天，假如国是国策定下来，则党派问题即将得一根本转变，是不是？他们都答复是的，那样全国将可以成为一个联合的大党。

关于党派问题，我从来认定中国社会形势散漫，各党说不上有什么截然不同的社会基础，而从中国问题看去，恰又有其共同任务。因此，“绝不相容”只是人们的错误，而非形势所必至；大家合拢来，乃是问题所需要，而形势甚有其可能。不过解决党派问题的主张，在当时我胸中尚未具体化，所以亦未向下商量，即到上面所谈为至止。

所谓意见的交换，除团结统一问题略记于上之外，大致还有两种：

一种是关于那时时局的。我在那时（1938 年 1 月）眼见得崩溃之象，当然不免悲观。他从国际方面，敌方，我方，三下分析给我听，转换我的悲观见解不少。而说到当时各种问题的主张上，彼此多半相合，没有相乖之处。事过境迁，记忆不全，记亦无味，从略。

再一种就是关于中国前途的了。我对于中国前途一向有我的见解主张。我要求确定国是国策，其意正在要认清民族的前途，而把握着自己前途去走。而他们共产党呢，一面既有其世界前途的理想，一面又有其独具之历史眼光，当然他们对于中国前途是有他们之见解主张的。我有一套，他们更有一套。所以通宵达旦，谈之不尽的就在此。

关于这一问题，彼此所见就不同了。假如他们是“三段论”，那么，我便可说为“一段论”。他们的三段，前文曾提到过。就是：在抗战中实现民主；由于民主进步，和平转变到社会主义；末了进步到共产。我所见如何？我认为中国政治上趋于民主化，和经济上趋于社会化，是同时的。其前进是同时前进，互相推动着前进，相携并进，以抵于成。

因为分不开，所以他们的前两段，在我就是一段。又因为我只信社会主义，而不大相信共产，又少却他们的第三段，于是我便成“一段论”了。——其实在我并无所谓“一段论”。

问题太大，话说起来太长，现在记不胜记。他们的书报刊物甚多，读者不难考证。我亦有一些出版物，外间流行却少（内地及上海尚可得，香港甚难）。今将旧文摘几句于此以见意：

> 中国政治问题必与经济问题并时解决；中国经济上之生产问题必与其分配问题并时解决；圣人复出，不易吾言矣！求中国国家之新生命必于其农村求之；必农村有新生命，而后中国国家乃有新生命焉；圣人复出，不易吾言矣！流俗之所见，或以为政治问题解决，而后产业得以发达，而后乃从容谈分配问题；或以为必由国家资本主义以过渡于共产主义，而当从事国家资本主义之建造。是或狃于欧州国家之往例，或误于俄国布尔塞维克之企图，而皆昧于彼我之异势，谬欲相袭者，曾何足以知此！

这是民国十八年为河南村治学院所写旨趣书中的话。又后来《乡村建设纲领》第十八条有云：

> 吾人所见，中国政治得进于民主化，将有赖其经济生活之社会化，此与西洋政治之民主化得于个人主义者适异。经济上之社会化，有助于政治上之民主化；政治上之民主化，复有助于经济上之社会化；如是辗转循环向前进，自微之著，由下而上，经济上之社会主义与政治上之民主主义，同时建设成功。

这些话均待另外详谈，才得明白。彼此对中国前途看法之不同，从何而来呢？当然由于对中国老社会认识不同。从而对近百年所起变化的了解不同，从而对前途估计不同。所以从谈未来问题，就追溯到过去历史文化。我总执持两句话：中国老社会有其特殊构造，与欧洲中古或近代社会均非同物。中国革命是从外面引发的，不是内部自发的；此其特殊性即由老社会之特殊构造来。他相当承认我的话，但他说，中国社会亦还有其一般性，中国问题亦还有其一般性；你太重视其特殊性而忽视其一般性了。我回答他：中国之所以为中国，在其特殊之处；你太重视其一般性，而忽视其特殊性，岂可行呢？

我与毛先生两人间的争论，到此为止。

国民参政会

我访问延安后于 1 月 25 日回抵西安，29 日去开封。在西安开封均略作考察，以便复命参议会。2 月 2 日到山东曹州与旧日山东同人会晤。2 月 4 日到徐州，一面系应李德邻（宗仁）先生之约，一面亦系谋与鲁西鲁南同人恢复联络，鼓励抗敌。留于徐州者一个月之久（住北关农场内）。

3 月 3 日回到武汉，访闻所谓八个人起草共同纲领的事，已陷于停顿。蒋公曾一度热心混合全国为一党，旋亦作罢。所以我想求得进一步团结的事，那时不便谈。

4 月曾往潢川，往长沙等处；5 月曾往南阳镇平等处，6 月曾入川往返于重庆成都。跑来跑去，无非为了抗战，第以其中事情叙起来太烦，均从省。现在只记一记 7 月的国民参政会。

在前叙国防参议会时，已论到国民参政会。因有前次提到的三点困难不易解决，人数时有增改，产生不由选举，职权只备咨询。第一届人选发表，舆论尚表满意。第一次开会，各党派互相约定要会内保持一致，故团结精神很充分。其后，此种精神便一次不如一次。第一届延到二十九年底为止，第二届产生。二届人数又有增改（初公布增至二百二十人，临时又增多二十），但党外人数（其他党籍或无党籍者）则显著减少，所增多为党内人士。一个并无决定之权的机关，并不需在表决票数上竞争，这样增减宁有必要？而当初国防参议会务以党外者在野者为主的精神，遂不可见。

现在不欲作何评量，略述我在会内一点经过，以存客观事实。

我在第一次参政会上，提有一个建议案，三个询问案。那一个建议案是请政府召开战时农村问题会议，并于政府中设置常设机关，其原文录后：

（理由）中国自 1930、1931 而后，农村急剧崩溃，除一九三六年以全国农产丰收，市价又不坏，稍得喘息外；问题之严重未解，而大战遽起。此时国家抗战，所需人力物力，既无不责之于乡村，乡村负担加重若干倍，而农产或以贸易停顿不得输出于外，或以运输困难而滞销于内，正苦无负担之力。此为农村战时最大问题之一。又地方制度（尤其省县以下），自清末以来日在纷更，迄未确立。自治固不能谈，即官治亦且难言。加以数十年来受西洋影响，无论政治教育经济，皆使人才钱财集中都市。都市有拥挤充斥之患，而内地乡村空乏，几同一片荒原沙漠；则下级行政机构之不能充实健全自属当然。此时国家百事责之地方，地方一切归于乡村。乡村无力负担是一个问题；办理不善是第二个问题。类如兵役问题其最著者也。在上级政府嫌其质量两差；在中级（专员县长）已竭蹶万状；在乡村则扰乱痛苦直匪言可宣。不独痛苦，抑且前途危险之至！此为战时农村最大问题之二。国家抗战既依靠于农村，农村问题严重如此，岂容忽视！拟请行政院召开战时农村问题会议，集合了解下情之人详加讨论，亟筹整理补救之方。

会议后所以必须更有常设机关者，以一次整理未尽得宜，下情必须不断了解，此其一。农村问题，关涉许多方面，虽在政府各有职司其事者，而互相间联络不够；必须加以推动，使其常得商讨设计，而后分别执行，庶乎事业可举，此其二。

（办法）战时农村问题会议由行政院或军事委员会召集之，其组织及工作进行应注意下列各点：

一、参加会议者可有下列各项人员：

甲、地方政府代表二人至四人——期于了解地方政府之一般意思，不必每省皆有代表。

乙、富地方行政经验在抗战后且曾任职专员或县长半年以上者三人。

丙、从事乡村建设或民众教育之专家三人至五人。

丁、行政院内政部代表一人，经济部代表二人，中央农业实验所代表一人，农本局代表一人，军政部代表一人，教育部代表一人，军委会政治部代表一人，中央党部社会部代表一人。

戊、其它关系机关得临时邀请其推派代表与议。

二、大会中应分设各专门组，例如兵役问题为一组，金融问题为一组之类。专门组商讨之结果，除必要时不再移付大会讨论。

三、工作重在商讨设计及指导推进。

甲、本会议只重在了解下情，切实设计，同时图各主管部门在工作上之互相联络配合。凡商讨结果迳由与议之主管机关人员签呈其长官采择实行。

乙、会议后酌量改组为常设之委员会，除不断商讨外，重在派员分赴各省促动地方之商讨进行，并派技术人员指点协助其进行。

我此一提案，所以录原文于此者，以见内容平常，并未能替农民说话，而仍是为国家为政府设想，政府实不必害怕。果能实行，则上下之情得以稍通，乡村实际好处却不小。同时各部门各机关互得配合联络，一切事业才得进行起来，于工作效率关系亦大。原案经审查会修正（增加与会人员）通过，送经大会照案通过。秘书处咨送政府，经国防最高会议发交行政院核议。行政院又交经济部核复。经济部翁部长文灏何次长廉，私人请我商谈一度后，具复行政院认为事实可行。行政院又照样具复于国防最高会议。国防最高会议亦曾将经济部行政院的核议可行，通知国民参政会秘书处。但除公文往来复去而外，事实上并无下文。——此会经二十七年到二十八年，又到二十九年，以至三十年（1941）的今天，还没有召集！

此外之三个询问案，第一案大意如下：

查抗战建国纲领第十八条，有以全力发展农村经济之文，此诚当前首务。惟此中关系方面甚多，例如：农村金融系统之树立，农业技术之改进，农产之输出与流通，合作组织之普遍推行，以及农民教育，农村治安诸端，想在政府必有统筹之规划，切实之进行。

规划者应请提交本会议决，进行者应请提交本会报告。

此案后经政府答复说，在经济部工作报告中都［有］，不另答复。

第二件询问案大意如下：

查抗战建国纲领第二十五条，有发动全国民众，组织农工商学各职业团体，改善而充实之，为抗战而动员之意。在各职业团体中，应以农会为最关重要，诚以民众动员大部分为农民之动员也。各地农会素来有名无实，或并其名而无之，只临时为应付选举而设。究应如何改善而充实之，想在政府必有至计，请答复。

此案当时经政府中的军委会政治部答复说，本部对于农会正在一面调查，一面计划改善，现尚无可报告。我于是在第二次参政会上，再提询问，事隔几个月，究竟调查所得如何，改善计划确实否，请答复。而这次忽然变了，由行政院经济部出来答复。说本部调查得全国农会共有一万几千几百几十几个，改善计划早经确定，并已实行云云。这桩事不知究竟应当归谁掌管？

第三件询问案大意如下：

查抗战建国纲领第十四条，有改善各级政治机构使简单化合理化，并增高行政效率以适合战时需要之文，又风闻内政部于省县各级制度，亦曾有改订拟议。在各省地方如湖南江西各省政府对于地方行政力求革新，除办理行政人员训练外，并已涉及制度之变更。究竟此一问题，在中央正计划者如何，已实行者如何，请答复。

此案当经政府回复说，已有提案到会。会中果亦收到政府提案，内容涉及各省县制度，保甲制度，还有省县参议会问题。这是属于内政方面的，应归第三组审查会审查，我正负第三审查会召集人之责。当时经过颇有许多曲折，外间知者不多，我今亦不说的好。第二次在重庆开会，我又担任第三审查会召集人。我们审查内政部工作报告时，何部长键亲自出席审查，彼此面谈，又有出人意料者，我现在都不说。到二十八年冬有“新县制”之颁定，并有以廿九年为“新县制年”之说，是此一问题中一极重大改革，然而并没有经过参政会。

在第二次参政会内，我提有改善兵役一案，将来另记。当时正是二十七年 10 月广州武汉相继不守之后，大局严重，我特临时动议，开全体审查会，请政府当局出席切实检讨抗战工作。所谓全体审查会，是出席人数与大会同，而不作为大会，因为大会发言有限制，而审查会较容说话。那次，曾以末一天的半天功夫，由参政同人和政府负责诸公作了一次检讨。——这算比较重要的一事。

第三次会在二十八年 2 月，第四次会在二十八年 9 月，我都未参加。因为那八个月功夫，我正在安徽、江苏、山东、河北、河南、山西六省战地旅途中。

改善兵役运动

抗战工作不外分一个前方，一个后方。对于前方工作，我的朋友学生（特别是豫北和山东的朋友学生），原为有计划的努力，我间接地帮助他们作，其详另记。在国民参政会第一次会后，我力辞驻会委员，即恐入川便与前方同人不易联络。自二十六年 12 月到武汉，我即对人说：你们向南我向北，你们向西我向东。盖此心实不安于退居后方也。但后来到底入川了，与豫北山东相隔太远，消息阻断，对于前方既不能有所尽力，我即决定在西南大后方择一紧要问题而尽力。

在西南大后方说，当然以补充兵员，多多征集，好好训练为第一事。而兵役问题，恰办得不好，谈者莫不疾首蹙额。在乡村已痛苦不堪，而国家亦得不到好壮丁。我们从来作乡村工作的人，对此乡村最大痛苦不能坐视，不能躲闪，而为了抗战亦非给国家求得好兵员不可。于是我就留心兵役改善的研究，思所以尽力之道。

这一研究不是书本上的事，一面要在乡村调查，汇集事实，一面要向主管方面寻求了解，除法令外并及办理实情。我在此两面皆有机缘可资进行，又恰得着朋友和社会大众帮忙。有一位朋友王寅生先生，他是“中国农村社”的，曾在武汉主持“战时农村问题研究所”的座谈会，因而相熟。这次相遇于重庆。彼此谈起来，相约于此致力。我二人之外，又约了孔庚、吕超两位先生，借他们的资望地位（吕为川军前辈，现任国民政府参军长）好办事。四人出名发起兵役问题座谈会于重庆。其时社会上各方面正为兵役问题感受刺激，有此需要，不期而然地都踊跃参加，而兵役负责机关（包括上下级）亦时常派员出席说明。此一座谈会，不断举行，从二十七年 9 月 1 日亘续至一年以上，实为难得盛事。到二十八年 10 月又正式改组成立兵役实施协进会。可惜到二十九年（1940）有人进谗言于最高当局，经蒋公召吕先生面谕解散了。（我于发起后五个月即有北方之行，一切成绩实王吕之功。）

先是二十七年 6 月间，我到成都，赶好省府召集十八个行政专员和保安副司令开会，就商议兵役问题；王主席缵绪要我出席指导。我那时于实际问题尚未调查清楚，无从有何指点，只就办理征兵几个大条件来说明其办不好之故。我说很粗浅的四大条件：甲，政令统一，事权统一；乙，秩序久定；丙，地方制度健全，下层机构充实；丁，人口户籍清楚。今天就全国说，初见统一；就四川一省说，亦是初初统一。其政令的统一，事权的统一，以事实上未曾就绪，多谈不到。秩序久定一点，就全国说，好多地方难讲，就四川说，亦正难讲。若地方制度，则自清末以至现在三十余年纷更不已，未得确立；下层机构，更是人才钱财两俱缺乏，离着健全充实四字不知有几千里远。人口户籍一向虚伪造报，无可依据。四个基础条件没有，办不好是当然的。再翻过来看，国内有几处办得稍好的：如广西，他就是省内真可统一，秩序稳定了几年，而民团制度的建立，有助地方制度下层机构不少；人口户籍，亦为之粗具。又如我们在邹平，抗战起后亦为中央征过两次壮丁，办得还好；那亦为那一县方政令事权统一，且已有六七年之久，下层机构比较充实，户籍行政规模已具之故。还有河南的镇平县，怕是各处比较来办得最好的；无非为其备有四个基础条件，而且秩序安定早于广西、邹平，一切事情更多由地方人士自己负责。从正反两面看来皆可证明此四条件的基本重要性。至于国民教育的普及、民众动员的宣传、出征军人的优待，亦皆为不可少的条件。但必在四基础条件有了之后，才谈得到。如邹平于教育及宣传，镇平于优待军人，办得还好，是其例也。

自我留心研究兵役问题以后，方知道原来就未曾实行依法征兵。中央对于各省，各省对于其属县，只以一定数目责令办齐，不问其如何办法。以四川省而言，截至二十七年 11 月以前（即我研究之时）都不是征兵。说是 11 月 1 日起依法施征，尚未见诸事实。所以国家征兵法规是虚设的。政府所行的另有命令指示，而下层实际办理情形，却又与其上级政令所指示者多半不合。于是国家法制为一事，政府政令又为一事，实际办理者又为一事。所谓兵役一事，竟可析而为三。在此状态下，我们只有要求政令符合于法制，实际办理者符合于政令，还三为一。换言之，就是认真依法征兵。

但一切按照国家法制法规去行，是否即可办好呢？还是不能，因那四基础条件多不具备。办不好，实是当然的。为临时应急，只有一面认真行法，一面却又将法规不要订得太硬性，太繁密。——这是第一要点。同时行法者不单靠行政机关，而必须采用三方面配合之原则。——这是第二要点。所谓三方面者：

一、政府一面——以四川为例，自重庆行营，省政府，军管区而下，一直到保甲长，一切负行政之责者皆是。

二、地方社会一面——地方领袖和民众团体，从省里到乡间一层一层都在内。

三、教育界一面——自四川大学以至全省各学校的先生学生，和其他一切教育机关及其人员。

必要此三方面配合起来，办理征兵才办得成。比如说第一要造具清楚的壮丁册，在乡村里若不得其他两方面如小学教员和其他识字的人帮忙，单靠联保主任保甲长去办则人手都不够。再则，为抽得签后壮丁不致逃亡，必须：一、事先宣传，引发热烈抗战情绪；二、大众了解法令内容要点，而拥护之，要求之，造成依法办理之空气；三、尤要在平素办公人员之外，得地方有信望之人，共同保证优待军人家属必可实行；四、而且后来此优待果真照行，如此，则更必得其他两方面协助甚明。这个意思仍是要发动民众；——从动员知识分子来发动民众。因为只有在群情热烈、众目昭彰，有人领导之下，才办得认真，办得公平，办得顺手。

我根据此意，拟成具体计划，于全省动员机构，兵役监察系统，出征军人家属协助委员会，出征军人家属联合会各有所建议。这些建议一面须得行政当局了解采用，一面须得地方有资望有信用的各级（省县乡）领袖热心出头赞助才行。那时就四川说，省政府兼军管区司令的王主席缵绪自为正负责人，而在他之上代表中央直接指挥他的则为一军委会重庆行营主任张群。关于兵役一事，重庆行营实居主脑地位，倒不是军政部直接来指挥军管区。王主席一面，我在六月间已和他谈过此事（见前），决继续访他谈谈。然而最要紧的，还不在政府，而在地方。恰好在四川地方人士中首屈一指的张表方先生（澜），又与我相好。至于四川教育界上熟人亦甚多，而且教育界素来明通，政府和地方两面肯积极作，教育界大家帮忙，是不成问题的。

9 月末到 10 月初，张表方先生已被我说动，愿意为此一大问题努力。我们就偕同访重庆行营张主任岳军先生商量。张主任正为兵役办不好发愁，闻言十分欣喜。对于三方面配合的原则极承认，对于表方先生肯帮忙如获至宝。马上即从人的方面费用方面，分别筹划有着。赶好王主席自蓉来渝，又一同商谈极洽。10 月 7 日张（为监誓）、王（为就职）同飞成都，便邀了表方先生同我一齐去。双十节省府全体宣誓就职后，即按照预定步骤，第一步先改组省动员机构。表方先生而外，邵（从恩）、尹（昌龄）、卢（廷栋）诸公皆参加。改组成立的一天，岳军先生并亲自出席指导。当时气象极好。

当时气象甚好，而不料后来卒作不通。

（被检扣一段）张、邵诸老先生消极，我一个外省人无所用其力，就自动退下阵来；——退下政治斗争的阵来。

四川的事从此罢手。但我仍将改善兵役的意见办法贡献于参政会。当时参政同人注意此问题者正多其人，曾借江翊云先生（庸）家聚会来交换意见，交我起草提出，是为第二次参政会上的改善兵役实施办法建议案。提出后交付审查，结果又是我自己作的审查报告（因为深夜审查，被指定的委员多不到）。此案经大会通过，咨送国防最高会议，交下行政院军委会办理。原案附录后面，备读者参考。①

西南大后方的工作重要在兵役；兵役问题尽不上力，我即决定再赴前方了。廿八年 2 月出川北行，行抵西安时，参政会开第三次会。我虽未出席，仍有“办理兵役亟应改善各点分别提出建议案”之提出（托朋友提出）。其内容是从各地访察得许多事实问题，分别指出建议改善。我的改善兵役运动到此为止。

解决党派问题的我见

我在巡视华北华东起行之前，还有一件事要叙述在这里。此即解决党派问题的主张之提出。这是二十七年（1938 年）12 月的事。大约在

①《改善兵役实施办法建议案》从略。——编者注

11 月间张君劢先生于《再生》杂志发表一文，题为《一封公开给毛泽东先生的信》。内容是毛先生在其中共六次全会上的报告，说到国共长期合作的话，张先生则进一步要求国家统一。仿佛毛先生有“从中央军到八路军，从国民政府到边区政府”的话，张先生以为何必如此排列对峙，痛快地成了个一军事系统，一个政府系统，岂非国家之福。此文发出以后，各方均极注意，而党派问题遂为一时所热烈讨论。我的主张之提出，即有感于时论纷纭，不觉引起我的宿怀。

当时系用《抗战建国中的党派问题》为题，写好之后寄《大公报》发表，《大公报》乐于发表，而在新闻检查方面被扣。那时刘伯闵先生主持检查事，特枉步来看我，解释此事。我又请刘先生介绍我，访叶楚伧先生（当时的宣传部长）面谈一度。据刘先生叶先生表示都颇同情我的主张，原可发表。其所以阻我发表的理由，是恐引起各方讨论之后，文章愈写愈多，不能促问题之解决，转增不愉快的情绪。他们说：党派现状固不令人满意，但如无好转的把握，有恶化的可能时，仍以少谈为好。于是就没有发刊。只有手稿两份，分送各党派领导人看一看。

今将当时原文大意，分段略述于下：

开首说，此为抗战建国中最大问题之一，或且为最难问题之一。但我们不要在紧张的情绪下，急谋办法，而应当先静下心来作一些研究。因为解决的途径，是必须在问题头绪，从头理清楚以后，才发现的。例如从清末中国革命同盟会，政闻社，和资政院时代一些政团，以致民国初年许多党派的演变，中间毁党造党，要党不要党（民五国会第一次恢复时），那些议论，都要清理一番。更且是中国国民党数十年来，累次改组，并与共产党一再分合的经过，要用心察考。这样作了之后，必可发见其中一些道理，为我们今日宝贵的教训。

历史的研究而外，更须作理论的探讨。我们要问：这些政党是那里来的？他基于何种必要而存在？中国政党他的任务是什么？假定我们说不要他，行不行？……诸如此类。

我以为按理讲，所有中国前后这些党派，无非感受中国问题的刺激，而从中国社会里发出的一些运动；一党派就是为了他一种运动而有的组织。因此，我们应当把握两要点：

第一：中国问题是什么问题？——看他是什么问题，便引起什么反应运动。

第二：中国社会是什么社会？——看他是什么社会，便发出什么反应运动。

党派存在于运动，而运动则为此两端所规定。若能把握此两端，即能把握其所应有之运动；能把握中国应有之运动，则负担此运动任务者，应为何种样的组织，便不难解决了。——我以为要从这里入手。

但尚有当注意的几层：

一、中国问题不是一成不变的，而是一时一时变化不甚相同的。这亦即是各种运动先后起伏，各党派新陈代谢的一理由。

二、中国社会亦不是一成不变的；前几十年和后几十年当然不一样。这亦是予党派以有力影响的。

三、中国问题虽只一个，而内涵亦有多面，中国社会虽只一个，而构成成分亦有种种不同。讲到感受的刺激，当然各有其亲切感受之所在。这便是党派岐出之理由。

次段讲：中国社会是什么社会？——这是讨论党派的社会基础（或背景）问题。

我平素认定中国社会有其特殊构造，所有封建社会资本社会这一套观念都适用不上。大致说，其社会内部形势散漫流动，阶级分化不著；乃至职业的联结，或经济上同地位的联结，亦每为家族乡土关系之所掩。虽然近百年大交通以后，受世界影响，渐渐变质，已非原来的社会；而像日本那样追步西洋，工商业发达，有新兴阶级形成者，在我亦以三十年秩序不定，未得成功。所以阶级势力不是形成中国党派的因素，中国党派缺乏其一定之阶级基础。然而家族乡土关系能形成政党吗？当然又不能。中国亦并没有什么“地方性的党派”。

说到宗教，中国虽有佛教，基督教，回教等几大宗教。但并没有从宗教不同，而凝成几大势力，表见于政治场上。说到种姓部族，虽有汉满蒙回藏之五族，亦未曾在政治上因而划分为几方面。

总起来说，所有这些社会的分野——阶级、职业、地方、宗教、种姓部族等——原为外国党派所由形成者，在中国或分不清楚，或联结不固，或虽分得清，联得起，而未曾构成政治上斗争的问题，形成政治上竞争的势力。中国各党派，因此在社会上就没有其各自的真实根据，和其政治上一定不移的立场。说得更明白一点，中国的党派全不是真的党派。说一句笑话，中国的党派都不免是“乌合之众”。

三段讲：中国问题是什么问题？——这将讨论到中国应有些什么运动，亦就是中国党派所要负的那些任务。

我平素认定中国问题是从外而引发的，而不是社会内部自发的；此其一。我又认定中国问题有其对外求得民族解放，和其对内完成社会改造之二面；此其二。

所谓中国问题不是内部自发的，正由于中国社会构造特殊，历史上只有一治一乱之循环而无革命。假若世界不交通，中国仍为中国，则我们不能想象有孙中山先生领导的中国革命发生。满清皇帝亦可以倒，倒之者将又是一明太祖而已。所以我常说中国问题富有其外面性：

一、以外面的问题为问题。外面世界上有政治改造问题（要求自由平等及参政），于是中国跟着亦有。外面世界上有经济改造问题（推翻资本主义），于是中国跟着亦有。这并不是讥诮中国人无端模仿外国。中国人已被卷到大世界上来，不再能关门过日子；则世界上的问题，亦就是我们的问题。

二、以世界潮流为解决问题的指针。这或则间接受到外国思想的影响，或则直接承受外国的主义。事实上亦有此必要，并非完全错误。前一层和此一层皆易于使吾人错误而已，非谓凡如此者皆错误。

三、外面势力及外面文化实际地使中国社会慢慢变质；于是原为外面问题者，至此亦发生于中国社会矣。

四、国际的侵略压迫，几乎夷我于殖民地地位；现代文明进步，相形之下，几乎侪我半开化地位。这是两重极大的压迫：这是当真的外面问题。所有前三层又与此问题分拆不开。

因为富于外面性，就缺乏阶级性（阶级为内部问题）。即令有阶级问题，亦为整个民族问题所涵盖。

中国问题虽如此具有外面性，然而说到问题之如何解决，乃又重在内部。即必整顿内部，积极求得本身之进步，为文化之补充改造（包含政治改造经济改造），俾一新中国建设成功，方为问题之解决。断断不是徒以排除外面迫害为问题之解决的。外面迫害之排除，有时为建设新中国之前提；但假使自身无整顿之进步亦无从去排除外面迫害。两面相关，不可强分先后。

我从前常用“文化改造，民族自救”八字。后来亦时用“对外求得民族解放，对内完成社会改造”两句话。今天大家习用“抗战建国”四个字；抗战正为求得民族解放，建国正为完成社会改造。就三民主义的内容言之，民权民生正指政治经济的改造，亦就是社会改造而言，民族主义则要在民族解放。所有这些不同的名词字面，说来说去都是一桩事。说来说去都是为中国人感受中国问题的刺激，而要干的一大运动。因为要干此一大运动，孙中山先生就组织了他的革命团体。其他党派亦无非应运而生。从各党派对中国问题的认识而言，虽有出入，亦不相远；至于历史所付予他们的任务，实际更只有一个了。

四段讲：假如上面所分析认识的不错，则恐从过去到现在的中国政党，倒不免有些错误了。

因为照上面所说中国国情论断，外国政党的两种方式都不适合的；而从过去到现在的中国政党，却总想要在这里面走上一条路去。所谓两种方式：

一种是两党以至多党分立，彼此承认而互相竞争政权的方式。这在一般所谓宪政国家的政党，大约都是这样。过去中国曾为此模仿，乃至现在亦还有人想走这条路。在外国实原于其社会有许多不同分野，所以有不同党派分立。在中国社会分野不明，党派分立就无真据，不免于牵强附会。此问题尚小。最大问题是我们方从事于建国，政轨未立；和外国政轨已立，而没有建国问题者，大不相同。政轨未立，则政党的活动无所循由。而政轨之立，却绝非一纸宪法所能立。政轨的建立，正是建国运动中第一件大事。建国是要大家合起来建一个国，不容有两个以上的建国运动。在对外抗战对内建国之时，不是党派分立竞争的时际。以党派分立来作抗战建国的文章，是文不对题的。熟悉民国以来史实的人，应当记得当民国五年，倒袁运动之后，国会恢复之初，各方都认定赶速制宪为尔时唯一任务，曾相约不要政党。赫赫有名的两大政党（国民党与进步党），俱各收起招牌（两党的党本部原在北京，都不再拿出来，所有当时议员们的联络，都用宪法研究会，宪法讨论会，宪法商榷会等招牌），绝非随便偶然的一种举动。何况，今天抗战建国的任务，迥非制宪一事所能比呢！

一种是一党独操国权，不容许他党并立的方式。如苏联和德义等国家，均属此例。这亦是中国人看见了，很想走的一条路。以苏联而论，共产党原是无产阶级的政党，其在他们社会上的基础，是很分明确实的。为了渡达于阶级消灭，而实行其阶级专政，故不能不排斥其他。德义虽标榜民族立场，不从阶级说话；然其以一种阶级势力为中心，而压服其余，亦初无二致。但中国向那里寻取这一基础努力，而建立这样局面呢？要知没有这一确实基础势力，则党为空名。他可以无所不包，但同时正亦是一无所有。所谓独操政权之“独”，便无所寄托。所谓排斥其他之“他”，亦将无所指。此时而党与党争霸，将尽是胡争；党与党相排，只是胡排。虽然我们很知道，为了建国（如苏联），大权统于一党是很有必要的。虽然我们很知道，为了民族对外（如德义），大权统于一党亦是很有必要的。无奈，社会形势散漫的中国，只能合拢为一，却无法排他而立一。合拢为一，可以对外抗战。合拢为一，可以建设新中国。排他便不能抗战，排他便不能建国。

总起来说，在中国国情之下，尤其在当前抗战建国大任务之下，多党互竞，一党排他，都是不对的。

五段讲：中国政党应走的路。

上面说多党互竞，一党排他，都是不对，好像使人无所适从，其实不然。这中间是有一条路走的，即要从联合求统一。从联合求统一，一面既免多党意志不能集中之弊，一面又无主一而排他之弊。这名曰“二重组织”。即各别党派为第一重组织；全国许多党派之联合体为第二重组织。

所以必要有第一重组织的（即所以必要有各别党派的），是为广大散漫的中国社会，痛痒，要求万有不齐；我们不能强不齐以为齐。譬如说，农民可以有农民的党派，工人可以有工人的党派，回族可以有回族的党派，苗族可以有苗族的党派。总之，政党原为大众申达其痛痒要求；痛痒要求既有不同，则分别组织乃得其真。这是一点。还有一点亦很重要，即吾人不但有痛痒利害，更有理想信念。各人有各人的理想，各人有各人的信念，不可强同。这是使社会文化前进的要素，人类至可宝爱的精神，必须各存其真，就必须有各别组织。例如相信共产主义的，就给他去组织共产党；其他类此。

根据上面两点来说，广大散漫万有不齐的中国社会，若能归拢到二三十个党派，分别代表他们的要求，实不算多。反之，若混同为一，恐不免抹杀一切，根本上失去政党意义。

所以必要有第二重组织的（即所以必要有各党派联合体的），是为这些党派分别开来，谁都担负不了抗战建国的大任，只有合拢来才行。这一必要，可不待解说。需要解说的，是这许多不同党派怎能合拢为一？

我们承认要求这个人与那个人的思想一致（理想信念一致），是不可能的，但抛开抽象的理念，基本的主义不谈，只对着事实问题来寻求其如何的解决，彼此却不是不能接受同一办法的。我们承认要求这个人与那个人的利害一致（痛痒要求一致）是不可能的。但彼此将眼前的利害，一时的争点搁开；而向着远大处确定一共同趋赴的目标，仍旧是可能的。所以我主张要各党派开诚交换意见，确定国是国策。国是即我们的目标；国策即解决一层一层问题而求达于目标的办法。国是国策一经确定下来，则各党之上的合一组织便可建立了。——关于这一层，请读者参看前次所叙我和毛君泽东的谈话。

总起来说，这种方式既非多党制，亦非一党制，而是“一多相融”。一中有多，多上有一。这种方式既非有分无合，亦非合而不分；乃是合中有分，分而后合。为了切合中国社会形势，适应中国问题需要，非此不可。

此处说各党联合，是一简便粗略的说法。仔细讲，我是主张一种“综合制”，其具体方案另详。

六段讲：以二重组织扣合当前事实来讲，我以为可以中国国民党为第二重组织，即是党上之党，而以国民党外之各党派，和国民党内之各派系，为第一重组织，即各小单位。

此其理由有三点可说：

第一，按道理而论，国民党之三民主义原可以为解决中国问题之最高指导原则。

第二，事实上，国民党之三民主义或得他党之接受拥护，或得他党表示意见相合，在国内大致已不生异议。

第三，国民党素来包罗甚广，内部早有许多不同（倾左倾右）之理论主张门户派系，亦应当痛痛快快表露出来，不必勉强作一个单位。

叶楚伧先生看过我的文章，一面劝我不发表，一面说他很同意的，似指此一段。这与中国共产党提议以国民党的民族联盟，各党派都加入，而仍各保持其独立性者，亦甚近似。但共产党既不是抄袭我的，我亦不是抄袭他的。在枝节上彼此尚亦有出入，更且各有各的本源。

七段讲：实行这一方式，所必具的两大条件。要实行这二重组织的新方式，有其在前的一大条件，即是国是国策确定；有其在后的一大条件，即是政权治权划开。

要确定国是国策的话，前已讲过。假若没有去确定国是国策，就来改组成功二重组织。那徒有表面而已，骨子里未得意志集中，什么都是假的，必不能久。所以开诚交换意见，收得意志集中之效，是全国党派改组的前提。在国家为国是国策；在各党派为共同纲领。纲领为行动之指针，既有共同纲领，行动上应即一致同趋。此为改组二重组织的理由。所有夙昔排他性的，对立性的各党，至此乃转变为同在国策下服务，又且协力配合工作的团体。故此二重组织之国民党建立，即是荟萃全国各方力量而为一大组织系统，以担负当前抗战建国工作。

在其工作中，第一便是不断交换意见，赓续订定国策。国策是国人意志统一的具体表见：——表见在当前大问题如何应付的决定上。然而问题无穷尽，需为不断之应付，亦即需要不断之意志统一。党内上重组织之中枢，要负此责任。他即是不断地来统一国人意志之一机构。

其第二工作，便是为推行国策而致力于社会运动或民众运动。这又是党内下重组织之多数党员，要负的任务了。在推行国策中，不得自为主张，有所出入；而个人工作经验观察所得，无妨本其理想要求，透过其自党组织，以贡献意见于上重中枢。常常于国策推行中，得到启发，还而自为修正，实是必要的。所以不但外面时常会有新问题发生，而且自己亦要能发见新问题才行。如果以为国是国策一次颁定便了，那是大错。

所谓政权治权划开，就是全国性的大国民党，代表国民行使政权，而国民政府则代表国家行使治权。两面不使相混。譬如上面所说都是政党的事，不是政府的事。政党的事，就只是这些事，不要插手于政府。政府必须不着党派颜色，而应为一无色透明体。凡政党中人而服务于政府者，都要声明脱离其原来党派关系。军队和警察，都是国家所有，而为政府行使治权的工具，与党派无关。——这是最必要的一点。

假若没有政权治权划开这一条件，则各党必竞争其在政府中之地位，而不能尽心监督政府忠实执行国策。同时，政府中人背后各有其党，将不免以党策搀入国策，而大生纠纷。为政府自身之安定与一致，必须一心于国策之执行，不问党派之事。在党派一面，又必不涉权利竞争而共同监督政府，乃得巩固其联合。所以这一划分，实国家统一之所攸赖，亦为国策推行尽利之所攸赖。

八段讲：这一特殊方式的正确性，可以从过去得些证明。

这一方式，实是一特殊方式，他处所未见。但于中国政党问题则是正确的。此正确性，自然有待将来的事实证明。但从过去看，亦可得些证明。过去的中国党派在空间上没有很大分别，而时间上的分别大。或者再清楚地说，中国的党派在空间上彼此名为两党的，其分别还不如在时间上前后名为一党的分别之大。——这是可注意的一特殊情形。请问：一个国民党在北伐前和在北伐后的分别，是不是大过北伐始期国共两个党的分别？又一个共产党在抗战前和在抗战后的分别，是不是大过抗战始期国共两个党的分别？岂但国共两党而已，其他正多类此。辛亥革命，并非一党之力，亦非几多革命派之力，而是原来不同党派，合起干成的。恢复共和亦是各党派一齐来的。

这不为旁的。这就为社会形势散漫，问题不在内部，故空间上两势力之对抗不著；而以问题在外，外界形势一时一时有异，潮流一时一时不同，则所以反应之者，转从时间上前后分殊，变化甚大。问题演变的不同了，则虽同一党派所以反应之者亦不能同。而在不同党派，有时其反应之者却非同不可。前者我从缺乏社会基础，而指出中国没有真的党派。今者又可从中国过去史实，指出中国没有真的党派。这一没有，是从中国问题不应当有。所有此一党彼一派的分界，都不免过分矫揉造作的。中国人自始就应当从四面八方合拢来。

在平时，中国问题仅止于刺激中国人发生救国运动；至于如何救国，则从各自社会背景而异其见解主张，意志趋向不能统一。抑此种不相背反（同欲救国），而又不一致之志趋，最表见散漫微差性。此种在宽泛邈远目的下，为其一种方法手段（如何救国）之志趋，最表见流动不定性。全不似从阶级问题发出的趋向简单明切，一贯不移。历来意志趋向不能统一，多误于此。只在问题逼紧时，可表见一致趋向。问题一松弛，马上又分散了。我们现在就是要抓住此番一致抗战的机会，组织起来，不让他再分散去。不过要因其不同，而综合之；不要抹杀其不同，而混合之。这就是所谓从过去可以证明这方式的正确性。

巡历华北华东各战地

当我于兵役改善不得尽力，解决党派问题的主张不得发表时，我感觉留在西南大后方没有意义，便决心到华北战地去。于廿八年 2 月 1 日成行。经过八个月功夫，到 10 月 23 日返回重庆。此中见闻甚多，有些不便发表的。而且日记手册以遭敌人追击，全行失落，仅凭记忆亦甚有限。下面分为几层，叙述大概而已。

此行目的

我到华北去，是因为我与华北地方有多年的关系。我同一般朋友所作乡村工作，先是以河南为对象，而训练机关设在豫北辉县。后来移山东，有三个中心，一邹平，二菏泽，三济宁。前后合计经我们训练或培养的下层干部，有三四千人。过去的成功失败，此处不叙。单说国军退出豫鲁以后，我们亦只有逐步向西南撤退。但大多数人实不易离开乡土，且已经失去联络。其中只有济宁的一批人马（包含教职员学生和乡民壮丁）约七八百人是整队退出的。先退到豫东淮阳，又退南阳镇平。因此抗战初期，即以徐州为前方联络站，以镇平为后方收容集中地，而驻代表于武汉，以与政府和各方取得联系。当时计划，在镇平一面收容，一面训练回乡抗敌。所以商得军委会政治部陈部长（诚）许可，将镇平一部分收归该部直辖，名为战时干部训练团直属第一训练大队。乃至徐州不守，武汉会战，又请得政治部许可，编为该部第三政治大队，开赴豫鲁战地工作。二十七年 9 月整队开拔（全副武装而且枪多于人，又现款十余万，皆原来携出者今又携回），渡过黄河，留第五支队于豫北工作，其余经冀南入鲁。初时以为携有无线电台，可通消息；后来乃久无消息。这是促使我去华北的一原因。

说到敌后的工作，我素抱有极大的兴趣。我在战前就想象到一旦中日作战之后，会要有很多地方我军撤退，敌军未到，因为在空间上敌人兵力是不能普遍的。亦会要有许多地方，我行政机关已撤，而敌人御用机关未立，因为在时间上也来不及的。在这许多地方，乡下人顶需要知识分子领导或帮忙。而此时的乡村工作亦必然很好做。因为平素我们工作时，虽处处为农民打算，而以我们趋新，他们守旧，我们多所兴举，他们懒得动，我们不免站在政府一边，他们好似是被统治的老百姓，致成彼此相对立的样子，实为工作中一大苦闷。今天敌人（或扰害地方的人）压迫来，我们和乡下人要共同应付环境，便从相对转为相合以对外。同时非团结组织无以应付环境，乡下人将自然走上团体生活之路。凡此皆敌人之赐，要赶紧利用，这是我们想去华北的一种心理。

还有，我对于敌后工作，早在抗战前就认识其重要。我曾说过：“我认为中国不应当在如何摧敌处着想，而应当在让敌人不容易毁灭我们处着想，乃至在我们被毁灭后如何容易恢复处着想。——但所有这些功夫将怎样做呢？那就是当下讲的乡村建设。乡村建设是我们在国际大战前，最好的准备功夫。”当我大军从华北华东撤退以后，好些人心理上亦就像是放弃了华北华东；其实华北华东的抗战工作，方于此开始。更到了今日，敌人已无力再西进；敌我所争全在那片广大疆土资源是他能利用吗？还是我们使他利用不成？更非有多数人才到华北华东去，与敌人相争持不可。

但我到敌后去，却非有什么大工作。我的用意：第一看看敌后的真情实况，是否与我在徐州所写“抗战指南”所揣想者相合；第二在抚慰许多在敌后的同人同学加以鼓励；第三将我们在抗战中的进步，敌人在战争中的困难，以及国际情势等，宣说给敌后的同胞，坚定其意志；第四在从事研究工作——研究乡村在敌后起的变化，对于未来大局政治的影响关系；第五则愿尽力调协于各方，促进团结。

往返所经路线

2 月 1 日随行人员黄秘书艮庸，王参谋靖波，王医官福溢等乘军委会卡车先出发，约于西安相会。2 月 2 日我飞成都，停三日飞西安，适西安有敌机来袭，改飞兰州降落。于是无意中得一游兰州，看见兰州几个朋友。

抵西安后，晤行营主任程颂云（潜)先生商量所走路线，不能决定。一面亦问之第八路军办事处，并托其电知前方将领，如遇我经过时请为照料。又晤山东省政府驻西安办事之戴君孙君等，承见告他们所常走之原武阳武一路，今被敌人封锁，许多人员及器材均停滞不能走。于是我就先访阎百川先生于宜川之秋林镇，其事另记。访阎归来，赴洛阳晤卫俊如（立煌）先生。卫公极殷勤代筹，又坚劝莫忙，候机会东行。

最后决定，乘于孝侯（学忠）总司令入鲁之便，随他同行。于是赶赴皖北阜阳（颍州），与之相会。沿途经漯河周家口，黄河泛滥区域，乘小轮入皖。但我抵阜阳，于公已先行。幸其王参谋长静轩初自陕之白河来，因又为同行之约。不意行抵蒙城，则前行之于军已被敌人截击，三团人损失半数，由铁路东又退回铁路西。所有我们想于宿州车站南冲过津浦路之计划，不能不重行考虑。

王参谋长改变计划，不向东而向北。我亦改变计划，不随大军而行。随大军而行，当然可得到保护，但亦就成了敌人的目标，不一定平安的。我与随行朋友共七人，由蒙城折至涡阳，派人通知永城（属豫东）书案店（一乡镇）新四军彭司令雪枫，请其代为布置路线，并觅响导，轻装前进。于是经永城入萧县（属苏北），在砀山境越过陇海铁路。转经丰县沛县而到山东之单县。所有这些地方县城都在敌手，我们都是昼伏夜行。越过铁路的一天，天明正在休息，敌军侦知袭击。幸得八路军彭明治部，派队千余人来接，得以脱险。

单县居山东西南边角，我们即经历鲁西南各县（旧曹州属）渡黄河而北，至濮县范县朝城一带（此是范专员筑先领导抗敌之地带）。转而向东，经寿张东平宁阳等，在津浦路南驿车站之南冲过铁路，向鲁南去。这次过铁路，亦是靠八路军一一五师王参谋处长秉章率队护送。

当时山东省政府沈主席在鲁南沂水县之东里店，于总司令则在上高湖，八路纵队司令部则在蒙阴王庄。我们一部分同人编成的政治部第三政治大队亦驻于附近。我们奔赴鲁南，意在与各方会见。不意正会见的几天，敌人举行他所谓鲁南大扫荡，从四面八方攻进来（军事上所谓分进合击），于军方师长叔洪（范）竟以阵亡。从此我们辗转于山谷之间，度其游而不击的生活约近一个月。最后转至费县境，稍得休息，便由鲁南返回鲁西。

这次系从泰安附近越过铁路。到达鲁西时，亦正在敌人所谓鲁西扫荡之后，情形完全不是初时经过景象。前后在山东境内共历四个月，于 8 月 23 日离鲁西之濮县而入河北省之濮阳。此地为丁专员树本领导抗敌之根据地，一切情形又自不同，后面略记。承丁君派人送我们经滑县浚县，在汤阴境越过平汉铁路，转至林县；——这些又都是河南地方。

在此豫北一带，原有我们朋友同学从事抗敌工作，多在林县会见。由林县即入太行山，到山西省壶关陵川晋城等县，这是所谓晋东南，我军与敌人迭次大战之地。当时得在朱军长怀冰，庞总司令炳勋，两军中各盘桓数日。随又转出太行山，到河南济源孟县等处。从孟县渡河回抵洛阳，恰是“九一八”纪念日的前一天。

总计此行，经过有皖，苏，鲁，冀，豫，晋，六个省份。半属华东，半属华北。经过之处，都是战地，凡有我军政长官者，必会面。只有经过陵川时，却没有看见朱德总司令，因为事后才晓得他在那里。

沿途走路的方法，大致可分为两种：一种是有军队同行护送。这种可以穿军装；或穿长衫都可以。并可以骑马代步。又一种是自己少数人轻装走。这便须改服乡村的短衣，只可骑驴，不宜骑马（骑马则目标大），最好步行。无论哪一种，都须好的响导。正确的情报，为起行前所必须；然而仍不免走至中途，改变路线。食宿都是在老百姓家（百次中总有九十八次）。因为走的多半不是大路，没有旅店，或者原有旅店，都经兵灾破坏了。

会晤阎百川先生

我于留滞西安的几天，以电报与阎先生约好，由第二战区司令长官部驻陕办事处派车送我去看他。他驻在宜川黄河边上的秋林镇，隔岸便是山西的吉县。车经三原，先晤赵戴文、贾景德二先生于李家花园。赵公为熟人，亦为多年以来于大局有关系之人，见面领教甚多。

从洛川到宜川，要盘过黄龙山，据说为杨虎城发祥地。可注意者，土地肥沃而久荒无人烟。车行草中，草高可隐车。雉鸡成群，飞起可以蔽天。今已辟为垦区。从宜川到秋林，汽车不能通，换马前进。古语：千里不运粮，现在不然。大宗粮草均走此路运济山西。兵站总监周玳驻洛川，调度一切。

秋林居山谷中，尚不到河岸。虽名其曰镇，大约原来只剩有几家人家。但现在则驻有军政人员几千人。大多数都是凿山为窑洞，如延安一样。建筑物只有大讲堂一座，可容二千人。我到达时，阎公正召集会议，所有各高级将领如孙楚、杨爱源、王靖国等均在。而且省政府各厅长委员亦都在，并有中下级军官受训者一千五百余人。毛泽东先生数曾为我言："战争改变一切"，信然。

阎公为十几年前相识，但自民十九以后未见面。此番相见，精神气色身体皆大胜于前，足使我吃惊。军中辛苦万分，又数度危险，而乃如此，岂不可异。细加理会，完全由于他兴趣好，而兴趣所以好则由对于前途乐观，对于抗战具有极大信心。我在他那里盘桓三天（旧正月一日到，四日走）。他每天早五时起床，传见高级军官，分别谈话，然后用膳。膳后即登讲座，为受训军官讲话极多。中午小睡，睡后即开会议，办公事。和我谈话，都在午后或晚上。天天骑一小驴，在山谷中跑上跑下，真是兴会淋漓的样子。

他的左右已经换了一般新人。他自来有一套自创的思想学说，此时似更新有进益。他有四句要言，或提作口号，或揭为标语，再三叮咛告之部下。四句是：建立中心思想；发展集体企图；建全组织责任心；要过自我批评互相检讨错误的严格小组生活。这似乎将共产党的精华，都能融会贯通了。所谓集体企图，是说不要你有你的打算，我有我的打算，他自己亦不作他的打算。所谓组织责任心，是说要认识组织关系，对于团体负其责任，不对个人。他除了承认共产党有其中心思想外，其余的似都嫌其中心思想未能建立。但他自己是反对共产主义的。他要建造“各尽所能，各取所值”的社会；他不相信有“各尽所能，各取所需”的社会。从哲学到社会问题，所有经济政治之一切，他都有主张发表。

在阎先生领导下，原有两个大团体组织。一个名为“主张公道团”，是红军进攻山西时，寓有防共意义的组织。一个名为“牺牲救国大同盟”，是双十二事件前后所酝酿，以抗敌为意义的组织。两个组织不易并立，后来合并而为“牺公联合工作委员会”，实际以牺盟为主。牺盟的势力普遍全省，而又贯彻上下。第一，一切民众组织运动（大致与八路相同）皆在其手；第二，一切军队政训工作在其手；第三，区长、县长、行政专员一串地方行政系统在其手。后来我过陵川晋城时，看见牺盟开某届代表大会的文件，其口气盖以国民党共产党之间的第三党自居。同时有一种新兴的武力，名为“青年决死队”，是牺盟所发动培植，成为山西军队的新派。

不过此所说者，现在大半已为陈迹。政治上的牺盟派和反牺盟派，军事上的新军和旧军，其势力消长，冲突分裂，变化已多。阎先生在山西的势力，似降至第二位了。我承认阎先生在抗战中尽了他最大力量，并且很少有人能赶上他的本领。他常能把握几个正确的认识点而致力。例如在行政上，他提出“强民政治”一词，要强化人民力量；又提出“说服行政”一词，要事事取得人民谅解承认。他真看清楚，这是抗敌之本，非涂饰耳目。又如军队须要改造，提高其政治意识；要加强民众运动，组训一百万有国家观念、民族意识、有“自己负责，不容人不负责”政治力量的民众；都是很对的。但大体上都没十分成功。只有他用过的心思，这是后来人再用心时，所必要的参考。

各战地情形不同

从秋林镇回西安转洛阳，不久即登上巡历战地之长途。每承朋友见问，战地情形如何？我辄张口难答，因各地情形不一，不能举一例余。故我想莫若就以各地情形不同，各时情形不同之两点，提出来说，倒是使人了解战地情形一好办法。

先说各地不同之一点。例如我所见的皖北各县和苏北各县相较，有一大不同处。在皖北完全没有八路军新四军势力，行政专员郭造勋拒绝其入境。而在苏北丰沛萧砀则清一色都是八路武力。

皖北各县虽经敌人重大破坏，各县城内房屋存者不及半数，但行政权已恢复。专员郭君原为广西军队中一团长，阜阳县长亦为广西人王和，一切行政有广西作风。举办各种训练（如保甲训练等）皆采用广西教材。蒙城涡阳两县长则是本地人。因为李司令长官宗仁，是采取用本地人的政策，大体上说，这里情形要算不错。郭专员之拒绝新四军入境，他说：你们是为抗敌而来，此地敌人已退；如或有上级命令，我亦遵照。二者俱无，所以拒绝。言之有理，对方亦即不来。

苏北当时情形最奇妙。丰县县长董玉珏，沛县县长冯子固，萧县县长彭效骞，砀山县县长窦雪岩，都是各自本县人士。——此即李长官的政策。他们或奉委于失地之前（如冯），或奉委于失地之后（其余三人），却都是奉命于省政府（当时在淮阴），而且除冯外皆隶国民党籍。然而他们所凭藉的武力，竟可说清一色的八路势力。据闻当地方失陷之后，董等三人自淮阴奉委，只身潜踪回乡。全以乡里自卫的意义，得到乡人拥护，而恢复其政权。所谓八路的武力，一半指彭明治部（号苏鲁豫支队），是外边开进来的；还有一半是本地发动成立的。四个县长（冯在内）的队伍各有数千人不等，当然都是本地方的，不属八路军系统。却从发动，掖助，以至领导皆出于八路。甚而系统，亦有分不清的了。他们时常不断与敌人应战，既无其他大军，非靠八路不可。倒颇能为国共合作表现一好例。

可惜皖北苏北情形，皆不长久。我离皖北，敌人随即从商丘，下皖北；新四军当然亦即进来，局面大变。我离苏北后，国共合作的好例旋即破坏。凡此又可说明各时情形不同之一点。

苏北与鲁南，与鲁西南皆相接境。但鲁南情形不同于苏北，亦与鲁西南不相同。鲁南是中央大军（于学忠部，缪征流部，沈鸿烈部）与八路军（张经武山东纵队，陈光一一五师）都有的。论政权，除敌伪政权外，皆属于省政府，当时尚无八路自建政权之事。沂水、临沂、莒县、蒙阴等数县亦在我方手中。省政府在东里店已有半年以上之安稳，小乡镇竟富有精美酒食（如冰啤酒汽水等），常开盛大宴会。于沈缪所驻相隔多不过百余里，少者数十里。我赶到东里店的一天，主席、厅长、委员、专员、总司令、军长、师长等，都聚会一处，雍容雅谈。此不仅为敌后各战地所无，抑以现在的鲁南回想那时，亦将有唐虞三代不可复得之感。（现在缪已变动。于、沈仍在鲁南，但情形大不同了。）

大半年安居无扰的省政府，和高度繁荣的小乡镇，我将赶到几天就被敌机炸完。因为敌人一面从四外分进合击（见前），一面从顶上来轰炸。省政府亦只有实行游击，多数人员均行解散。所谓各时情形不同，此又一证明。还有我前叙由鲁南返回鲁西，全不是初时经过景象，亦证明此意。

试再以鲁西与冀南比较。鲁西前以聊城为中心，是范故专员筑先领导抗敌地带。冀南以濮阳为中心，是丁专员树本领导抗敌地带。两地接壤，风土相似；范、丁二公又都是守土未退的专员，以抗敌齐名。而以我经过时所见，却完全不同。我经过时，范公已殉国成仁。虽有其参谋长继任，部下多分散。有的投八路，有的改编省保安旅。而多数扰民极凶（见后）。丁专员所部极整齐，实力有两万人。人数少于范部，而魄力雄厚过之。因范公自己没有基本队伍，都从收编散兵游匪而来，致有三十几个司令之多。范公在时，尚能于扰民中抗敌；范公故后，只扰民不复抗敌。丁君则先任濮阳县长两年，得当地人曹君（黄埔军校毕业）之助，从训练干部，到自己成军，其结果当然大不同。地方秩序极佳，人民虽亦非常苦（负担太重），而却是有条有理的苦。

丁氏在抗敌工作上，有两点极有名的表见：一是改变地形。平原地带，敌军汽车骑兵运动迅速，最无法应付。于是将所有道路全掘成沟，宽五尺，深七尺；即以沟为路。此使敌骑敌车皆发生极大困难。我经过时，虽毁于大雨，仍然大致可见。又一是空室清野，古语坚壁清野，今我壁不能坚。敌人将至，则城内人民悉行撤退，一物亦不留。敌人到时，因无从井取水之具，以致饮水不得。于是敌人到濮阳两日自去。我经过时，敌人退去不过一个月之事也。——但现在的濮阳，一切皆非了。

河北省大致均在八路军势力范围，只有丁氏当时独立一隅；到二十九年亦站不住了。据我们所知各地方抗敌之初，各党派多不分彼此；后来便分裂不相容。又保持中立，不落一偏的想头为多数人所有。但结果都不能保持。丁氏在冀南，亦其一例。就整个抗敌大前提来说，这都是削弱自己力量，极可痛惜的事。

豫北情形复杂（有八路军，有反正的伪军，有两面逢迎的军队，有中央大军），不如冀南。豫西北和晋东南接连，为战争要地，中央军朱怀冰部、庞炳勋部皆在此。我们经历各处，都只看见游击战，没有看见激烈的大战争。而到这里却是大战地带。敌我几万人开火，伤兵一下来就是一两千，住满了好几个乡村。其规模之大，情况之烈，闻之令人精神奋扬。例如晋城就是我到时收复不久的。敌占我夺，夺而复占，往复已多次。每次皆拼好多兵力，好多时间。其时庞军于收复晋城之后，又围攻壶关，范汉杰军则正攻陵川，我住庞军中，时时闻战报。而将过去不久的，庞军拦车镇一战最为老百姓所艳称。沿路数百里，传说不绝。

论到地方情形，晋豫又自不同。晋省先有其多年以来的村政，后有公道团牺盟会的民众组织，迥非外间所能比。中央驻军不问地方事，有事问县长说话。而乡间的民众训练，我却见有八路番号臂章的人，喊口令。民众与军队的配合，在山西有的地方达于极好之境，但似亦不多见。

总之，各地情形不同，又每每变化极快，是谈战地所首先要知道的。

总括的三句话

若将巡历备战地后的见闻，总括来说，则我尝有三句话。第一句是老百姓真苦。第二句是敌人之势已衰。第三句是党派问题尖锐严重。先说老百姓真苦。这个苦完全是从抗战来的，与平时无可比照。其苦况深重，亦完全不是局外人所能想象。举例言之，老百姓向来是受惯欺压的。然而大致上是受一面欺压。若不同的两面来，已难应付，何况今天竟不知有几多方面。敌我是不同的两面，敌之外又有伪，□□□□□□□□□□。其他复杂尚多。或此来彼去，或同时俱来，而都是拿老百姓出气。而且有苦，没处可诉。恐怕自古及今，谁都没有受过这个罪，乃至亦没有人梦想到有这样罪受。

穷凶的破坏，有意的骚扰，不说。只以法令来说，我方不许农产资敌，游击队遇见推车送粮食棉花向城镇车站的，就可没收。而敌方则高价收买，强制征取。我不许用伪钞，而敌不许用法币。谁的话都是圣旨一般，而圣旨却从八面而来。

似乎人类的恶性，都在这种特殊机会中，发作出来。敌人对我之破坏且置不说，只以我们自己人的骚扰言之。这里有一明证。二十八年 4 月山东省政府鲁西行辕正副主任李树春、廖安邦，曾发出一告各部队官长书，就是以队伍扰害太甚，为民请命的。内容说："各部队冒领给养（给养皆向老百姓摊派）者有之，栽赃勒罚者有之，诬良为汉奸者有之，假公以泄私忿者有之，甚至奸淫掳掠残杀无辜者有之，……须知军纪不良，惹起民众反感，去年半角店之惨剧，可为殷鉴。……屡闻各地民众有不堪驻军骚扰，竟至央求敌人派队扫荡，或被逼为虎作伥情事，每念及此，痛心万分。……望为民众留一线生机。"原文由鲁西《大时代报》（报在菏泽城内出版，行辕予津贴）载出，我曾摘取电中央报告。李为民政厅长，廖为省保安司令部参谋长，而所谓各部队者皆是省保安旅，县保安团之类，明明是其上司长官，却不能管；不得已以哀词劝告

出之。□□□□

（被检一段）

不讲骚扰，单讲加于老百姓负担重，亦就不了。寿张一县，人口不过廿余万，而驻军一时有冯寿彭部，齐自修部，于耀川部，刘耀亭部，还有省行辕的三营，县保安队三中队，各区常备队等。所有这许多队伍，都向地方索给养。只齐部每天即要一万七千斤粮食，菜钱在外。试问，这如何得了！

人祸之外，还有天灾。我沿途曾看见旱灾、虫灾、水灾三种。而在前（二十七年）在后（二十九年），据所闻亦都是灾情很重的。我所见春夏是干旱，而夏末秋初则大水。我初去时，于 5 月尾在鄄城濮县之间过黄河。河槽完全干的（半因黄河改道），没有一滴水，我们步行河底而过。回来时，于 8 月尾仍在鄄城濮县之间过黄河。河水满槽，却非船莫渡了。

水灾最惨重的，我所见是豫北。豫北的东部，有卫河；豫北的西部，有沁水；都是汪洋千里。这其中，还有人为的因素。我军掘沁水，以冲道清铁路敌军；敌军则于其上游，相反方向掘了冲我们。彼此对冲，天灾人祸合一，老百姓却无处容身了。当地行政专员潘善斋，告诉我有五个县城：沁阳、博爱、获嘉、武陟、新乡，全在水中泡着。灾民不知有几多万，无处可逃。想渡过黄河南岸来觅食，而以军事关系又不许人渡河。

我记得有一次，随八路军同行，在泰安境内的山村中，全村的粮食不足我们一饱，只有煮稀粥分食。又一次夜行军至天明，饥渴非常，乞食于老百姓，不问内容，先行吞咽。细察之，乃是肥田用的豆渣饼，加以树叶煮成粥。这在我们，要算吃苦了，而在老百姓望此望不到啊！

据现在所知，敌人狠毒的破坏，远较我经过那时加重；而两年来内部斗争使局面恶化，亦远过于彼时，游击区域同胞们的苦痛，怕是倾若干泪和血亦诉不尽，任何一枝笔任何一张口亦形容不尽。人世间的奇恶绝惨，到此怕才算齐备。虽今日全世界都在兵连祸结，苦痛的不只一个中国；然而情节复杂，刻骨入髓，则怕那里亦不能比。但不知经此一番奇苦深痛，其最终的意义是什么?

第二句话，所谓敌人之势已衰，事实可征者甚多。最显著不同于开战初期的，是士无斗志。战事初期，敌兵绝无缴械投降之事，虽战至一兵一卒，乃至包围遭擒，亦斗到底。现在不然，将枪一抛，高举双手的很多了。大约素质已不同，初时是现役兵正精壮刚强，现在则或是十八岁的孩子，或是三四十岁迫近中年。沿途我们都遇见俘虏，在我军中；亦曾与之谈话（多半笔谈），而知其情形。又敌军厌战反战，随处皆有其例，举不胜举。再则敌伪内部腐化，驻防游击区的为尤甚。因彼此争权夺军，而致下属不服长官命令，军纪无法维持者有之。以华制华之计不能成功，关系其前途为尤大。盖敌人没有深怀以用人，没有大量以容人，而忌刻轻薄，中国人不能与久处。伪军反正者愈多，彼猜忌愈甚。或不发枪械，或不发子弹（皆临时再发），或种种监视提防，激起伪军投诚反正者愈多。所以几年来，伪军总量上没有加，只有减，没有稳固，只有不安。——至少山东河南是如此。

第三句话，所谓党派问题尖锐严重，似亦无烦多说。大要游击区域短兵相接，与大后方雍容坐谈者不同。我初去时，问题将开始，还没有大绝裂，方自谓可于此尽些力。那里晓得，第三者是不见容于两方的。而且问题是整个的，不能于局部解决。简直一句话不能说。在归途上所见所闻益多，所以忙着回来想根本办法。两年来所得消息，愈演愈烈，我们自己朋友学生亦连连被杀（我到山东时已有之），多少事不必述，只“无所不用其极”一句话，可以包括。问题严重，无以复加，又非当时之比了。

一幕惊险剧

关心我们朋友学生抗敌工作，而想加以抚慰鼓励，是我赴华北视察目的之一，前曾经说过。所以这里临末还须交代一下。这就要叙到一幕惊险剧了。

我们的第三政治大队，除第五支队留于豫北工作外，其余由大队长秦亦文君率领开入鲁境。因奉部令归省政府直接指挥，所以大队部即住东里店附近。如前所叙，当我到达东里店，与各方会见的几天（6 月 1 日至 6 日），便遭敌人围攻。我与秦君等即彼此相失，互寻不见。久之又久，忽然得讯，秦君率部驻于蒙阴的北岱崮，距离我们隐藏之地往北约百余里。于是我偕随行诸友，往北去就他。

哪里晓得，秦部五百余人，还有省府其他人员相随，目标过大，又留驻该地达十日之久，已被敌人侦知，派兵三路进击。我往北去就他，我的背后正有敌兵亦同走一路向北前进。我到达该处，秦部已得谍报，敌人拂晓进攻，急须转徙以避之。所以不及多休息，傍晚天黑齐队向西而行。行前，秦君指定秘书公竹川君并警卫队六十名专卫护我，遇必要时，我得另自走。当天黑齐队时，天已落雨。愈走而雨愈大，山路愈滑。又崎岖坑谷，漆黑无光（用光火恐为敌见），出手不辨五指。前后彼此牵衣而行，不许交言，古所谓衔枚而进。脚下高低深浅，亦不得知。两次有人滑坠涧谷，不知其性命如何。如是走一通夜，雨落一通夜，衣裤淋漓，难于移步，寒透肌骨，既饥且疲。走到天明，举目看看，方知只走出五六里路（人多亦为行慢之一因）。

此时雨落更大，前面有一小村庄，名“对经峪”。大家皆渴求休息。

而村小不能容，秦君先请我及随带警备队进村。他们大队再前进不远，进另一小村庄名“石人坡”的去休息。我们进村，入老百姓家，全不见一人，而屋内衣物食具却未携去，极可惊诧。试问通宵大雨，老百姓为何不在？既出走，为何衣物食具全在？显见得，其为临时惊慌逃去，此地不远必有敌人。我们实在应当马上走开，不应休息。却为饥寒所困，不免耽搁。正在解衣拧干雨水之际，耳边枪声大作，知道不好。我本来骑马，幸未解鞍，赶紧上马向东而逃。——因枪声在西面。

原来敌人在近处一山头，看见我们队伍进村。而我们则以大雨迷濛，人马疲困，却未见他。所以他立刻下山，将石人坡包围，四面架起机关枪。大队人马，有的冲出，有的阵亡，有的遭擒，有的藏身屋内，被敌纵火焚毙。事后，我曾派黄君公君等返回调查，掩埋死者，抚慰伤者（隐于老百姓家），得知其详。

就在敌人包围石人坡之时，给我机会逃走。我策马仰登一山头，一个完全没有路径的山头。山颇高，到山顶便入云端，敌人不能见。于是一时逃过了。然而雨仍大，且山高，风又大，不能久停。慢慢寻路下山，见有两三人家，便去觅食烤火。将在解衣烘烤，和进食之际，随员报告敌人即至。不得已又出来，隐身于草树茂密之处。举目向远处望去，果见有两路队伍，循两山岭而来。一路在前的，为中国队伍；有我们的大队，亦有其他军队。一路在后的，则为敌兵。看看走近，知非隐身草树所能解决，适见老百姓向一山谷逃避，我亦随之。末后，藏在一大山洞内。

洞内先有人在，老弱妇孺为多。我和随行者共六人，入洞时，老百姓指示我们隐于最后，并以我们行装易被认出，解衣衣我，以资掩蔽。此时两军即已开火，枪声，大炮声，最后并有飞机助战，正正在我们的山上面。洞内屏息静听，自晨至午，自午至黄昏。黄昏后，枪声渐稀，入夜全停。此时老百姓出面劝我们，离洞他逃。我们始亦愿意他去，暗中摸索而出。无奈，两军并未撤离一步，警戒甚严。哨兵于黑暗中有所见，即射击，我们没法可走，只得仍折回洞内。

我们折回洞内，老百姓极不愿意。他们说天明战事完了，敌人必然来洞搜索。我们身上皆佩短枪，不是开火，就是被擒，一定连累他们。但我们实无处可去。大家无言，昏昏入睡。天尚未明，睁目看时，老百姓已多不知所往。天明，则除我六人外，洞内没有人了。此时战事又作，激烈如昨。洞内无人，便于移动，可以偷望对面山头敌阵。旗帜、敌军官、望远镜、指挥刀，历历在目。过午枪声渐稀，望见敌兵三五自山头而下，不久竟沿路转来洞边，大皮靴声音直从洞口过去。当时同人皆扣枪待放，他如果向洞内望一望，我们便拼了。这是最险的一刹那。午后约三时顷，战事停。我们出洞来看，两山两军皆已撤退。大家放心，而肚内饥不可耐，差不多两天没吃饭了。只好将洞内老百姓遗留的筐篮锅盆，一一翻检，寻些食物。我们正在大嚼，老百姓却回来了。我们脸上甚不好意思，老百姓倒笑语相慰，并各取出饮食相饷。但他们仍不敢引我们到家，日落时，领我们到二十里外另一个洞去住。

险剧既过，不必接续述下。第三政治大队经此两役，损失大半（秘书主任、秘书、会计被俘身死，其余不计），残部迳返鲁西。因为原留有第二支队在鲁西，合起来仍有三百人之数。支持到上年（二十九年）年尾，亦不能存在。我自己，离洞以后，六十名警卫队已寻不见。幸好公秘书竹川相随，他是蒙阴本地人。蒙阴公姓甚多，有“蒙阴县，公一半”之谣。于是我六人随着他，投止于公姓家。从第一个公家，到第二个公家，再到第三个公家，……如是一路从蒙阴北境走出蒙阴南境。他送我到较平安地带，即返回家去。却不料不久竟为八路军所杀，弃尸无头。

此行劳而无功

总论此行，劳苦是劳苦了，危险亦危险了，却是并没有什么收获。当初北行的用意五点，多半未作到。第一点，亲自考察游击区的事实，是否与自己揣想者相合。当然考察了一些，并且知道与自己揣想者不尽相合。这尚不算全无结果。第二点，会晤旧同人同学，抚慰而鼓励之。当然会晤了不少人，而以匆匆来去，不得安住于一地，所以不能召集聚会。因此未得会晤者甚多。又且一部分主力（第三政治大队），即于此时送掉，未达加强抗敌力量的目的。第三点，沿途宣讲国际国内情势，以坚定沦陷区的人心，略收好果。因为我北行之际，正汪精卫投降之时，颇有人以为中国无法支持。经一番讲说，并经我指出大军转至敌后的计划（此计划定于南岳会议，二十八年上半年正在实行），国际增加援助的情形，人心莫不欢悦。所惜八个月中，急促奔跑之时多，从容巡视之时少，因而宣讲的机会有限。第四点，作研究功夫，匆忙中当然说不上。至多得到一点亲身经验，为研究之资而已。第五点，所谓调和各方，其事之无能为力，前已言之矣。至多不过亲见许多事实，更促我努力团结而已。在那里实在没有能讲一句话。

旅途杂感

八个月的旅途中，见闻不少，感想亦多。及今回忆，犹存其什之一二，记之于后。

第一个感想，便是中国老百姓太好。譬如上文所叙，为了抗战他们所受苦难，都没有怨恨国家，怨恨中央之意。游击队（所谓省保安队等亦在内）随地筹给养，以至像我们过路的军政人员沿途需要招待，并不以为是格外需索，或不愿意负担。他们简直承认，完全承认这是应当的。他们心里不服的，只在无礼的骚扰，其他毫无问题。国家遭难，大家都得牺牲，大家牺牲是图挽救。这一点，他们全明白。

老百姓是再好没有的好百姓；只是政府官员军队游击队此一党彼一派太对不起老百姓！这是随时随地地引起感想最深之一点。

第二个感想，民国三十年来正经事一件没有作，今后非普遍从乡村求进步不可。这一感想之引起，是我们沿途多走偏僻小路，真所谓穷乡僻壤，将民生之穷苦，风俗之固陋，看的更真切。例如山西内地妇女缠足，缠到几乎不见有足，至须以爬行代步。还有黄河右岸穷谷中，妇女束发青衣白裙的装饰，与京戏上所见正同，大约仍是明代的旧样子。说到穷苦，更不胜说。普遍都是营养不足，饥饿状态。其不洁不卫生，则又随穷苦及无知识而来。这样的人民，这样的社会，纵无暴敌侵略，亦无法自存于现代。故如何急求社会进步，为中国第一大事。然此第一大事者，到民国已是三十年的今天，竟然没有作。一年复一年，其穷如故，其陋如故。照这样下去，再过三十年岂不仍是依旧。我们平素主张乡村建设，就是有计划地用社会教育普遍推进建设工作，求得社会平均发展（反对欧美都市畸形发展）。从观察了内地社会真情以后，这一要求更强。

再明白点说，从这感想中，我们更要反对内战，和一切妨碍国家建设社会进步的事。同时，我们亦反对无方针无计划的建设，蹈资本主义的复辙，人力财力奔向工商业去，而使广大乡村落后。从这感想中，更加强我们平素主张的自信。

第三个感想，今日问题不是敌人力量强，而是我们自己不行。敌人之势已衰，前已叙过。且以山东而论，合计分布各处的敌军，全省亦不过两万余人。以山东地方之大，两万人安得为强？何况其已呈衰势呢？然此已呈衰势的两万人，却居然能霸占山东，而且据点扩充到很多。全省情势，我不愿明说。只以去年 12 月我所得确报，一个滕县境内就有十九个据点。滕县从前在我们行政上，亦不过分十个区，设十个区公所。他现在竟加一倍。每一据点，总有几个敌兵，有时，少到两三个。如此零散，应当不难解决，而乃受制于他。这完全证明不是他力强，而是我们太不行了。这个不行，不是军事的，是政治的。说起来，只有惭愤。

过去的不说了。今后既要准备反攻，必须调整政治，以立其本，更加强各战地政治工作，启发民众抗敌力量。如其不然，恐无翻身之日！

第四个感想，中国目前的问题全在政治，而政治的出路却并不现成。因为这政治问题后面有深厚的文化背景，不是平常的封建民主之争。譬如上面说，对于敌人势衰力弱见出于中国人太不行；此不行是政治问题，有老文化为其背景。又如前叙游击区老百姓苦痛深刻，此深刻苦痛出于敌人所加于我者，不如中国人自己造成者多。这亦是政治问题；亦有老文化为其背景。但是共产党以至许多青年不明白这一层。因此他们亦就不能解决中国政治问题，反而加重了问题，加重了痛苦。——不肖的共产党所造的恶，尚在外；此处所说，专指共产党的幼稚、浅薄、拙劣。我每叹，共产党之不能救中国，同于日本人之不能征服中国。因为他们都不了解中国。共产党和在共产党领导下努力的人，必须学习了解中国。我说这话，是出于善意的期望。因为今日为政治问题而努力的，主要还在这些人。

统一建国同志会

华北华东之行，如前所叙，于“九一八”前一天返抵洛阳，即可算结束。在洛阳晤卫司令长官（立煌）谈两度之后，即到西安。在西安晤蒋主席（鼎文）谈话，并托八路军办事处发电其前方将领，致谢沿途照料。10 月 3 日由西安飞成都。

我到成都这一天，赶巧是蒋公以自兼四川主席，飞成都准备就职的一天。我因亦留成都，就便晋谒。双十节后的一天，承约便饭，就将战地经历大致报告。又特将山东敌情，省政府情形，八路军情形分别报告。蒋公于如何处置山东事，颇有指示。此时谈话已甚长，党派问题尚未及提出，请示时日再度奉谒。蒋公约于回渝再谈。

我回四川的意思，原以党派问题尖锐严重，推想大后方必然迫切要求解决，是我努力贡献意见的机会。所以准备分向三方面洽谈：一是国民党方面，二是共产党方面，三是第三者方面。所谓第三者方面，意指两大党以外的各党各派以至无党无派的人物。我自己亦属于第三者，平素所往还最熟的亦在此，因而最先洽谈者亦在此。此时在成都的有黄炎培、晏阳初、李璜诸先生，于是连续聚会有所谈商。

我大致报告我所见党派问题尖锐严重情形（其中包括山东问题及河北问题，未经叙出于本文者），认为近则妨碍抗战，远则重演内战，非想解决办法不可。第三者于此，无所逃责。而零零散散，谁亦尽不上力量。故第三者联合起来，共同努力，为当前第一事。黄晏李诸先生都十分赞成，相约到重庆再多觅朋友商量进行。

10 月 23 日我飞返重庆。此时蒋公恰赴桂林，又转湖南前方，不获见面。而中共方面的参政员如陈绍禹、秦邦宪、林祖涵、吴玉章、董必武等各位先生，正于参政会开罢，尚未离渝。26日晚间访晤于曾家岩五十号，上述诸位全在座同谈。

我谈话，先从战地见闻谈起。所有八路军如何行动不对，以及我的学生如何被他们杀害，皆爽直说出。秦（邦宪）先生一面听我谈，一面笔之于纸。但他们诸位对于这些事不甚表示意见。其意似谓你既历历有见有闻，而我们见闻不及，又无其他报告，无从判断其是非。既不能否认，亦不便遽皆承认。我接着就指出问题的严重性，进而提出我所主张的解决办法（大要见前第八节：解决党派问题的我见），特别置重于军队必须脱离党派，统一于国家。所有这许多话，秦先生亦全记下来。然后由陈秦二位先开口作答，以次及于林吴董诸老。他们答复我的话，大致是说：你的理论和我们的理论是有出入的，但你的结论都和我们的结论颇相合。至于军队统一于国家，在道理上自是如此，周恩来同志在廿五年双十二时节，且曾对外说出过这个话。不过事实上，必要国民党同样办理，我们方可照办。——这一方面的表示，就是如此。

在重庆的朋友，那时正忙于宪政运动。因9月间刚将宪政案通过于参政会，政府原答应于双十节作一宣布，而届时未实行，谓将候11月初间的国民党中央全会之决议。所以在野党派为促成宪政，无任其久延，吃紧努力。

我于那次参政会是没有出席的。那时我方在豫北太行山麓，朱怀冰军长的军部中，略听到消息而已。好在会罢不久，我即到渝，于当时提案讨论通过各情形尚能闻知大概。据我所知，当时各方提案最初动机，□□□□□□，而争求各党派合法地位，俾有公开活动的自由。乃从这一问题，转到早施宪政。恰好此时，汪精卫组织伪政府，以施行宪政为号召，遂以间接促动此提案之通过。论时机实不成熟。

照我个人所见，应以团结统一为急。即如各党派□□□□（我亦在其中），我认为亦宜从团结统一中得其解除。而且只有从团结统一中得其解除，不能从宪政得之（料定宪政不会实现）。在大家亦并未忘了统一。大家意思求宪政即是求统一，未尝有二。我则认为要从统一到宪政，而不能从宪政到统一，所以我对于宪政运动不如对于统一运动之热心。统一运动入手处，在先谋第三者之联合，我专志于此，宪政运动便没有参加。

好在大家朋友并不怪我的偏执。而且对于第三者之联合，早有此意，不待我发动，已在洽商中。经彼此聚议好多次之后，一面确定这一组织的名称为“统一建国同志会”，一面通过本会信约十二条文。原文照录于次：

统一建国同志会信约

一、吾人以诚意接受三民主义为抗战建国最高原则，以全力赞助其彻底实行，并强调“国家至上，民族至上”。

二、吾人以最纯洁的心情，拥护蒋先生为中华民国领袖，并力促其领袖地位之法律化。

三、吾人认定：中国今后唯需以建设完成革命，从进步达到平等，一切国内之暴力斗争及破坏行动，无复必要，在所反对。

四、吾人相信：中国今后需为有方针有计划之建设。此建设包括新政治，新经济乃至整个新社会文化建设而言，且彼此间须为有机的配合。

五、吾人承认今日较之以前已进于统一；但为对外抗战，对内建设，吾人要求为更进一步之统一。今日之统一，非出于武力，而为国人抗日要求之一致所形成。今后仍应本此方向以求之；务于国人之意志集中，意志统一上，求得国家之统一。

六、吾人主张宪法颁布后，立即实施宪政，成立宪政政府。凡一切抵触宪法之设施，应即中止，一切抵触宪法之法令，应即宣告无效。

七、凡遵守宪法之各党派，一律以平等地位公开存在；但各单位间应有一联系之组织，以共同努力为国是国策之决定与推行。

八、一切军队属于国家；统一指挥，统一编制，并主张切实整军，以充实国防实力。

九、吾人不赞成以政权或武力推行党务，并严格反对一切内战。

十、吾人要求吏治之清明，而以铲除贪污节约浪费为其最低条件。

十一、吾人主张现役军人宜专心国防，一般事务官吏宜尽瘁职务，在学青年宜笃志学业，均不宜令其参与政党活动。

十二、吾人主张尊重思想学术之自由。

（此十二条宜与后来民主政团同盟纲领十条对勘，而参求其异同所在）

此十二条文，最初起草的有章乃器、左舜生诸先生。左先生并负汇集各方意见之责。我于其中，亦参加一些意见，并于末后与沈钧儒先生、左先生等共负审查之责。经大家通过后，即作定。

这一组织，口头说明（文字上不便规定）是中间性的，是第三者地位。国民党和共产党当然不请他参加，但间或有国民党籍，而实际另属一派的，如沈老先生和张申府先生等，则在内。又参加的非必代表一党一派，无党无派的个人，如张東方先生（澜）、光明甫先生（昇）等各位，亦都参加。又参加的，固以参政员居多数，而非参政员的亦正有其人，如章乃器先生便是。以党派而论，则凡在参政会中有人的，全在内。不过国家社会党的罗隆基、胡石青、罗文干三先生参加，而张君劢先生却没有在内。

组织确定，为免滋误会起见，同人咸主以本会信约十二条，托王世杰、张岳军两先生代为转呈最高当局，并推定黄炎培先生和我两个人代表面陈一切。黄先生将文件手交王张二公，请其代约谒见日期。隔多日，蒋公约去见面时，则黄先生已因公赴泸州，只得我一个人去见。

我见蒋公时，张岳军、王世杰两先生皆陪座。我说明本会成立动机，是受党派问题刺激，而以求大局好转自任。蒋先生屡次要我们说公道话，而不知道我们说话甚难。我们说一句话批评到政府，则被人指为接近共产党或站在某一边了。我们说一句话指摘到共产党，又被人指为接近政府，或为国民党利用，仿佛我们就没有我们的立场，只能以人家的立场为立场，这是非常痛苦的。这样将全国人逼成两面相对，于大局极不好。于大局不利的，即于政府不利。我们联合起来，就是在形成第三者的立场。我公既以说公道话相期勉，先要给我们说公道话的地位，那就是许可我们有此一联合组织。

蒋先生没有留难即表示谅许，大约是先经研究决定了。只问我，参加的是哪些人。我大致数一数，数到沈老先生和邹韬奋先生时，□□□□□□□□□□□□□□□□□□□！我答，以我所知他们两位并没有成见的；与其让他们在这一组织的外面，还不如约在里面。蒋公点头，亦以为然。谈话大致即此为止。这是二十八年 11 月 29 日。

我出蒋邸，王世杰先生以车送我回青年会。他问我道：你们这是一政党了。我答不是。这是为了当前问题的一种联合而已。当前问题有分裂内战的危险，我们誓本国民立场，坚决反对；“统一建国”的标题正为此而来。现在参加的，各方面人都有。彼此间，还有不少距离，须得慢慢增进彼此间的了解。纵有人想组党，现在亦说不上。在我个人则根本不承认中国的多党制是合理的。说得激烈一点，我反对欧美式的宪政。王先生于匆促间听不明白我的话，他误会我反对中国行宪政。他竟转问我道：你是否认为中国永不须要宪政呢？大概他亦想我是开倒车的人罢！

12 月间会中同人拟出版刊物，推余家菊先生主编，曾集资若干，并指定各人撰稿。后来却没有出版，其情不详，因那时我离渝了。转过年来，到二十九年上半年，同人皆不断聚会。临近参政会开会之前，到的人亦多，聚会亦多。同人曾商量共同提案，属我起草。我草出后，大家讨论。意见互有出入。最后仍作为我个人提案，愿联署者联署，此事另记于后。

参政会开罢，同人多离去。接着到了 5 月大轰炸期，在重庆更不能住。同人几有失去联系之势，幸而周士观先生（宁夏参政员）寓舍宜于避空袭，他不离渝，乃公推他照料会务。每次同人入渝，与他接头，于必要时通知开会。

八路军新四军问题，由来已久，而以何（应钦）白（崇禧）皓电（9 月 19 日）促其紧张。皓电以前，我们为关心大局，每于开会时，约中共驻渝代表秦邦宪先生出席，请他报告他一方面的情形，和他与政府交涉的情形（当时一切交涉皆由秦与何）。政府方面亦间接地以消息和材料供给我们。后来秦先生回陕北，周恩来先生则来渝，常亦被约预会。十八集团军参谋长叶剑英，为了愿意我们清楚前方军队情形，屡以各色新绘地图拿给我们看。所以由两方面的问题，不知不觉形成第三者地位的重要。虽然这一个会很可怜的，并无甚势力。然而除了这一个会之外，更向哪里寻得第三者？

问题愈到后来愈紧，转过年来一月初间，就发生皖南新四军事件。接着就有中共的抗议，而不出席参政会。同志会于此，当然不能坐视大局之僵持，于是就有本年二三月间奔走的一段经过。其事见前第一节，可不再叙。

说二三月间奔走的是同志会亦可，说是民主政团同盟亦可，因为表面上都没有以团体名义出面，而实际上同志会已改组为同盟了。同盟以同志会为前身，组成分子还是那些人，只少了救国会一派朋友，（再则多了一位张君劢先生）。至于其组织加强，纲领有异，自应于时势需要而来，此处不叙。

上年4月间的一个提案

统一建国同志会同人，于二十九年（1940年)4月初间开的参政会，原商量作共同提案。将当前大问题，分作一二三几个，由同人分别担任起草提案。然后请大家讨论，集中思虑，修正完善，提出于大会。我担任的，即是关于当时党派问题的提案。不过我草出之后，大家讨论，在措词上，在办法上，意见互有出入，不能归一。遂改由我个人提出，同人随意联署。

此案标题，为《请釐定党派关系，求得进一步团结，绝对避免内战，以维国本案》。由此案，就在参政会中产生一"特种委员会"来负（关于此事的）审查及建议的责任。虽然后来，并无收到什么结果，但总算有此一事。现在大略叙一叙。

于此，先要谈一谈国共问题。国共问题始于河北、山西，次及于山东、江北、江南。冲突事件早非一日，而政府提出来说，则始于二十九年一二月间参政会驻会委员会上，何参谋总长应钦的报告。我写此提案，即根据报告来说话。我的意见和主张，则根据我平素对于这问题的认识。我的认识可分为三层言之。

一、问题为自然演成，不必追问谁负其责。好多人一开口，就喜问两方面闹起来，究竟谁不好。这是最糊涂的说话。要知两方面原来都不是立宪国家的普通政党，彼此可以互相承认其存在。而实在是各自以革命建国自任的革命党，其不相容性，本于先天。此其一。过去不久，明明有十年苦斗，虽则一时罢手，彼此初未释然。此其二。明乎此，则其势不能免，不能怪责那一方，已甚明白。何况，政治军事文武斗争分不开，地面如此广，人如此多，亦无从追究谁先起意，谁先动手。事实上，总是相激相宕，不知不觉演成，此其三。还有第四点，就是当两方关系好转时，未及将彼此关系釐定清楚。譬如，政治上陕北边区，军事上第十八集团军，其于国家建制几成一谜。匆忙抗战，留下许多问题未解决，其引启纠纷，是自然的了。

二、国民对于这一问题，应抱持严正态度。上面的话，对于当事双方谁亦不责备，好像很取巧。好像作中间调停人，要如此说话才行。其实我是反对这种态度的。中国国民不应当将此事看作邻舍吵架一样，站在旁边来调停。这是家里的事，是切身的事，要持严正干涉态度。对于双方有不对处，都应当责备。

三、解决问题的办法，要在国民舆论督迫下，和平解决。要知道陷身问题中的两方，谁都不能解决这问题。问题的解决，必待关系切身利害而身又不在问题中的大多数国民。正当的解决，亦是唯一可能的解决，必在国民舆论督迫下得之。

所以我那提案上说，事非一枝一节之事，于一枝一节究问是非曲直，实属无益。又说，问题之解决，应从厘定党派关系入手，以求得较今日更进一步之团结（意指党派综合为一）。而以解决问题的责任，责望于参政会。原文有云：

> 窃念执政之国民党，于抗战起后，既招致党外在野人士，始而为国防参议会，继而为国民参政会，原期团结共商国事。今双方行动，虽不起于参政会内，须知亦并不在会外。国民党方面，蒋总裁固明明本会之议长也。共产党方面为首负责人毛君泽东，固明明吾参政同人也。双方不协，是本会尚未能发挥团结作用有以致之也。设今于此问题不加解决，而听其扩大，则参政会应职其咎。吾同人举不得辞其责而亦大亏负执政之国民党之初心也。

至于原案提议的办法，计有三点：一是电促毛参政员等迅速出席（按毛君从未出席，而其余几位当时亦未到）；二是组织特种委员会研究解决方案；三是特种委员会由议长指定委员三人至五人组织之。

其实在我早知问题解决非易，并不存何等奢望。我只望在会内会外造成强烈不许内战的舆论空气，俾军事行动收敛一下，而寻求合理解决途径。其次，则希望在大会电促之下，毛先生果然来渝一行，情势或有转移，为问题解决开其端。但后来事实上均未作到。

我当时是先提一询问案，后提此建议案。询问案于开会第一天即行送出。大意即根据参谋总长在驻会委员会上之报告，而询问政府在眼前曾否严切制止双方行动，以及如何为根本消弭之道。及至此建议案撰写好，觅同人联署时，许多人怕惹是非，不敢签名。只有几个熟人，如黄炎培、冷通、江恒源、张君劢、罗文干、胡石青、左舜生、张申府、晏阳初诸公帮忙，和几位老先生如张一麐、钟荣光、胡元倓、张澜、光昇诸公热心此案之提出而签名。黄先生老成练达，他劝我不要贸然提出，应先请示议长蒋公，至少亦应先向王秘书长（世杰）说明之。我没有那样周到，又加联署人凑足二十，大会提案将近截止，来不及请示说明，就径直送出了。

在询问案送何部长答复之时，大约我已被人注意而怀疑。及至此案提出，□□□□□□□□□□□□□□□□□，□□□□□□□。执政党的参政员始而要打消此案，后来改提强调军纪军令的对案。最后由王秘书长面请蒋议长指示，蒋公一面有亲笔手谕，□□□□□□□□□□□□□□□□□□□□审查会召集人适为黄炎培先生。王秘书长约黄先生商谈后，即将手谕二纸（一纸写不完，遂有二纸），请黄先生转给我看，并托他与我商量一切。

蒋公手谕原文此时自记不全。大意是说，此为军令军纪问题而非党派问题，军令军纪是不能有讨论余地的，然而参政同人若愿意加以研究，亦未始不可。最后则政府自有权衡。黄先生与我商量，说当局既认为可以通过，则通过无问题；为避免会场上无谓争吵起见，最好省略各种手续。□□□□□□□□□，□□□□于是在审查会上，黄先生主席，第一省略宣读（照例秘书宣读全案原文）；第二省略说明（照例由原提案人加以口头说明）。然后主席又说，原提案用意甚好，所谓组织特种委员会一事似亦可行，可否勿庸多讨论。大家表示赞成，举手通过。陶参政员百川发言，原提议特种委员会三人至五人，似乎太少；人选既请议长指定，则人数亦不妨由议长决定之，不必限制。又大会没有几日，此委员会工作似不必限于大会期内，即在会后仍可进行报告请示于议长。大家亦无异议，而通过。

审查会完毕，送到大会上。蒋公亲自主席，仍照前省略各种手续。只由秘书长宣读审查意见，议长问大家赞成者举手；大家举手，通过。于是一个大案，不到两分钟，便办妥。事情不算不顺利，而我想造成舆论空气的初意则达不到。还有电促毛参政员泽东出席一层，则审查会以至大会皆没有提。

末后，特种委员会经议长指定十一人组织成立。共产党方面由秦邦宪董必武代表；国民党方面则有许孝炎、李中襄等几位；居于中间的则为黄炎培、张君劢、左舜生等几位（记不全）。而由张副议长伯苓和黄先生为正副召集人，自行定期召集开会。

据闻开过两三次会，在会上两方说话甚多，却并无一点争吵，而且每次都有结论。——这是黄先生告诉我的。临末一次会，秦参政员报告他与何部长交涉大致妥协，计有三条：

> 一、共党处置办法，以彼此公函往复取消之。
>
> 二、陕甘宁边区定为十八县，由中央指定之；其隶属关系大约将隶属于行政院。
>
> 三、军队编制为三军六师、三补充团、三保安团、三支队；共

约二十三万人之数。

于是经该会议决如次：

一、地方政制及其职权，必须经中央正式订定公布，以举统一之实。此事并望中央从速解决办理。

二、各地民众运动应遵守抗战建国纲领，并服从政府法令；所有政治性防制办法应一律撤消，以收团结之效。

三、关于货币，希望中央就地方需要予以相当数量之供给；同时取消局部施行之通货，以免紊乱币制。

四、经济抗战应由政府命令各方严切执行，绝不使敌货输入流通。

五、右之决议，由召集人面陈议长；本会休会，这样特种委员会就结束了。

总结全文

以上共分十一节，将我个人自抗战以来的事自述一遍。第十一节，上年（1940）4 月间的一提案，若再叙下去便是第一节，本年（1941）二三月间的一段经过。首尾如环之相扣，所有前后情节，乃至日期顺序，都可在全文中寻清楚。现在临了特地说几句话，作一总结。

我努力的是什么？大约看了全文的自然明白，无待赘言。现在要说的，就是凡我在抗战中努力的事，其实都是抗战前一向所努力的。再则，就是将来抗战完了后，我要努力的事仍不外此。

先讲抗战前我一向努力的事。我努力的是乡村建设，人人皆知。乡村建设的内容，不外唤起民众，组织民众，训练民众；总而言之，就是发动民众。抗战中的发动民众，是在以民众配合军队，以后方配合前方；总而言之，是为了抗战。抗战前的发动民众，是在启发民众力量，作根本建设工夫，向着新经济新文化新政治而前进；总而言之，是为了建国。然而抗战前，虽侧重根本建国工作，同时早就准备抗战；此为上文所曾叙及者。抗战中，虽以对外抗战为主，同时亦正离不开根本建国工作。所以前后并没有大差异。

在南京我起草了《非常时期乡村工作计划大纲》，而未能作；在四川我拟了改善兵役种种计划和建议，而未能作。——这大都是为后方设想的。在徐州小驻时，曾为山东乡村工作同人同学写一册抗敌工作指南，亦没有发生多大效果；则是为前方或敌后设想的。其起首一段，将抗战前工作抗战中工作性质无异，联系不分，指示甚明，摘录如此，以备参考。

> 乡村工作，在平时其目标为建设新社会，完成中国革命。但在今日，则应转移其目标于抗敌；于抗敌之中，进行新社会之建设。此为总目标。在此总目标下，则以敌人征服我者有四大步骤，从而对抗，亦有四项目标。兹分别指点如次：
>
> 一、敌人对我第一步计划为军事的占领。故抗敌工作第一目标，应为对抗敌人，使不能达到其军事目的。在国军作战地区，则发动民众武力，组成游击队，与正规军相配合，相策应，并担负谍

报，响导等工作，以求保卫乡土。在敌人已经占领地区，虽不得正规军配合策应，亦应相机为破坏敌人，牵制敌人，妨碍敌人种种工作。大之可以部分收集失地，小之使敌人不得遂行占领。

二、敌人对我第二步计划为政治的统治。故抗敌工作第二目标，应为对抗敌人及其傀儡政权（如维持会，或伪县长等），使不能达到其政治目的。在敌人傀儡政权势力所及之地区，例如铁路沿线，或公路沿线之城镇等，应有秘密组织，消极抵抗，乃至进而予伪政权以种种破坏打击。在敌人未成立傀儡政权之地区，或虽已成立而其势力不能及之地区，应斟酌情形，或形成某种方式之地方自卫自治力量，或树立代表民众之临时政权。总求安定社会秩序，俾农业得如常生产，农民得如常生活，消极的可以不接受敌人统治，积极的能为游击队作根据地。

三、敌人对我第三步计划为经济的榨取。故抗敌工作第三目标，应为对抗敌人，使不能达到其经济目的。此要在使乡村社会趋向团结组织，依其组织的力量，解决经济生活上种种问题（如缺乏煤油，便商量着设油坊，缺乏辅币，便商量着存积粮食，以粮食为标准，发行辅币），达到乡村自给自足的企图，而使敌人不得遂行其种种计划（不能收买农产，不能行使伪钞，不能推销敌货，不能布置经济侵略机关）。

四、敌人对我第四步计划为灭亡我民族文化。故抗敌工作第四目标，应为对抗敌人，使不能达到其亡我之最后目的。此要在激发民族意识，认识民族精神之所在，而服膺勿失。凡其一切毁灭我文化之所为（如提倡日语日俗，改订教科书等事），均严切拒绝之，抵制之。

> 蒋委员长于政府迁出南京后，告国民书有云：“中国持久抗战，其最后决胜，不但不在南京，抑且不在各大都市，而实寄于全国之乡村。（中略）诚能人人敌忾，步步设防，则四千万方里以内，到处皆可造成有形无形之坚强壁垒，以致敌人之死命。”乡村抗敌工作之意义重大，言之最为透彻。
>
> 然抗敌之中，仍须不忘原初建设新社会之目标，要使上列各项工作同时更具有建设新社会之意义。例如：在政治工作中，启发民众政治意识，养成其组织能力，引导其政治生活趋向民主化；在经济工作中，促进农民合作，养成农民适应环境之自主能力，使经济重心转移于乡村，经济生活趋向于社会化；在军事工作文化工作中，树立坚强的有形无形之国防基础等等皆是。

抗战不能不靠民众抗战；建国不能不靠民众建国；总之，都要发动民众。然而中国民众在乡村；民众工作就是乡村工作。乡村工作是我一向的本行本业。

调查李闻案

1946 年，时任民盟秘书长的梁漱溟（右）与民盟主席张澜。同年，梁漱溟作为民盟代表赴昆明调查李闻案

回忆参加调查国民党暗杀李闻案*

1946 年 7 月 11 日李公朴先生在昆明被国民党特务暗杀，7 月 15 日闻一多教授在参加李公朴先生追悼会后又被特务杀害身死。李是民盟中央执行委员会委员兼民主教育运动副主席。闻也是民盟中央执行委员会委员兼云南省支部常委暨宣传部主任。民盟中央这两位重要成员接连死于政治谋杀事件，在当时引起了国内外很大震动，对民盟自然也是很大的打击。

李闻案发生的背景

李闻两位被国民党特务暗杀，发生在 1946 年 7 月间不是偶然的。这一年 1 月底重庆政治协商会议协议签字墨迹未干，国民党先要修改已

* 录自《梁漱溟全集》第 7 卷，山东人民出版社 1993 年版。——编者注

共同通过的宪法草案，随后又在东北停战问题、美方最后决定权等问题上，要求中共方面作出让步。6 月 30 日东北停战期限已满，谈判濒临破裂边缘，7 月初国民党要求接管苏北政权，遭中共拒绝，于是蒋介石对在此之前所达成的三个协议也拒不签字，并于 7 月 1 日发布可战可和的文告，7 月 12 日更下令开火大打。国内政治局势的急剧恶化，国民党特务系统不会不清楚，也不会不有所动作，于是他们就对要求民主、要求团结、反对内战的民盟下毒手了。而他们下毒手的地点选在昆明，又与当时云南的特殊情况有关。本来蒋介石借抗战之机，对与他分庭抗礼的许多地方势力，先后一一剪除，唯独云南有些特殊，八年抗战期间省政一直掌握在龙云手中，因此在云南蒋介石的势力的渗透始终受到一定抵制，国民党特务系统的活动也受到一些约束。再加在反蒋这一点上，龙云与民主力量是一致的，因而西南联大等校师生的民主活动最为活跃，民盟的组织发展也较快。可是在抗战胜利后两个月，1945 年 10 月蒋介石借留在云南最后一部滇军开赴越南受降的时机，攫取了云南省政大权，将龙云“请”到南京去担任军事参议院议长，改由李宗黄为省主席，从此云南完全置于国民党蒋介石的控制之下。早已被国民党视为眼中钉的昆明民主力量，在这种情况下就难逃他们魔掌了。

要求共同调查

暗杀事件发生时，我驻南京民盟总部，担任民盟秘书长，主持民盟中央工作，正是奔走国共和谈最紧张的时候。李公朴被杀害的消息于 12 日传到南京，民盟中央有许多负责人正在上海，我只得先以个人身份对新闻界发表谈话说：“公朴先生被害，无疑是为了当前政治斗争，尽管正凶没捕到，好像无法证实国民党特务之所为，但此事无待申说，大家心里都明白是怎么一回事”，“现在政治是这样黑暗，统治者已经超过法律，用恐怖手段行其统治”。不料四天之后，闻一多又被杀害。18日我又以民盟秘书长的名义发表书面谈话：“李闻两先生都是文人、学者，手无寸铁，除以言论号召外无其它行动。假如这样的人都要斩尽杀绝，请早收起宪政民主的话，不要再说，不要再以此欺骗国人。”我又说:“我个人极想退出现实政治，致力文化工作,……但是，像今天这样，我却无法退出了，我不能躲避这颗枪弹，我要连喊一百声：取消特务。我倒要看看国民党特务能不能把要求民主的人都杀光，……”在宣读完这个书面谈话之后，出于对国民党特务的卑鄙凶狠的行径的愤恨，我在记者招待会上说，特务们！你们有第三颗子弹吗？我在这里等着它！

7月20日，民盟参加重庆政协的代表七人（沈钧儒、黄炎培、张申府、张君劢、章伯钧、罗隆基和我）联名向国民党政府提出严重抗议，交国民党参加政协的代表转蒋介石。抗议书揭露和抗议国民党政府“不准许人民有其合法的政治自由”，“不负责保障一切政党公开合法存在”等，并提出处理昆明惨案的六项要求。除了要撤惩昆明当地“治安长官”，抚恤死者家属，保护进入美国驻昆明领事馆的潘光旦、费孝通、楚图南等民盟成员和民主人士的安全，还要求国民党派人与民盟所委派的人赴昆明共同调查李闻被谋杀案的真相。

赴昆明调查

国民党作贼心虚，自始至终不肯同意派人与民盟共同进行调查。拖到8月初，只同意由民盟自己派人去调查，政府给予交通的便利和调查时的便利，并由国民党中央党部派一名秘书“协助工作”。民盟本打算派罗隆基去，后来传言说罗不能去，去将死在昆明。后来决定由我与民盟副秘书长周新民一同去调查此案。

8 月 3 日我们二人会同国民党中央党部派出的秘书张寿贤由南京先飞重庆，因换乘飞机延误，6 日才到昆明，开始工作。

国民党为了做出“重视”此案的姿态，也为对我们的调查进行阻挠，此时也派了一批军警宪大员飞去昆明“查办”。记得他们当中有陆军总司令顾祝同、顾的参谋长冷欣、宪兵司令张镇、警察总署署长唐纵等。此外参加“查办”此案的还有已在昆明的云南主席卢汉、昆明警备司令霍揆彰。

我们到昆明后立即约见他们，但他们故意拖延，屡次推拖，改动会见日期，使我们无法及时开展工作，至 8 月 9 日才见到他们。我们见他们主要是说明我们的立场和态度，要求将此案移南京组织特别法庭审理，因为李闻案是一政治性谋杀案，普通法庭是审理不了的。这个要求我们在南京时即向国民党提过，现在重提自然也是无结果的，但这是一原则问题，我们不能不表明。在不能同意移南京审理的情况下，我们又要求不要急于定案。

8 月 13 日顾祝同和卢汉出面宴请我们，有冷欣和张镇等作陪。此时顾祝同告我暗杀李的凶犯未捉获，闻案的凶犯已捕到，后日即可开庭审判。当晚收到省法院通知，说 15 日“公审”，邀我们去“观审”。我们当即回信说不同意这种“公审”，但既经邀请，我为借此机会作调查，准备参加，并提出增加民盟云南支部负责人之一的冯素陶一人参加“观审”。

如此“公审”

增加冯素陶“观审”得不到同意，只有我与周新民二人去参加 15

日的“公审”。“公审”时到的只有被邀的不过二十余人，下午人更少；其中记者只二人，且均为国民党中央社的。《大公报》派来昆明的记者申请参加，也无理地被拒绝。“公审”时出庭的被告只有暗杀闻一多的两名凶犯，名汤时亮和李文山，据说是昆明警备司令部的两名中下级军官。真正的凶手是不是他们？谁也不清楚。我曾要求将闻一多被杀时受伤的他的儿子闻立鹤用担架送来法庭，以便辨认凶手和作证。但直到“公审”收场后，参谋长冷欣才要张寿贤秘书转告我们说，军法处去医院，院方出具证明，认为闻立鹤“伤势未好”，不宜出庭。所以审理中只有法官与被告之间的一问一答，问答完了即算审理完了。在被告回答法官的提问时，他们在公堂上作了一番演说，说“闻一多是卖国贼”，说他在李公朴追悼会“骂了军人”，他们二人出于一时“气愤”，故刺杀他，此事与他人无关，云云。闻案就这样审理了一番，草草了事。结束时也未说明是否审理完毕。李公朴一案，则因为凶手根本不曾“捉拿归案”，更是不了了之。

“观审”毕，我即致函顾祝同，说明我们旁听后认为疑窦颇多，请他们不要急于定案，并索取一份审讯记录的抄件，但始终不曾给我们。

19日顾祝同再次宴请。饭罢入另室谈话，我问：15日“公审”一天，好像是已经审完，可是为何又不宣判？如果不算审完，是不是将再审？顾迟迟答不上来，末后低声对我说：我也还作不得主。

阻挠与封锁

来“查办”的官员在上面对我们采取冷淡的态度，有的更以“强硬”态度对待我们，例如昆明警备司令霍揆彰，其恶劣的神态和谈话，至今还记得清清楚楚。同时，国民党在下面又采取种种办法，阻挠我们调查，对我们进行封锁。

本来早在李闻案发生之前国民党特务即散布谣言，制造打击民主力量的借口，空气已十分紧张。张贴在街头的反动刊物和壁报说，民主党派要与地方势力“联合起来暴动”，夺取被国民党由龙云手中收去的政权，说“李闻加入了共产党”，“闻一多组织了暗杀团”，种种胡言乱语。在这种情况下，6 月底民盟组织不得不多次举行招待会，说明我们的主旨是“和平建国，民主团结”，说明民盟为非暴力革命团体，从来反对暗杀暴动。

待 7 月 11 日和 15 日李闻两位被暗杀后，昆明的空气更加紧张。潘光旦、楚图南、费孝通等各位不得不住进美国驻昆明领事馆。像这样人人自危的状况，当然使我们不便或无法与许多调查对象接触。我们到昆明后，即住在商务酒店，店里此时早已先住进了许多“客人”，我们的出访，或有人来访，一举一动，当然都逃不过他们的眼睛。有一天我在酒店中餐厅吃早点，偶然遇见孙福熙君。孙是著名作家孙伏园（福元）的兄弟。孙福熙曾为中国旅行社编辑过旅行杂志，而这家商务酒店正是由中国旅行社经营的，因此他也住在酒店内。彼此早相识，见面怎能不打招呼？两人互致问候，寒暄几句，也就分手了。谁知竟被特务注意。据孙事后对我说，在我们谈话后，特务立刻将孙找去盘问，问他：你与梁某人是什么关系？你向他说了些什么？孙万没有料到在大厅广众之中，这样一般的交往，也要受到如此盘查，赶忙解释说：梁某人以前在北京大学教书，他是先生，我是学生，只是师生关系，彼此多年不见，这是偶然相遇云云。我还记得，当时缪云台先生正在昆明，他是重庆政协会议的社会贤达代表，我本想借此机会彼此见见面。这本是与调查无关的活动，但也未能实现，后来缪云台先生派了某纱厂经理来见我，说

"有事"不能来。像这样的处境，我们的调查工作是很困难的。

但是我们通过种种途径，通过美国领事馆，搜集到许多与案件有关的情况，足以说明这是国民党特务谋杀了李闻两位。

报告调查结果

李闻案的调查在国民党的阻挠下再也不能进行下去，而"公审"是否继续进行又无期，22日我们即由昆明飞返南京了。

8月25日我在上海举行了记者招待会，报告调查经过和结果。我说：可以用吞吞吐吐四字来说明此案。一是李案"未捉获凶手"，只拿出闻案来"公审"，是李案"吞"而闻案"吐"。二是承认是昆明警备司令部两个中下级军官干的，这是"吐"。但是出于凶犯"个人气愤"，这样就"吞"去了暗杀的主谋者。三是"公审"只许中央社记者参加，这是"吐"。但拒绝大公报记者及其他报社记者参加，这是"吞"。四是"公审"好像审判完结，这是"吐"；但问是否再审，他们答不出来是"吞"。在这报告中，我还作了三个预言：一、李案政府一定不了了之，因为闻案推不脱，才说是警备司令部军官干的，但是出于"一时气愤"，李案不好再说是特务出于同样原因干的。二、闻案不会再审了，也不会正式宣判。三、两个凶手在执行死刑时，定有两个替死鬼。

后来此案的了结与这些估计大体不差。

末后我们将调查经过与所得写成《李闻案调查报告书》，印发各界，揭露国民党特务的罪恶，要求取消特务机关。有关调查的种种情况，可以找此书查阅。

李闻案调查报告书 *

赴昆明调查之经过

七月十一日和十五日，李公朴先生和闻一多先生，两件惨案既接连发生，民盟就考虑到派人去昆明调查的事情。但迟到八月三日乃得成行。其所以迟延的主要原因，是在和政府争持调查方式的问题。我们的意思，是要与政府一同去调查，或者说参加它的调查工作。在最初和政府诸位代表谈到此意，他们几位都没有不同意的表示。但认真交涉时，则又不肯同意了。我们坚持我们的要求，期待政府代表向牯岭请示的结果，就耽误许多时间。末后只有接受政府所说的办法：（一）民盟自己派人去调查；（二）政府予我们以去昆明往返交通的便利；（三）政府予我们到昆明后从事调查时的各种便利；（四）为了实行上两项，政府可以派人陪同我们前去。八月三日的起行，大体就是本着这一方式。

在人选上，民盟委派漱溟新民两人同去，政府方面则派了中央党部张秘书寿贤陪我们。八月三日，从南京乘飞机到重庆，原意可赶上四日重庆去昆明的飞机，但四日的机位竟未能从航空公司取得，迟到六日才飞昆明。从八月六日到二十二日早晨，我们三人同住在昆明的商务酒店。二十二日我们搭机东返，张秘书因病稍迟一步再行，于是就分手了。在同行和同住期间，我们承他帮忙甚多，值得感谢。但可惜在起身

---

* 本文为梁漱溟、周新民参加李闻案调查后撰写，1946 年 9 月 30 日由中国民主同盟总部刊行。收入本书时原报告附录文字及按语未录。录自《梁漱溟全集》第 6 卷，山东人民出版社 1993 年版。——编者注

前，中央党部吴秘书长铁城给昆明顾总司令、卢主席、霍总司令、唐署长电报上只说予我们以便利，而不说予我们以调查的便利。

从八月六日到二十二日，首尾十六天。在这十六天中，我们要代表民盟慰问李闻两家，并帮助两家解决其今后一切问题。还有云南当地民盟盟务亦待调理。所有这些，在这里都不叙，只叙有关本案调查的事。我们调查工作，自一面说很困难，自另一面说亦很容易。困难的是我们到达昆明之初，当局者便采取了冷淡我们孤立我们的方策。琐细事实甚多，不必细述。譬如六日到昆，七日各报纸只登出张寿贤来昆字样，而故意不提到我们。顾、卢、霍、唐等屡约时间，屡次改期，直到九日才得见面。同时使地方人士不敢与我们接近。许多朋友都不敢来看我们。我们间接托人约会见面，亦均遭婉辞。我们自亦不好贸然访看人家，致使人家感觉讨嫌了。

这里只举几个小例以见一斑。我们所住的商务酒店就布满了特工人员。我们出门访人必然作随从，我们在家会客必然作记录。有一天我就在商务酒店吃早点，恰巧遇着孙福熙君。他原曾为中国旅行社编辑《旅行杂志》，而商务酒店原是中国旅行社开办的，所以他长期住在里面。餐厅中偶然相值，欢然道故，说几句话，原是极寻常的事。事后孙君告诉我说，特务马上就盘诘他：你与梁某什么关系？你和他谈什么话？孙君赶紧表明彼此无多关系，“不过从前在北京大学读书时候，梁先生是先生，我是学生而已。”——试问在这种情形之下，还有何人敢来亲近我们呢？

在进行调查时，军政机关既不予以便利，却反而有意陷我们于困难之中，是如此了。何以又说调查起来亦很容易呢？这有两层。第一层，就是俗常说“一手难以掩尽天下耳目”的话了。广大的社会究意不乏有心人。所以自动来供给我们材料，作种种帮助者还是不少。第一是地方人士，第二是许多青年学生还有更重要的第三与第四。那便是我们盟内同志，和美国领事馆的朋友。两大暗杀案，民盟原是“尸主”，我们自己人那有不留心的呢？尤其像被当作目标而幸未遭难的楚图南先生，被搜查而未及捕进牢中的赵沨先生，和其他诸同人，自身遭遇就是很好材料。美国朋友虽是局外人，但他们极同情我们的；同时在职务上他们对他们国家要作情报。除了现在昆明的罗领事麦领事而外，美大使馆还特别电调前驻昆明很久的斯领事，从北平专来调查本案。我们到昆明时，斯氏虽离去，罗、麦两位却请我们两度到他馆中便饭长谈，彼此交换调查材料。——试问在这种情形之下，岂是任何一方所能遮掩得了的吗？还有第二层理由留待后面《调查本案后的论断》中去说。以下只将我们招待新闻记者，访问当局，旁观审判，以及我们与当局函件往复等事叙一叙。

我们原意先访问当局，后招待记者，以示慎重；但结果还是先招待了记者。那天到场的记者相当多（多过我们所发请帖二倍），谈话相当长，秩序亦很好。记者们笔录甚勤，据说其中作了一份三千多字的笔录，当晚交呈顾总司令阅看。我们大致就本案发生后政府如何表示，友邦如何关切，我们向政府如何交涉，及此来所取方式，今后的要求与期待等项分别说明。其中重要处是从我们的立场角度，说到我们要求移南京组织特别法庭审判一层。访问当局（顾、卢、霍等）时，我们对他们谈的也着重此层。其大意约略是这样的：

李闻案，无待申论是政治性暗杀案，国内国际都这样承认的。今被害者是在野的民主同盟方面，则在朝的国民党方面便［是］头一个犯嫌疑。虽如此，我们民主同盟却依然还承认它法律上的地位。即承认政府是政府，接受他的警察及司法机关所行使的职权。但我们希望国民党亦承认我们在政治上的地位。即承认我们在政治上是它的反对派。反对派遭遇这事情，它自已脱不掉嫌疑。此时如果它是光明正大的，应自动地邀我一同来调查这案情，一同来审判，乃至将来一同宣布其结果。这样，自然国内国外都会相信它，佩服它。纵然结果发现是他中下级之所为，而于当局者的光明固丝毫无损。因此我们提议一同调查，移京审判，实为爱惜政府之意。最要［紧］还在组织特别法庭，给各方以参加机会。要知具有政治关系的案件，普通法庭是办不了的。记得重庆较场口事件，在法院公审时，法官就当众说这种案子是以政治为背景的，普通法庭没法审判。而抗战前救国会七君子的案子，人虽出来，案并未消，更未曾宣告无罪。说起来至今还是不合法的。所以为了允洽舆情，作有效之处理，组织特别法庭实有必要。否则，以处嫌疑地位的国民党，还要运用它手中的大权，一手包办，则更加重嫌疑，威信尽失。那将不单是国民党的损失，而实在是国家的损失了。

我们这一要求，或说是一期待，自然由民盟中央在南京直接向政府提出。所以告知顾卢各位，不过告知他，不要轻于处理。在第一次访问时，他们亦不作何表示，只说案情在侦查中，还不完全。到十三日顾、卢请我们吃晚饭，陪坐有冷欣、张镇等。饭罢，顾邀我至别室小谈。说李案凶犯未获，闻案后日可开审，请参加观审。我问：是后来从曲靖缉获之人吗？顾答：不是。是两个外省人。我又问：凶犯供他为何行凶呢？顾笑云：且待问他们自己吧。我立刻就明白必是八月五日重庆看见的晚报上那个说辞了。

所谓观审，只是远坐旁听而已。然而我们亦决定参加，以观究竟。十三夜间收到他们请观审的公函，十四即作复，告以我们不同意这种审理，但承邀观审，我们同冯素陶先生三人应邀前往，藉资调查。同时提出闻立鹤为当时在场受伤未死之人，对于行凶者必有印象，请设法担架到法庭辨认。晚上十点钟，张秘书接到顾总司令电话约他去见。次早，张告我说，顾公嘱他转达两点：梁、周二位观审已定，冯先生不必参加了；闻立鹤出庭亦可无须，假如法官认为必要时再说好了。

观审时张秘书也陪同前往，遇参谋长冷欣出出入入，张罗一切。观审毕，步出法院，张秘书告我冷参谋长对他说，军法处会派人去医院看闻立鹤能否出庭。但医院出具证明书，说他伤未好，不能出庭。这可见假如我们不提，则这手续亦许都不做。

观审的人，初时还有二十三四人，午后更少。这都是应邀而来。邀而不来是可以的，没有邀而自来则不行。即如新闻记者，除被指定的中央社两人外，亦一概不准入内。《大公报》派来昆明的高学逵君向我们述说他碰钉子情形甚详。所有这些，以及审讯中的一些漏洞，我们另有批评见后。

十五日观审既毕，当下作函送达顾总司令，说我们认为疑窦颇多，难为信谳，请他不要定案。次日又向他函索当时审讯记录，请抄一份给我们。数日无复。十九日他又请我吃饭，饭罢又偕入别室谈话。我问他：十五日上下午的审问，看去似已审完；但当时既不宣判，而且几天来还不见下文，是不是还要再审呢？顾迟迟对答不出，末后低声说：我还作不得主。审讯记录虽当庭宣读，而仍不能马上给我们一份，似即在此。

在这以后，二十二日，我们就携带全部调查材料东返了。

李闻案发生的背景

李闻案发生后，一般人总要问凶手是谁的问题。即我们这些人，亦难免有此问。可是你一到了昆明，就不这样了。还有，外间亦尝怀疑：如说政治暗杀，为什么要单在昆明，并单杀李闻呢？可是你一到了昆明，亦就不如此了。这就是因为你远在外方，只听到这孤立的一件事；而你到昆明后，便直接接触那发生本案的背景。这背景，在空间上至少以昆明或云南为范围，在时间上至少要从抗战中的几年说起。

但我们不可能叙说的太多。我们要以本案为中心，而紧紧环绕这一中心来说。那我们就来说“民主运动在云南”或“民主同盟在云南”。

民主运动不等于民主同盟，但他们是有联带关系的。过去国内的民主运动，在云南最热闹，这是大家都知道的。民主同盟的组织，发起于抗战中；在抗战的几个省份内，云南省支部是比较最强大最活泼。为什么如此？大约有两层可说：一层是有好几个大学聚在昆明（其中特别是西南联大），而这几个大学恰又为代表国民党掌握教育大权的二陈派势力所不及。放眼一看，各大学校长，各教育厅长，能出乎他们势力圈的有几？然而轮到西南联大和云南教育厅，他却不行了。于是自由民主的空气，就在这大群先生们学生们中间培养发扬起来。

再一层，那就是中央与地方的矛盾，云南较各省为强。抗战前，全国一直没有统一，而抗战则给予中央申张其力量到各地方的机会。然而在以龙志舟执政的云南这地方，比较根基强固，却势不可侮。于是形成了深刻有力的矛盾。就在这矛盾中间，民主运动和民主同盟得其机会。

民主同盟既在有利条件中长大起来；而民盟政治影响的扩大，亦自必促进这些矛盾的发展。就是从地方与中央的矛盾发展到民主与独裁的矛盾。

明白后一层道理，民主同盟与地方势力彼此间自有些不期而然的配合，乃至不期而然地互相联带的地方，而同遭中央反动派之忌。在这一连串斗争中，我们既曾予反动派以打击，当然反动派决心要打击民盟，亦为伺机已久之事。以下简述其事实经过，则李闻案的何以发生，不难明白了。

在抗战后半期，越缅失守后，中央政府在国防名义下将军队大量向云南开入，以军事的控制，推进政治经济各方面的控制。云南本是一个贫乏的省份，突然增加了几十万大军的驻防，仅是给养的供给已经使人民喘不过气来。再加所谓中央军或中央人员那种比法国人统治越南更为恶劣的殖民作风，更是使云南的各阶层人等都对国民党或中央由失望到厌恶。农民因此而遭受中央军整村烧杀，或不堪驻军扰害而群起反抗者，屡见不鲜；远之如屏边，近之如凤仪，都是例子。

前年（1944）双十节，民盟滇支部在昆明假昆华女中礼堂举行纪念会。赴会群众万余人，远超预计之外，会场不能容纳，临时改在该校操场开会。由罗隆基、闻一多、吴晗、楚图南、李公朴等诸位演讲，阐发联合政府，争取人民基本自由等主张，会场情绪异常热烈。国民党派特务多人在场扰乱，并施放炸弹，捣毁桌椅，经地方治安机关派人维持秩序，乃得继续开会，[会]后在激昂之歌声中列队散会。民盟在这次纪念会中发生很大的政治影响。在遭受如此强暴的破坏中，而群众情绪益加激昂，可看出群众对反民主势力之憎恶与民主要求之高涨。其后累曾举行大规模之群众集会与游行，亦累次得国民党特务要捣乱破坏的消息，均没有出什么事变。这半为群众势不可侮，亦正为地方当局负责维持治安，不予中央反动派机会之故。（去年龙志舟任内，昆明行营且有严令，禁止各种特务任意逮捕搜查人民。）

对日战事停止后，中央以赴越受降为名，将滇省境内最后余留之龙志舟部属第一集团军全数调赴越北。滇军于九月离滇入越，十月三日中央的杜聿明部即在昆明围攻省政府。于是酝酿数年的“解决地方政权问题”卒以完成。

龙氏被迫离滇后，中央以李宗黄代省主席，关麟征任全省警备总司令，云南的整个统治都掌握在这两个无法无天的国民党最顽固分子的手里。

李宗黄是云南青年的老冤家，十八年前他就以国民党中央大员的身份，在整顿学风思想的理由下，在昆明枪杀了青年学生梁元彬，激动［起］社会的公愤。全昆明学生的大罢课，和各界人士的抗议，把他哄走了。他这次就任省主席后，曾在公开的集会里演说：“十多年前我回云南来，有人贴标语要枪毙我（李杀梁元彬后，昆明学生有枪毙李宗黄之标语）。今天我又回到云南来了，看究竟谁枪毙谁？”这时昆明就有一种恶意的风说：“龙志舟在的时候，这批民主分子可以任意活动，鼓动风潮，现在龙被解决，转眼就要轮到他们了。”

然而反动派得意的时期并不长久，终于自己制造出“十二·一”事件，而遇着有力的反击。关于“十二·一”事件，已有专书出版，此不详述。事情大略是这样的：去年十一月二十五日，昆明学联在大西门外西南联大新校舍举行反内战晚会，由钱端升、费孝通、潘大逵、吴晗诸先生出席演讲。开始不久，校外四周即被当局派兵包围，以机关枪小钢炮向会场放射威胁，情形异常严重。但晚会仍按预定程序在枪炮声中讲毕散会。翌晨《中央日报》登出“昨晚军警在大西门外剿匪”的新闻。学联遂宣布总罢课，要求政府取消非法干涉集会游行的命令，保障人民言论集会的自由，惩办派军围击联大的负责人员，停止内战等。当晚李、关在省府召集各校长责令限期迫使学生复课，并指派学生代表参加警备总司令部特务组织及三青团所领导之“昆明各校学生反罢课委员会”。而学联则坚持非得圆满的答复不复课，昆明罢课的大学中学共计四十一个学校，外县的尚不在内。反动派乃于十二月一日以数百暴徒袭击市区各重要学校，击毙教员，学生于冉、李鲁连、潘琰、荀极中等四人，炸伤杀伤廖祥烈等十余人，捣毁各校建筑校具无数。于是连许多学校的教师也宣布罢教抗议，国内国外，舆论沸腾。虽经制造一个所谓“共产党姜凯指使放手榴弹”的嫁祸政策，也还是脱不了万目之所视，万夫之所指，而李、关不得不去职，云南省政府不得不改组。费了无数机谋，好容易取得这个多年所想彻底解决的政权，不意又一旦毁于这“异党嚣张”（李宗黄语）之中。

然而李等于此，决不甘心；而且李、关去职，并不等于地方势力的恢复或民主势力的抬头。今年三月间，昆明有所谓“××××大同盟”者出现。成立之日，有云南省警备总司令霍揆彰及其他国民党重要官员致贺，各报大登广告，征求盟员。四城粘贴壁报，尽量攻击我们民主同盟。他们在壁报上经常造谣说民盟的闻一多、楚图南是共产党员，说闻一多组织暗杀团，说李公朴捐款几万万元到滇谋暴动。这样的宣传，从五月间就开始，并且和三青团的刊物全是一样的说法。这是反动派在云南正面进攻民盟的开始。这个“××××大同盟”所包涵的主要成分本来是些志趣不能全同的帮会组织。论中国帮会曾在以往反异族暴君的运动上，是曾有其历史的光荣的；但是现在一部分帮会分子，竟受国民党特务分子的操纵迫胁，使其成为进攻民主力量的别动队。后来暗杀李先生被捕获的凶手李成业，就是这个“××××大同盟”的盟员，而担任特务机关工作的。

反动派宣传了几个月，说民主党派要暴动，要勾结地方势力夺取政权。先前说五月间要暴动；五月间没有人暴动；又说七月间要夺取政权。同时也不断传说省政府要改组的话。配合着这些宣传而来的行动，是六月初的突然大搜查。前六十军军长安恩甫、前宪兵司令禄国藩、现任一八二师参谋长（驻东北）甘艺等家宅，及云贵监察使署，皆被云南警备总部派兵搜查，断绝交通，形势极严重。这大搜查，与一八四师（前云南军队）师长潘朔端等在东北宣布脱离中央，反对内战事似有关联；但当时昆明人则莫测其所自来。同时数家书店亦被搜查历数小时之久，皆未查出违法证据。然从此风声鹤唳，人人总感觉惊慌。

此时还夹杂着出了一件事。那就是陆军第二十四师（师长龙绳祖所部）奉命远征，调出云南；未及开拔，士兵就已逃散了。该师重要军官数人曾被捕。这自不能算一件小事，颇足以增加各方的不安。

接着传来了，潘朔端部改称“民主同盟军”，并电民盟中央致敬，愿作后盾的消息。其实彼此素无往来，事前毫不接头。自经民盟发言人正式声明潘部与民盟无任何关系后，在大局上亦就不发生什么影响。但此消息一到昆明，若干民主人士与若干青年名列黑［名］单之说因此却愈炽。后面我们列举许多李闻案发生前的情形，就是在此期间的事，请参看。

民盟滇支部同人，鉴于谣言猛炽，局势险恶，乃不得不向各界公开表明民盟的立场主张及态度。于是有三次招待会之举行，地点在商务酒店，出面者为滇支部负责人潘光旦、闻一多、楚图南、李公朴、冯素陶、费孝通、潘大逵七人。第一次在六月二十六日，招待党政军各机关首长。第二次在二十八日，招待地方社会贤达，及文化界教育界人士。第三次在二十九日，招待新闻界。主要在阐明民盟所持“和平建国，民主团结”的主旨。民盟只以和平方式争取民主，并非暴力革命的团体。暗杀暴动不是我们所作的事，而是我们所反对的事。经反复说明，颇得各方了解及好感。然仍遭受特务的搅扰威胁。第一次散会时，来宾签名簿突然被警备部之特务抢去，经多人追赶，该特务跳入河中，泅水逃走，被抓获后犹坚不肯将抢去之名册交还。第二次招待会后，商务酒店接有特务化名恐吓信，说如该酒店敢再租会场给乱党李公朴等开会，即将该酒店经理暗杀云云。因此第三次招待会，只好临时改在冠生园举行。还有在省政府任要职之某CC分子，且亲自劝阻工商界人士勿赴民盟之招待会，说民盟又要发动运动，大家不要去上当。

这里所说的发动运动，大约指当时昆明同志们与滇中各界人士发起呼吁和平的万人签名运动。因为这时（六月二十七,二十八）正是东北休战即将期满，人人都怕大局破裂。所以草有一通电，致蒋主席及毛泽东先生，征求大家签名。这个通电有名的人，空前之多，方面亦很广。从护国元勋、绅耆名流、企业巨子、禅林长老，到青年、学生、妇女、店员、老板都来签名，原非民盟包办。当时国民党的民主派朋友，对这呼吁同具热忱的。可见厌恶内战，祈求和平，人同此心。乃那些别有使命的人，则连这种和平的呼吁都不肯让它从人民口里透出来，甚恐怕同盟在集会中间扩大它。实则招待会除了介绍同盟的历史、主张、立场外，并不涉及其它活动。当时曾有人提出反对国民身份证及援助昆市教师改善待遇保障职业等问题，主席潘光旦先生说：这些意见我们完全同意，最近在我们的刊物上曾发表明确的主张，予以坚决的支持，希望大家都来赞助它，但今天的招待会不拟讨论这些问题。

此后我们滇支部各负责人，皆被特务监视其行动，以迄暗杀发生后犹不已。这些事只有局中人感觉亲切，心内明白；远在外方的人，哪里知道呢？

全国政治空气，原是整个的，任何一角落莫不息息相关。我们讲说昆明，不要忘了东北的战事，尤其不要忽略首都的两党谈判。东北无端地来一个电报（潘朔端改称民主同盟军），就促使昆明特务加紧了他的动作。而六月三十日休战期满，谈判无成，尤为大局关键，各方视线莫不系属于此。一篇可战可和的模棱文告发表后，又期待着五人会谈（蒋主席指定陈诚邵力子王世杰与中共的周董会谈）会谈几次，毫无结果，局面全僵。于是蒋主席就上庐山，苏北战事就大作，而昆明的李闻案亦就恰恰发生在其前后了。——李案在蒋主席上庐山前，闻案在蒋主席上庐山后。

李闻两先生被刺前后的情形

（一）李先生被刺前后的情形

一、自五月起，昆明近日楼（市中心城楼仿北平前门形式之建筑）常贴各种大张壁报，其中反动者如《时代》《老百姓》《真民主》等，（有的用“民主自由大同盟”名义，有的不具名）和一些铅印的反动派刊物，如《光明》《新中国》《正论》等，均不断造谣说李公朴为中共的特务总队长及驻昆参谋主任，携带现款七万万元，美女四名，将与地方势力联合暴动等等。甚至近日楼的卫生标语中，亦杂有“要扑灭李公朴的传染病”之类的标语。这些话，无非是特务预先造成杀李的借口。

二、昆明在不久之前，成立一个新的党政军团合组的特种会报组织，许多特种问题的机密决定多出于此。该组织的重要负责人，大都为中统军统分子及李宗黄的心腹。（姓名职掌，姑不宣布。）

三、六月间盛传特务机关拟定黑名单七十余名，内有数人系注明立即严厉处分者，李先生为第一名，闻先生为第二名。另一黑名单则有三百余名，分三部分：（一）民盟分子，（二）学生及文化人，（三）地方有力者。单上注有各种符号，并有加按语者，如“上列分子可于必要时在当地予以便宜处置”等语句。同时传说南京某机关首长有密令到昆，武官在团长以上，文官在县长以上，对于中共及民盟分子可以密报、密捕、密决。又谓特务已在海口设集中营，一俟国共谈判破裂，即开始逮捕云。

四、暗杀前数日，警备总部一特务人员告人：彼曾跟纵李公朴到巡津街等处，并四处打听闻一多像貌服色。

五、前云大教授李 ×× 与潘大逵有同学同事之谊，某日往北门书屋访潘（潘与李公朴先生同住该楼上）后，在公共汽车上即被特务追随盘问，不得已引至教育厅长王政办公室，始得解围。特务去后，王告李：“你如是民盟盟员，我即无从为力，否则当可替你解释的。”

六、六月底民盟云南省支部既鉴于谣言险恶，而举行三次招待会，向昆明各界公开表明立场及态度，很得各方面了解与同情。而特务竟还不断给予扰乱与压迫，如招待会第一次签到簿被特务抢去；租借给招待会作会场的商务酒店被特务警告，以致第三次招待会不得不迁移地点。还有出席招待会的来宾发言者，有的被警告，有的甚至被迫离境。所有这些，已详述于前，此不再赘。

七、李先生被刺前两星期，有自称“民主自由大同盟”盟员两人，两次访李先生未遇，第三次问其来意，他自称赋闲军人，特来报效。（意谓李先生正在招兵买马）李先生劝其勿受人利用，并谓“我是文人，根本就不懂军事，也不愿用武力争取民主”。此两人名片尚存。

八、嗣又来一旧日相识之军人，对李先生说：伊在警备部特务组，见有密令三条，第三条说李公朴将于六月二十九日赴黄土坡及马街子演讲，问李确否？李先生答以绝无此事。至李先生被刺后，该军人复来，谓李先生之死是警备部主使，伊可设法调查等语。李家未与理会。

九、警备部曾一次藉清查户口名义，详看李先生住宅的后门。某日，复有一身着蓝布衫之青年站在门侧，约半小时，注视书店（李先生即住楼上）出入之人，并用铅笔有所记载。李先生被刺前三四日，曾发现夜间有携手枪者两人，等候于书店之对面墙角，迄李先生被刺后，即不再见。

十、李先生曾接上海不甚熟悉之友人来信一封，劝其勿赴上海，谓“谨防有人暗算”。今日观之，其意乃在使李先生勿遽赴沪，而使昆明暗杀计划得售也。

十一、昆明友人多劝李先生勿于夜间外出，因此被刺前三晚均未外出。七月十一日当晚李先生偕夫人刚出去十余分钟，即有一友人特来相告：从三青团方面得来的消息，昆明特务机关奉到命令，对某某等严加监视，必要时得便宜处置，其第一名即为李先生，切嘱不可外出。不幸竟未相遇。三小时后，李先生即遇难。

（二）李先生被刺时的情形

一、七月十一日晚餐后，李先生偕夫人外出访友，代友人洽借音乐会场所，便中赴大光明电影院观戏，散场时约九时四十分，至南屏街公共汽车站等车，即见三人均着黄色军便服，站在李先生与其夫人的周围，上车时一人坐在李先生的身旁，一人坐在李夫人的身旁，另一人坐在李先生对面。

车到近日楼，上车人极多，此三人仍在车上，行至青云街口李氏夫妇下车，此三人随同下车。李急行至学院坡叉路，其夫人在右边，上坡刚行四五步，即听见后面一声不大的响声。李夫人以为是青云街上的小孩子放爆竹。李夫人本有心脏病，平常听爆竹声，即惊慌心跳，这次并未如此，足证其为装有灭音器之特用手枪。声响后，李先生即倒在路旁的泥泞中，大呼："我中枪了！"其夫人走近。方知李先生已遇刺，大呼"捉人啦，枪杀人了！"其时适有青年学生路过该处，亲视凶手将其手枪递交另一特务，向青云街云南大学方向逃跑，他们即率同市民追捕阻挡，追获后送入警察三分局，其余特务，则向大兴街逃去。据讯，此凶手名李成业。

二、李先生被刺后，适有云大同学数人路过，约集市民将李抬至北门外云大医院，其时已将近十一点，经检查及开刀，子弹是从左后腰射入，经右前腹穿出，创口周围发青色，腹穿数孔，口径在一方寸以上，仅连少许未断，血并未流出创口，完全流入腹腔和胃里，从嘴中大口吐出，其伤势与"十二·一"死难者潘琰女士一样。嗣经医院连续注射盐水针，葡萄糖，盘尼西林，止痛针，止吐针，血已止，偶吐一两口淤血。至三时许，神志仍清楚，自言自语地说："我早有准备了。"四时以后，犹沉痛地说："全为民主，全为民主。"并痛骂统治者"卑鄙、无耻！"时至五时二十分，情况突然恶化，经打强心针一瓶无效，旋即气绝逝世。

三、李先生被刺地点，西距警察第三分局五十公尺，东距大兴街口警察派出所四十公尺，南距水晶宫街口警察派出所五十公尺。其距翠湖西路各军事机关及军官宅第，则各数十公尺不等。即距警备总部亦还不过二百公尺。试问，敢于在军警林立之地行凶者是谁？

四、据各方密报：（一）刺李的特务分为两组，一组为李成业及温某杨某等，前三天已钉李先生的梢，并在柘东路某处接头，出事的当晚，他们系从大光明跟到青云街，李成业即坐在李先生的身旁。一组亦

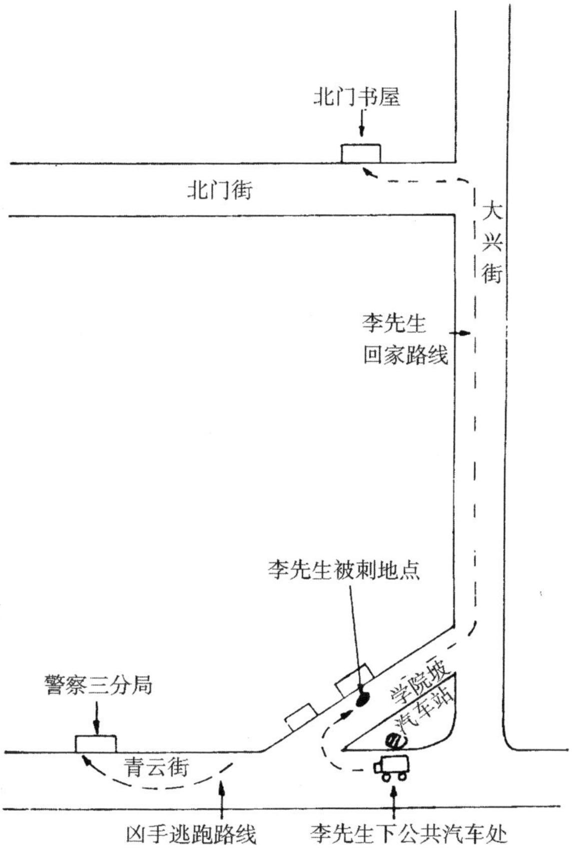

李公朴先生被刺处简图

有数人，住在民生街及拓东路，均乘吉普车尾随公共汽车，开到青云街口，即有二人下车至出事地点附近的二十四号楼房，从窗内看风，并就近指挥。（二）李成业被捕后，有一小脚老太婆跑到警察三分局对警士说：“他买我的东西，差五十块钱付不清就跑了。”这是特务的布置，希望警察轻轻释放了他。其共犯温某跑脱后，即往航委会汽车修理厂（李在该厂服务）面告李之友人说：“李跟别人打架被捕了，但不要紧，会放出来的。”

（三）李先生被刺后的情形

一、抬李先生到云大医院，途中有警官跑上来说：“凶手在三分局门口捉住了”，问伤者是谁？李夫人答以“李公朴”，那位警官突然迟疑了半晌，变口说：“也许是枪走火吧？”当时捕获凶手李成业，即为杀人犯，警察厅应立送法院侦查。乃警备部于当晚二时即以吉普车将该犯接去，并未移送法院侦查。翌晨李夫人往警备部认看凶手竟遭拒绝，经数日后警备部模糊其辞的宣称，李成业身无凶器，证据不足云云。据知内容者传出其李成业于出事之次日，已乘飞机离昆矣。但又闻李成业仍在押，却不知是否原来的李成业。

二、李先生被刺后，当晚就在青云街一带地方发现预先制就之标语及漫画，彩色壁报，纷纷张贴出来，诬李为“桃色事件”而死。次日复以“云南反共大同盟”名义，张贴标语，说李是共产党杀死的，是艾思奇杀死的。至李先生火葬时，又以“中共滇支部”名义用大红纸到处张贴恐吓性的通告，谓“查李公朴背叛本党（指中共），特奉主席毛密令，着即枪毙”。并劝市民勿往云大参观，免遭意外。试问在中央势力控制下的昆明敢于如此明目张胆活动的是谁？总不难想象得之。

三、李案发生后，民盟云南省支部曾分函警备部及省政府警务处，请予立即缉凶。不但迄今未复，而警备部反以学联所出壁报有攻击警备部之语句，认为是民盟支部指使，来函质问威吓。

四、李案发生后两日，警备部派人查封昆明市中苏文化协会，搜去公物及工作人员全部私人物件、书籍、衣物、现款等。并欲捕该会办事人金若年君及寄宿该会之民盟盟员赵沨等，幸金、赵警觉走脱。

五、李夫人于李先生被害后，连接两函，似皆出于参与特务工作者之手。一函谓主谋者为霍揆彰，执行者为吴耀辉、李荣森、李成业、王慧生等。一函则谓杨本礼及孙区队长所为。此两函尚保存，并经美领事馆索去查阅。函内又有“五十万元之酬劳尚未领到”的话，但据闻刺李酬金实为三百万元，凶手各约可得五十万元。

六、李夫人于李先生被刺之次日（七月十二日）曾延请律师诉请昆明地方法院检查处派员勘验，并依法严缉凶犯。但该院于当时勘验尸体一次外，其后竟无任何表示，似是不敢过问。

七、李案发生次日，昆明《复兴晚报》广告部曾有警备部派来之人恫吓，嘱勿登载李案之新闻与广告，并至机器房检查字版。又李先生治丧委员会到《朝报》《观察报》，及《云南日报》去登广告。前两家当下收费，应允翌日刊出。《云南日报》先不敢接受，嗣以前两家之广告费收据示之，亦允照登。但次日三报均未登出，经追问时答称：“警备部不许刊登。”

八、李案发生三日后，有警备部上尉督察谢诚被人枪杀之事。此事曾经有人投函重庆《民主报》，在八月六日该报刊出，叙述其内幕及经过颇详，此不转述。谢诚当十四日夜被警备部自己人在黄土坡枪杀未死，经附近保甲送入惠滇医院后死，该部以霍乱病通知其母，复被其母发觉真象大闹，恰好此时闻案发生，警备部即不复隐讳，而把他与李闻的被杀案配合起来，混淆民众视听，将自己的罪恶转嫁于他人。

（四）闻先生被刺前的情形

一、去年昆明“一二·一”惨案发生后，该案主使人（前一个警备总司令）扬言，要以四十万元购买闻一多的头颅。今年六月初，某总司令在一个会议上亦曾讲过：“像闻一多这样的人，下手也不好，不下手也不好。”可见杀闻早经过不少考虑。

二、昆明反动刊物常常诬闻先生已加入苏联国籍，取名“闻一多夫”。五月四日，昆市的反动壁报，并说到闻一多在昆组织暗杀公司的话，是欲杀闻已预先制造罪状了。

三、李先生被刺死后，闻先生是第一个往云大医院痛哭者。当时即有人当众明白告他：“特务已决定要杀你了。”此可见刺闻非出于偶然。

四、闻先生被刺前数日，曾有一装疯的怪女人名张柴静（原系传教者，闻经警备部收买，担任眼线通风报信等工作），常至其家探访窥伺，每次均有特务尾随其后。闻先生不胜其烦，闭门不理，怪女人乃留函辱骂，并声言三天以内，让你们父子都死。第三天果如其言。

五、闻先生被刺的当天早晨，曾有友人来告：南京近密令昆明警备部，宪兵十三团等机关，说中共蓄意叛乱，民盟甘心从乱，际此紧急时期，对于该等奸党分子，于必要时得便宜处置。霍揆彰奉令后，召集各有关机关讨论，有人提议开始捕杀，经该会通过首批暗杀名单四人,（后删去一人），又逮捕名单十数人，均为民盟负责人及民主刊物负责人。此友劝闻特别戒备，闻夫人亦力劝勿外出，闻先生以坚决的语气说：“事已至此，我不出则诸事停顿，何以慰死者（指李先生）？”于是卒以被杀。

（五）闻先生被刺时的情形

一、七月十五日下午一时，李先生治丧委员会曾假云南大学开会，请李夫人张曼筠女士报告李先生遇难经过，到会一千余人。闻先生曾出席讲演，痛斥反动派特务暴徒的无耻和没有人性，并坚决地说：“今天跨出大门，就不准备再跨进大门。”至二时半散会，同学护送闻先生回西仓坡西南联大教职员宿舍，休息了片刻，又出席民盟的记者招待会（在府甬道十四号）。记者招待会约于五时散会，闻先生休息十余分钟，由公子立鹤伴随回寓。父子二人均边走边看报，距联大教职员宿舍仅十步左右，枪声忽密集如鞭炮。闻先生首先中弹倒地，头中三枪，胸部及其它部分亦中多枪，于送医院途中逝世。其公子立鹤亦胸中三枪，腿中二枪，虽可保全性命，腿部将难复元。

二、据闻立鹤报告：他于出事前，曾出去巡查数次。第一次在午后一时以前，即云大尚未开会的时候，他在文林街公共汽车站已发现戴呢帽，而样子奇怪的人了。嗣后得密报：刺闻先生共有特务多人，追随五时之久，足见刺闻之布置颇为周密。

三、又据闻立鹤报告；行刺时凶手距彼仅十步至二十步，有两个身著短装的特务迎面而立，而枪弹则从前后四方射击。同时，据附近居民说：凶手不下五人，早在联大教职员宿舍的附近的米仓等处潜伏着，如此，刺闻先生凶手，至少在四人以上，决不只三人也。

四、当刺闻时，早有人发现民主周刊社的外面已被特务包围，并于

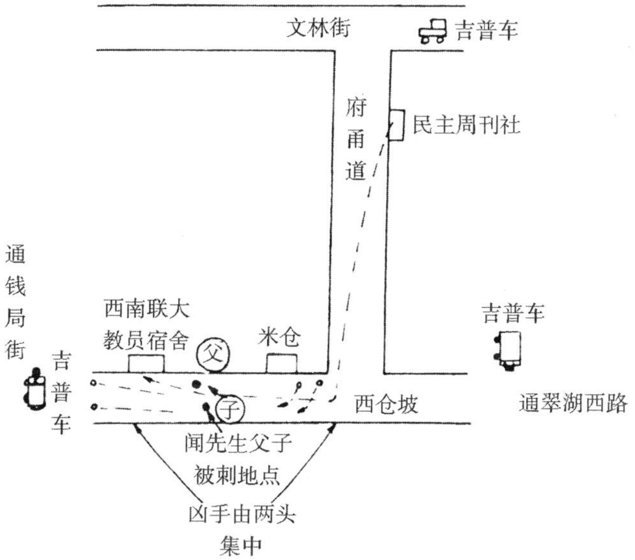

闻一多先生被刺处简图

出事前十分钟，暗示附近居民暂闭门勿出，故闻被刺倒地后，四周不见一人，不似李公朴被刺后有若干市民追赶凶手。

五、刺闻凶手既在光天化日之下，连放十数枪，事毕后复从容乘预先停在钱局街西仓坡口的吉普车一辆，经钱局街驶去。按闻之被刺地点东距警备司令部二百公尺，距翠湖北部翠湖东路各军事机关五十至一百公尺，西北距文林街警察派出所一百公尺，西南距钱局街警察派出所一百公尺，其南造币厂，亦驻大量卫兵。咫尺之间，竟一概置若罔闻。

六、闻先生被刺后二十几分钟，即有特务前来照像。照完，匆匆而去。

七、闻先生被刺之日特务在西仓坡附近的部置，如府甬道，文林街口，府甬道西仓坡口，翠湖西路西仓坡口，均停有他们的吉普车。如此，则闻先生万一逃跑，亦难出此天罗地网。

（六）闻先生被刺后的情形

一、云大教授楚图南先于闻先生数分钟出府甬道十四号，发现有特务跟随，乃迅即折回昆华师范宿舍。入夜幸经美领事馆来车迎接，掩护出门。楚去后，尚有特务多次来校搅扰，意在寻楚。

二、云大教授费孝通住宅后面，曾发现城墙掘有通道，而距该处不远之城楼上则驻有中央宪兵队。云大总务长拟饬工人堵塞其通道，竟有人阻止，声言：“公家有用。”（似欲夜入通道，有所作为。）

三、民盟负责诸同人及张奚若先生等，既早感受威胁，迨闻案继李案而来后，形势愈迫愈险，西北门一带（两个大学及民盟负责人住家皆在此区域）特务密布，到处散布“共产党要暴动”的谣言，实为扩大暴行，尽意捕杀之征兆。当晚潘光旦、费孝通、楚图南、潘大逵、尚钺、赵沨、冯素陶诸同志及张奚若先生，因有入居美领事馆暂避之事。潘等入领事馆不久，中央宪兵队随亦开来两大卡车，声言保护。领事馆拒绝其入内，则在墙外围守不去。馆内美官兵十余名，亦架置机枪，通夜轮班守卫。其情景至足动人，而又使人有莫明所为之感。其后警备总司令部曾同昆明外交特派员公署，派员持函到领馆，请〈当〉[将]潘等移交警备部，以便保护。领事馆方面未予同意，仅允将其意转达同人。

四、出事次晨十六日，张奚若先生住宅门前，仍有特务持枪徘徊不去。

五、十八日，潘等以两三日无事，而且警备部表示保障安全，即移出领事馆回家。不料次日警备部又滥捕杨立德等（捕杨之日整天枪炮声不绝，市民警恐不安，据谓炮兵演习），并连续捕前昆明行营前滇黔绥靖公署之官佐数十人。乃至地方公正人士亦受到种种威吓。特务在街上捕人事情，时有所闻。昆明某医院院长亲见一市民仰视街壁标语写着“李公朴是共产党杀的”，低声笑语其旁友人说：谁不知是国民党特务干的！立时即被两特务拔出枪来捕去。潘光旦此时住梅贻琦校长家，而梅校长之车夫亦于是日被特务绑架拷问：清华大学办事处埋伏多少人，藏有多少军火？且有同人眷属外出者，亦遭遇盘诘。种种情形，仍使人恐怖莫测。潘等不得已，二十日晚复入居美领事馆。

六、装疯的怪女人，于闻先生死后，在街上大呼：“身佩民主自由大同盟证章可以免死。”并曾赴云大医院亲向闻氏家属说：“我是特务，我要谁死，谁即要死。”其行动纵肆殊不可解。

七、民盟代表刊物之《民主周刊》（出版将近两年）及其它民主刊物十余种，继李闻两氏被杀后，即遭全部查禁。

八、杨立德等多人被捕时，即传出消息云杨等与两暗杀案有关。

二十五日警备总司令霍揆彰到庐山后，京沪一带报纸更宣传闻案的主使人为龙绳曾（龙志舟第三子），助其策划布置等为杨立德。且云杨已供认不讳，案情业已大白。此时搜捕龙氏旧属，原有继续扩大之势，各方舆情益为不平。大家都指责，这是最拙劣的嫁祸政策。旋唐纵（奉命调查此案的警察总署长）接着由昆亦抵牯岭，此说忽又沉寂。

九、据一密报：（一）刺闻的主犯为郭某，其所配带的符号为“一四六”。汤时亮、李文山均为假凶手，这次“公审”完全是骗局。警备部早与他们暗中说好条件，即可各得一大笔奖金，并不处他们死刑。至不得已时，拿两个散兵游勇或囚犯，代替他们，换换服装，用毒药弄哑，拿出去枪毙。（二）刺闻赏格为五百万元，每名凶手可给奖五十万元。

政府对本案之处理

李闻两案接连发生后，政府对它的处理颇见紧张与认真。第一，是最高当局要亲自处理。例如顾祝同、卢汉、霍揆彰、唐纵等，两次被召上庐山，蒋主席亲加吩咐或询问；而顾、卢等到昆后，亦还要派冷欣、唐纵迭上庐山，请示机宜。第二，是特派大员，而且派许多大员，前往昆明查办此案。例如最初由行政院派了警察总署署长唐纵负责，而蒋主席又特派陆军总司令顾祝同全权办理；还有宪兵司令张镇，也奉令协同前去。顾总司令除带了参谋长冷欣之外，又拉去庐山夏令营办公厅主任张振国帮忙，所以在云南省主席卢汉，警备总司令霍揆彰理应负责之外，重重叠叠，加上这许多大员，去办这一件事，其重视真可概见。

本案从七月十七日两次限期破获后，总算在八月初间提到现在所宣布的两个凶手——八月三日警备部扣住李文山，五日追获汤时亮。但颇可注意的，参谋总长陈诚八月四日在庐山对新新闻记者谈话，就说出“绝非高级知识分子之所为”，似即隐示出于中下级军人。同时重庆八月五日的晚报上，也透露出来凶手行凶是出于义愤的话。颇使我们疑心，是决定了破案方式，才破案的。不然的话，何以此地刚捉到凶手，而远在庐山重庆那里，便已经那样清楚呢？

以下我们还可以指出若干显然有情弊的地方：

一、八月十五日举行公审，其实并不算公开。那天虽曾分函各机关团体派员观审，但我们收到来函后，即刻复函说：“由梁漱溟周新民冯素陶三人应邀前往”，而结果冯竟被拒。（由张寿贤秘书转达顾司令之意，婉言拒绝。）还有《大公报》派来昆明的记者高学逵十四日向冷参谋长请求予以旁听机会，冷答：需待请示决定。十五日早，高再见冷交涉，其时当地《中央日报》社长钱仓硕亦来同作此请，冷一概都不准。因此，那天在场的只有被指令的中央社记者邵张二人而已。

二、十五那天开审时，只见审判官与凶犯一问一答，完全不用其他人在旁质证。例如闻先生之子闻立鹤，为行凶时当场受伤未死之人，对于凶手面貌必有印象。我们十四日曾函请设法担架闻立鹤到法庭辨认该李文山等是否当日行凶之人，而当局竟然不肯。这亦是由张寿贤秘书婉言转达我的。不过，当局又怕我们指摘，所以才由法官到医院向闻立鹤问话录供，并由医院出具证明书，说闻立鹤腿伤未愈，不能出庭，以塞责。又如两凶犯以闻先生演说辱骂政府及军人为激出暴行之借口，那么就应该把当时在场一同听到演说的人，传来质证，或者把演说后的记录拿来对证。（按此演说记录在事出后，各处曾有〈传〉[转]载，其中只骂特务未骂军人。）但那天都没有做，只听取犯人片面之辞。是不是两方面一问一答，容易排演？而在代演时最怕其他人参加质证，露出破绽呢？

三、据李文山供词，明明有向连长请假出去的话，却又未说出因何事请假。而汤时亮则供称：十五那天是出去执外勤。不知为何请假的李某，与因公出差的汤某却又一律换着便服，一路同行，总没有分离；此处是不是一个漏洞？在本案判决书上所叙事实部分，则称：被告等一同出去，都是为了巡查并维持治安的，因此各怀手枪，协同动作。以维持治安的人，忽然发此破坏治安行为；以前后历时甚久的三个人协同动作，说为一时气愤行动；类此等处，是不是说得圆？

四、政府肯于承认杀人是警备总司令部中下级军官做的，总算不十分隐讳了。但只将责任归到一二人身上，并假称临时萌发杀机，这是说不通的。因为出事之前，早已满城风雨，人人知道要出事情，已成公开的秘密。而事出之后，全市报纸相率不敢多作刊载（昆明的新闻记者对我们说，对于李闻案登载最少的，就是昆明本地报纸）。这就充分证明，绝非偶然爆发之事。假如是偶然爆发之事，事前安得有此传说？事后报纸一定是琐琐细细，竞相报道，接连刊载几天以飨读者；而不会是内心有所震慑，相喻无言。这一点说不通，就是显有情弊之最大者。

五、十五日下午观审完毕，我们马上致函顾总司令，认为疑窦甚多，请不要定案。十六日又去一函，请将当众宣读过，经两犯划过押的审讯记录，抄给我们一份；而官方竟不肯抄给。十九日我会到顾总司令，我问他：十五那天，颇似审讯完毕，但当时不见宣判，这几天来还不见宣判，是不是还要再审呢？顾面有难色，对答不出，只低声说："我做不得主。"后来迟到二十五日乃行宣判。像这种地方（当下不敢以纪录抄给人，延迟多日而后宣判），他们若无情弊，便亦不会这样。

六、汤李两犯供认行凶不讳之后，便有人对我们讲：这两个人尽管将来判决死刑，亦不会死的，到行刑时，自然另有替死鬼，如同上次“十二·一”案办法一样。我们在上海招待新闻记者，亦曾预言其必然如此。果然，二十九日上海《大公报》昆明专电有“二十六日枪决闻案凶犯时，沿途所经，戒备严密，二小时不许行人通过”等语，其不敢与人之共见，是明白的了。

七、从政府不肯同意我们参加调查工作，不肯给各方面参加审判的机会，乃至行刑时不肯与人以共见，而必要一手包办到底，其情虚胆怯，处处可见，还待多说什么话呢？

调查本案后的论断

当我们奉命调查，从南京出发时，我们深感到此行没把握。所以对盟友面谈，对本同盟主席张表方先生写信，都先声明了此意。乃至经过重庆，会见一些朋友后，此感还益深。所以对新闻记者谈话，都表示我们去是不得不去，难望有何成就（见渝沪各报）。可是我们一到昆明，和盟内朋友初一度的长谈，我心里便有了把握，不再发愁。几日后，我便觉得可以交卷。所以，原计划十二三日就走，已托请张秘书订飞机票。后来，因十三日顾总司令邀宴，十五日观审，才延期的。

前后为何这般不同？我们当初自觉没把握，是对下列三问题怕调查不出来。

一、凶犯到底是谁？

二、主使人到底是谁？

三、他们内幕经过怎样的谋划布置？

原是啊，我们一个外来人有什么法子得到这些底细呢？何况政府已显然不予调查的便利，而某些可能有助于我们调查的云南本地朋友，或则离昆，或则不愿回昆。没办法的情势已成，自不免悲观了。后来，忽然心里有了把握，就是恍然大悟，这三问题原是不必要的。我们有充分材料证明是国民党特务机关干的，已尽够了。用不着追究其为某人行凶，某人主使。——这是无关重要的。将责任归到个人身上，反而放轻了国民党的责任，或其特务机关的责任。那恰是错误了的观念啊！

以下我们就现得材料，试作论断，并阐明此意。

第一，凶手是谁的问题。我们可以肯定地说，这就是“云南警备总司令部”这个机关。从去年十月三日滇局剧变后，一切散兵游勇早经多次缉捕，殆已绝迹。而私人的武器短枪等，亦早施行过检查登记等手续，当时被没收者不少；其未经没收者，都登记过，为官厅所许可合法保有的了。再就是吉普车辆，亦全在官方统制之中。试问歹徒活动，凶器来源，既这样不易，而两案发生时，出动的人员枪支车辆却那样的多，还向谁身上推呢？读者再看“李闻案发生的背景”“李闻两先生被刺前后的情形”“政府对于本案的处理”三大段所罗列的那些材料，还不够充分证明“凶手是警备总部”这句话吗？至于当日动手，是不是汤时亮李文山一干人，那是无关宏旨的。闻案可能就是汤时亮李文山；李案可能就是李成业。但据另一秘密报告给我们，说刺闻先生是佩“一四六”符号的郭某，我们亦不否认其可能。不论是哪一个，我们总认定是出于云南警备总司令部的。这在警备部，今天不是亦自供认不讳了吗？

第二，是谁主使的问题。我们肯定地说，这还是“云南警备总司令部”这个机关。分别来说，动手的自是他们的中下级人员；主使的总是他们上级人物。可能是某一个人，但亦可能是那个“特种会报”（详前文）席上共同决定的。全部事实材料，充分告诉我们是动员了好多人干的，（包括事先侦察，事后掩饰等工作），安得无主使？而主使的中心则在警备部；尽管他自己还没有供认，但客观事实不已证明了吗？

第三，他们怎样谋划布置的内幕经过问题。我们答复说，现在调查到的各种事实（详见前），不就是他们的谋划布置吗？这亦许还不完全，尤其缺乏“内幕经过”。但我们本来不是幕内人，怎能得知呢？只有待他幕内人献出来（有人曾来接洽，惜无力购得），并肯出面作证才行。然这并非必需的；从现得的外面可见的事实，在法庭上判罪已无不足。

再从前边“政府对于本案之处理”种种来说，以及其对于李案的拖赖不破案来看，国民党何止百口无以自解，他们直悍然不求自解了。国民党已然担当起来，何必再问其他？

我们今天所要作的，绝不在枪毙几个大小特务，为李闻二先生抵命；乃在证实国民党特务机关在政治上的罪恶，而取消特务机关。我们要求移京组织特别法庭审判，亦无非要在“云南警备司令部特务营第三连连排长”以上，进一步揭穿是国民党特务机关干的，要他们明白承认而已。现在罪证既有这许多，而国民党却还于避嫌的事（共同调查公开审判之类）不肯作；于嫌疑所在（种种见前），竟蹈之不惜，赴之不辞。那就是他们已自暗地承认了。明白承认固好，暗地承认还不是一样？

假如国民党说他没有暗地承认，我们便追问他为什么过去有那些不避嫌疑的事？同时请他赶快作几件洗脱嫌疑的事。第一、便是限期破李案并缉获闻案逃犯徐占坤；第二、便是组织特别法庭，为公开之审判。我敢说，当他要洗脱嫌疑时，就是他明白承认时。明承认，暗承认，两面总难逃一面。

我们既认定课问国民党及其特务机关的责任，所以便不在个人身上琐细地认真。调查报告内，人名间或隐而不露，一事亦可备两说，就是基于上述理由而写的。希读者注意。

在我们开头一章，“赴昆明调查之经过”内，提及我们调查工作一面很困难，一面亦很容易。所以容易的最大理由，现在可以明白。即在这案情，原非一二私人的事，而是大局政治的事。对方，大而言之，是一个党；小而言之，是一个机关。其动作尽管掩掩藏藏，无奈事情既非一日，规模尤不会小；前后积累，左右集合，则形迹自显，其势无可逃责。比较要调查一件个人私事，容易的多。只要你认清题目，不复在个人身上呆笨追求，而能眼光四射，照看全局，就行了。（完）

为民主建国奔走

1941 年初，梁漱溟参与创建中国民主政团同盟（后改为民主同盟）。此为 1946 年初梁漱溟（左一）与民主同盟部分同志（沈钧儒、张澜、史良等）合影

记中国民主政团同盟 *

中国民主政团同盟以卅年（1941 年）双十节揭晓于香港，余负经手之责，而深有遗憾于其事，因记其经过曲折于次：

同盟之前身

同盟之前身为“统一建国同志会”。此会发起于民国廿八年（1939 年）10 月间，订有信约十二条，曾邀当局谅许成立。余于《我努力的是什么》（发表于香港《光明报》）中记其事，今不再详。同人因感于其组织松散，且未能强调吾人衷心之要求，乃更组成同盟。同盟实即由同志会改组而来也。

---

* 录自《我与中国民主同盟》，当代中国出版社 2011 年版，原文“附记在香港一段斗争生活之大略”，此略。亦见于《梁漱溟全集》第 6 卷，山东人民出版社 1993 年版。——编者注

同盟之发起

同盟之发起，在民廿九年（1940年）12月24日。是晨重庆报纸揭出国民参政会第二届人选名单，既于名额一再扩充，而上届在选之党外人士或敢言之士顾屏除不少，殊失人望。余与黄任之、左舜生两公不期而相会于重庆新村四号张君劢家。彼此感慨同深，遂发民盟之议。四人自晨至暮，讨论整日，多所决定。次日（25日）黄公又约来冷御秋、江问渔二公同谈。余出先一日谈话记录，供众阅；众认为无误，并决定命名为“中国民主政团同盟”。

不久舜生去蓉，君劢回滇，余亦返乡间（璧山县来凤驿），相约于来春2月再聚于重庆，赓续进行之。

同盟之定议

民国三十年（1941年）2月中旬，同人先后到渝。以参政会将于3月1日开会，故各方朋友来者颇多，正好商议。其时适在皖南新四军事件之后，有中共参政员全体不出席参政会表示抗议之严重问题，同人奔走两方，力求勿以国内裂痕暴露于外（《我努力的是什么》记其事甚详）。虽大会期内中共参政员卒未出席，而以当局嘉纳余等建议（建议组织国民参政会特别委员会），会后仍在奔走，直至3月底乃告停顿。其间聚议频频，而同盟之会商进行，即夹于其中。

同盟事经多次会商而后，主张纲领及组织章则均确定，并推定执行委员十三人。内常务委员五人，计为黄、左、张、章（伯钧）及余。主席一人，由常委互推黄公担任。总书记一人，互推左公担任。其余任务各有推定，余则被推赴港成立言论机关。

方同盟正在会商进行时，同人甚秘其事，而竟为当局所发觉。3 月 21 日，蒋公在餐席上当众责问于张岳军（群）。张立时以电话询君劢，君劢否认之。次日又访君劢于家，君劢适外出。张语君劢介弟公权，谓已探得宣言全文，又知有纲领十二条而未得其文，且指出迭次聚议之地点在特园某号。黄公与余等共商应付，乃答以迭次聚议无非为奔走中共不出席之事，实秉最高领袖意旨而行；所谓组织，即是前之统一建国同志会；所谓十二条，即同志会之信约，均曾邀领袖之谅许者。至于宣言，则同人屡承领袖督责“你们要出来说公道话”，故有此拟议。盖同盟宣言初推余起草；余写成后，黄公主张先发一由个人签名之时局宣言，即就余稿涂改，措辞略变，适将同盟一层隐去也。经解释后，当局即未再追问。

《光明报》之筹备

往日统一建国同志会虽以国共两方外之第三者自居，而在重庆蒋方统治下实不容吾人以真正第三者面目出现，故同盟势不能不于海外建其言论机关。余之被推赴港以此。顾余虽愿以言论自效，素日谨守，殊乏肆应之才，又不善西文。同盟内定主持报事者实为罗君隆基。君劢先生时亦有赴港协助之说。而黄公方任劝募战时公债委员会秘书长，有海外各处巡视督导之责，行动最便利，则毅然自任赴港照料一切。

5 月初旬黄公抵港，余于 20 日自桂林飞往相会，不意黄公恰于此日飞返重庆，正好相左。余久候罗、张诸君不至，遂会同曾慕韩（青年党）、徐梦岩（国社党）、伍宪子（宪政党）、周鲸文（东北同乡会）、张云川（第三党）、甘介侯（代表桂系）诸君着手筹备。其后（8 月初）奉内地通知决议以余任报社社长。

当时计算参政会应于9月中旬开会，同盟必须在会前发表，报纸至迟要在9月1日出版，不意忽生波折。

中间忽生波折

海外同人以时期迫促，无日不盼黄公之来。7月26日忽有李政君飞港，受黄公之托自渝带来密函并抄件。盖黄公于7月初自渝抵滇，君劢亦自大理来会，所有昆明同人迭有聚议。抄件即黄公返渝后就议决事项摘示其要点也。其中可注意者：

一、对于原来纲领十二条，保留四条，先发表八条。所保留者皆揭出吾人衷心要求之条文（如反对国库负担党费、反对特务机关等），且于发表诸条文字亦有删改（如第二条删去“结束党治”四字）。要之，力避刺激国民党。

二、对于将次开会之参政会，除海外同人可不出席外，在内地者均出席。

三、对外间为黄公及江问渔君守秘密，否认其参加组织。

嗣于8月3日又收得罗君隆基自昆明托人带来密件，内计开谈话会（非正式会）商决之事二十余项，视渝件加详。

8月12日余约同人集会，报告渝、滇来件，无不愕然。一致认为纲领不能分别发表，而删去有力条文，尤所反对；同盟一切主张，应认定“发表于会（参政会）前，商洽（与当局商洽）于会外”之原则，不必预作出席或不出席之决定。至于为黄公守秘密一层，既奉指示，自当遵办，但事实上早已尽人皆知，掩盖不得，徒资笑柄而已。同时报告，余个人已分函内地同人坚决反对。今问题涉及根本，在根本问题解决前，报社筹备暂停进行。众议佥同。曾、徐诸公并各函内地表示意见。

问题之回溯

此一变动盖有由来。是须回溯过去之事。

方3月间在重庆频频聚商进行同盟之事，曾发生两度争执。其一度在纲领问题。纲领十二条在黄公主席之下通过众议，其间文句修改，皆主席亲笔于草案上涂乙批写。以他人或不易辨识，即推黄公手自誊清。于下次会再提出宣读。下次会仍由黄公主席，以手自写订之条文宣读并传观，于是决议非有新加入份子提出有力意见，即不再修改。并约期某日（似为3月17日）同人全体齐集，在缮正之纲领后各自亲笔签名，以示决定。乃临时黄公忽通知君劢改期，并函余主张改约少数人细谈。及改期聚会，黄公即提出纲领十二条分别先后发表之说。如某某等条（指各有力条文）宜暂付保留。江问渔君又起而解释之，谓如此等条文发表，不啻与当局决裂；在中华职业教育社一面，许多事业必发生障碍，“我们不能使学生失学，工人失业”，云云。余谓：“既谓如此，倒不早言？几经讨论修改，未闻异议，乃至亲自写订宣读，考虑应周，都无一言。今乃欲推翻成案，岂事理所许？”李君（璜）幼椿谓江先生所言盖指吾人所背负之包袱；包袱人人皆有，非独职教社为然。欲顾全自己包袱，即不必作政治运动；欲作政治运动，即不能顾全包袱。最后黄公承认并非对十二条文忽生异议，乃顾虑发表之时机不得其当。众人则承认，非至适当时机不发表。于是在此谅解下而发表延缓矣。

又一度是在组织章则问题。章则规定，凡同盟对内对外有所发表，必经常务委员会多数取决，而以主席及出席委员署名行之。黄公提议加一项：委员有不同意者得不署名（即以其余委员列名发表）。余反对之，谓在一组织内应服从多数；若许单独立异，将无团体行动之可言。黄公谓不如是，则多数或且压制少数。争执甚久，卒从黄公之说。盖众人之意，今为初步联合，尚非单一团体，强之无益也。

问题之解决

其后昆明来信，证明此一变动果出于黄公所为。欲求问题解决，非得与内地同人面谈不可，而尤切盼于黄公之来。

8 月 18 日晚黄公到港，19、20 两日连在九龙塘学校与余单独洽谈。黄表示其环境实不容其出名参加同盟，而留他在外，于同盟于大局，未始无用。于是决定黄公不列名。既不列名，故于纲领内容发表时机等问题一切听由同人决定，彼亦不固执己见。对于在港同人，除慕韩一人外，均不愿会面，一切托余转达。

21 日黄公约慕韩会晤，余亦在座。黄面许同盟揭晓后，当亲写一文在《国讯》发表，以示赞助。盖黄公此来，题在募债，而实筹备其职教社之香港分社并自建其言论机关，所谓《国讯》海外版也。（后来《光明报》出版不久，《国讯》亦出版，黄有《我与中国民主政团同盟》一文，如其言。）

黄公既不固执，则一切问题唯待与内地同人商定。适有君劢之友卢广声君即在 21 日晚将自港飞渝，并转赴昆明、大理，余急草成《十大纲领》并写一长信托其带去。信内重申“发表于会前，商洽于会外”之主张，而请求三事：

一、请决定迅速发表（拟在双十节）。

二、请速定纲领——十条草案系汇集桂、港新加入份子之意见就原十二条增改而成，以供内地同人参考；无论如何决定，一经指示，即照发表，不再往返。

三、请速写定宣言——宣言一经内地发来，亦即遵照，不再往返。

28日余约同人集议，报告一切。徐、周诸君于纲领微有意见（后详），当又托人带往内地，请一并核定。对于《光明报》决议积极筹备，准于“九一八”出版。

问题之牵掣未已

9月22日同人集会，渝、滇各有函到，对于《十大纲领》完全同意，一字不改；宣言则嘱海外草订，内地事后予以追认；并同意于双十节发表。此时大体应无何问题，乃不意问题之牵掣未已：一为发表时之列名问题，一为纲领之修改问题。

同盟发表成立宣言及对时局主张纲领，自应由负责人署名，而主席黄公不列名已经决定，似应另推主席。但黄公初未自己辞职，又已离港（去菲律宾），无从商量。有人提议用各党派单位之名，而不用人名，但职教社同样不肯列名，有不待征问而知者。曾慕韩即据此理由，谓渝函正有发表可不列人名之意。余认为无负责人名，不成事体，主张改推君劢为主席。即至少以主席张、总书记左两人之名发表。曾不同意。余飞函内地争之。

10月3日黄公返港，余以此问题告之。黄即电渝请改推君劢主席。而渝复主席非大会不能改选，固执其不列名之说。实则主席由常委五人互推，载在章则，余同黄公既合推君劢，渝方赞同即可成立，不解何为固拒？[1]时已10月8日，内地既顺从曾说，海外同人如徐公等虽以余说

---

① 著者1962年重阅此文时于此处加以下批注：“其实盖为青年党之左自以为党势大过张之民社党，不肯以主席地位让于张。”——编者注

为然，但恐再事犹豫，则双十节便不能发表，贻误事机。故鲜有人极力支持余说，而颇有人劝余让步者。余请先换社长而后发表，解除我个人责任。众亦不许。余又建议以曾、梁二人或余一人为同盟驻港代表之名发表。众谓港政府不许任何政治团体公然活动，往时胡展堂、李德邻曾遭干涉，可鉴；今日虽国民党亦不得公然建立支部。余于万分无可奈何之中，只得服从众议，执行不列名之发表。

余草十大纲领，内地本同意一字不改。但其中第四条“拥护国民党执政，为抗战建国纲领之切实执行”，海外徐、周诸君力持异议，曾补送内地参酌。其主张系删去此条，而于第二条“结束党治”下，增“仍委托国民党执政”字样。内地复函希望不改，若必欲改，即请海外斟酌决定。于是慕韩附和徐、周，必欲修改，并提议“组织举国一致之政府”以代原文。幸甘君表示不同意。众论纷纭，余默默无多言，但谓一切修改，以字面上之修改为限，不能变更原意。最后乃以“督促并协助国民党切实执行抗战建国纲领”定议。

卒成缺憾

宣言起草余及同人咸推慕韩，而慕韩以先决问题未决，拒不动笔。所谓先决问题者，指宣言是否列具人名。时余犹未承认不具名之事，盖以是迫余也。日期逼近，余不得不自己连夜草成之，经同人通过，双十节得如期发表。

发表时，国际各大通讯社记者多以未具负责人名，不肯接受拍电[①]。

---

① 当时《十大纲领》及同盟成立宣言系经陈友仁、陈翰笙二君亲自译成英文，即由二君担保此事之属实，而后各外国记者乃拍出电报，引起世界各国注意。漱补记

一般舆论，亦以不具名质疑，未得引起有力同情。而执政党方面即借口于此肆其攻击，并以有意变更政权不啻第五纵队相诬。使发表方式如余所拟以张、左具名，各方观感当必不同。又使纲领如余原稿发表，有“拥护国民党执政”之明文，则对方情绪不致如许恶，“有意变更政权”之诬言尤无从说出。诋诬既不得其隙，彼此气势一申一诎之间又必有异于今日也，惜乎未能。

同盟发动，预其事者未始不出以真诚。顾衷气不充沛，形于外者便不光昌，而一段真诚亦遂掩没无从见于世。及今思之，宁以不发表为佳。当时心有所蔽（指为同盟求发表之念积久而不可遏），见不及此；既经我手发表，故不胜遗憾！

卅一年（1942 年）5 月 4 日漱记

我的努力与反省[①]

对于中国革命问题一种似是而非的判断和处理

去年 12 月《大公报》和《进步日报》邀请好多位先生开的批判改良主义思想座谈会，其发言讨论经刊布在报纸的，我都看过了。我个人的情形和发言的几位先生不相同。因此我现在所讲的话亦就不同。他们都是留洋学生，在资本主义国家求过学，而且差不多全是学社会科学

① 此文于 1952 年写成，原题为《何以我终于落归改良主义》，1987 年 6 月发表时改用今题。录自《梁漱溟全集》第 6 卷，山东人民出版社 1993 年版。——编者注

的，所以他们就多从改良主义在马克思主义前后发生的来历如何，类别如何，这面来说。我既没有去过欧美，又不是什么社会科学家，但我曾从事于一种社会运动，我将直接了当来讲我自己的事情，而不去讲外国的书本上的那些。

前写《两年来我有了那些转变》一文（在以下还要提到此文时简称《前文》），曾说我从不相信自己是改良主义，总不喜欢旁人向我宣传革命。当真的，假如不是今天有中国共产党革命的成功，我始终会认定我走的是中国革命唯一正确之路，始终不会发觉自己是改良主义。在今天勘对起来，我之为改良主义，已无可否认，这实在是自己当初所不料。何以我终于落归改良主义呢？这并不出于理论上的浮浅错误，而是有着其思想根源的。本文即在此分析检讨。

在理论认识上我对于下列三点都是很清楚的：

第一点，我确认社会非有其本质的变革，如从中古封建社会变到近代资本主义社会，或从资本主义社会变到社会主义社会那样，就算不得革命。

第二点，我确认要完成如上所说的革命，非变更政权不可。那也就是说，非使政权——国家权力掌握在革命一方面不可。

第三点，我确认要使国家权力转移到革命一方来，大致非经过暴动流血武力斗争不可。总起来说：如其不是这样，就难免于改良主义，特别是第一第二两点最要紧。第三点其可能有的例外机会亦甚少。

以上说的这些，可信都没有错；论起来是不致于把改良误为革命的。譬如我对于近百年来中国社会所发生的变化，早料到它不达成社会主义不止，多年来便提出“对外求得民族解放，对内完成社会改造”两句口号。这显然不是什么改良主义，而有合于第一点。同时在问题如何解决上，我亦始终没有那种“教育救国”一类思想，而是强调第一必要解决当前政治问题。这在第二点上就没有错。在第三点上，我不走武力夺取政权之路，却非自认为是其少数可能的例外。我乃是自始认定中国不属一般国家类型，因而中国革命应当别论的。

我的错误，实错在过分强调中国问题的特殊。

中国问题本有其特殊之处。例如下列三点我至今不放弃原有的意见：

> （一）中国问题的历史背景特殊——秦汉以来两千余年只有一治一乱之循环而没有革命；（二）中国问题的文化背景特殊——秦汉后的中国，是融国家于社会的，它没有构成阶级统治，不属一般国家类型（其所以没有革命正由于此）；（三）近百年世界大交通后乃引发了中国革命；中国革命是从外引发的，而不是社会内部自发的。末一点正是从前两点而来。

我这“中国特殊论”似不为今天思想所许。然而我自己还不曾发觉其错误。——这或者尚有待于朋友们的帮助。据我自己检查得错误，亦即本文所要论说的，乃在我从这一特殊论的根柢上，对于中国革命问题作出下列似是而非的判断和处理：

> （一）我判断中国在1911年后，为了完成中国革命所需要解决

的政权问题，不再是政权属谁的问题，如像一般要使政权归于某一革命阶级那样。其问题乃在政权分裂、单弱、不固定；换言之，亦就是没有统一稳定的国权。只需有了统一稳定的国权，就能完成中国革命。——这一判断今天看来完全似是而非。

（二）由于以上的判断，我虽极强调解决当前政治问题为第一必要，却全然无意取得政权，而把功夫用在力求如何使散漫的中国社会联成一体，有其明朗的一大要求可见，以为树立国权之本。过去我所作的乡村建设运动，以至抗战中和胜利后所有为国事的一切奔走活动，都是作这个功夫。——这一处理当然又似是而非。

唯其似是而非，所以不革命而自以为革命。同时，对于始终不忘革命的中国共产党虽同情它，却不同意于其路线，常抱着一个容纳共产党而修正共产党的想法。我就是这样执迷不悟了好多年。

以上的话似太抽象，必须把我过去的许多言论和行动——那一些具体的东西择要排列出来，而后读者才晓得其所指；这将是本文进行的第一步骤。其次便要把我所以这样判断问题和这样处理问题的由来说出；这将是本文进行的第二步骤。第二步骤只不过扼要叙出其似是而非之“是”的一面，还必须分析其似是而非之“非”的一面，并寻出其思想根源，才算到题。这将是本文进行的第三步骤。

以下就按这三个步骤进行。

抗战前的言论和行动

第一步，从我过去的言论和行动举出实例，以见我对中国革命问题是怎样判断和怎样处理的。

例如旧著《乡村建设理论》上说：

中国问题是整个社会的崩溃，而其苦闷之焦点则著见于政治问题之没法解决；假定于政治问题的如何解决没有成竹在胸，而谈其他的，都是白费。

又如旧著《答乡村建设批判》上说：

既然要对外求得民族的解放，对内完成社会的改造，那就必得建立能尽这任务的政权，那是没有疑问的。

其他类此之例多不胜举。这就见出像列宁所说革命基本上是政权问题的话，我们何尝不懂得。我对于中国共产党的武装斗争以解决政权问题，从来不说他们不该这样做，而只是说他们解决不了问题——达不到目的。例如《乡村建设理论》讲到解决土地问题时，原文有这样话：

至于共产党的作法呢，倒亦痛快，只是于大局无补。——他们若建得起政权来就有补。

又如旧著《乡村建设理论提纲》第十四条第二款：

中国社会一向散漫流动，历史上只有一治一乱之循环而无革命；现在仍未形成阶级，即便倡导斗争，亦斗争不出结果来；结果乃指一新政权的建立。

再看提纲第十六条第二款：

> 依通例，应以社会改造运动的团体（革命党）掌握政权，施行建设，完成社会改造，中国亦不能外此；但以中国革命本质的不同，社会形势有异，所以解决政治问题的途径随之而两样。

这就点出我是在中国特殊论的根柢上，否定了一般革命之路，而另自提出中国所应走的路线。其一破一立、一取一舍之理容待第二步再讲，这里只为这一路线举证如次：

旧著《答乡村建设批判》把这一路线说得最分明，因其从头至尾都是对照着一般革命之路——分化而斗争之路来说的。但仍不外根据原先的《乡村建设理论》而来。在《乡村建设理论》一书的上半部——认识中国问题之部，就是分析论证中国问题苦闷的焦点在“政治上无办法——国家权力建立不起”（此即其第五段的大标题）。而在原书下半部——解决中国问题之部，讲到政治问题的解决时就阐明这里没有“政权属彼或政权属我”（此即其第三节的小标题）问题，只要统一稳定的国权建立起来就对了。

如我在《乡村建设理论》所讲，中国政治问题须要分两步解决。树立统一稳定的国权是为头一步。有此统一稳定的国权即可进行有方针有计划的建国——建设一个政治上达成民主主义，经济上达成社会主义的新中国。必须到建国完成，方为政治问题的完全解决，是为第二步。从开头到末尾说作两步，却全靠一个乡村建设运动贯彻于其间。乡建运动实是建国运动；它为自己创造出它在政治上所需的前提条件——统一稳定的国权——于先，又随着经济和文化的建设而推进政治的民主化，以至奠立完美的民主政治制度于后。

若问乡建运动似不外致力于社会何以竟能收效于政治，则旧著《乡村建设理论》具有解说，而“理论提纲”第十七条至卅九条尤为揭示简明。这里不加叙录。

正因我认定要解决中国政治问题必须致力于社会，而不能乞灵于政治，所以在抗战以前那许多年，我都是投身社会运动，先后同朋友们创办了“河南村治学院”和“山东乡村建设研究院”，并出版《村治》和《乡村建设》等定期刊物。为了联合各处乡村运动的团体或机关，我们有“中国乡村建设学会”之组织，同时并每年举行一次“全国乡村工作讨论会”。此外我又随同一些朋友发起而参加了“中国社会教育社”；那是联系一切民众教育、成人教育、社会教育的工作者，从侧面推进乡村建设运动的一个团体。

过去我的言论和行动大致可分为抗战前、抗战后两大段落；以上就是抗战前一段的一个大概，以下转入抗战期间以及胜利后来说。

抗战起后的言论和行动

说到此处，想起1941年我在香港创办《光明报》，写有《我努力的是什么》一文，恰就是叙述我从抗战起所有的言论主张、奔走活动，从创刊日起长篇连载五十余日，那倒是现成材料，可惜现在难于检觅。① 这里只能追忆其要略。

对照着抗战前多致力于社会来说，抗战后我在政治上的奔走活动为

① 此文现已辑入《梁漱溟全集》第6卷，山东人民出版社1993年版。参见本书《抗战以来自述》一章。——编者注

多。然而其一切用心却依然是从战前一贯下来的。《乡村建设理论》曾有谈到准备抗战的几句话：

> 我认为中国不应当在如何摧敌处着想，而应当在如何让敌人不容易毁灭我们处着想，乃至在我们被毁后如何容易恢复上着想。尤其要紧的是在调整内部关系，以树立应付（国际）环境的根本。

这就是后来一切言论行动的张本。所谓“不容易毁”和“被毁亦容易恢复”，指发动民众，组织民众，培养成民族抗敌活力而言。所谓“树立应付环境的根本”指要有统一全国以对外的国家权力而言。这一下一上的两面，相资为用，缺一不可。在战前说，虽多致力于社会（下面），而我眼光所注实在上面（政治）；在开战后说，我虽多为团结统一（上面）奔走，而用意恰在下面（民众总动员）。所谓“我努力的是什么”，即指努力在这相关的两面。自始至终没有离开一步。其事实经过大略数一数如次：

说战后仍须回溯到战前。由于1935年10月华北紧张。（日寇所谓华北五省三市自治运动），山东的乡村工作便转入备战阶段。计划着分期分区训练民众，组织民众，而以集中训练八校师范生下乡担任其事。此工作于1936年1月开始，临到战争起来，却失败了，后有检讨。1937年“七七”事变前夕（五月间），我在成都以《我们如何抗敌》为题作讲演，其内容即在号召知识分子尽力于战时民众动员工作。“八·一三”上海开火前夕，我又发表一长文，题目和内容与前大致相类而计划加详，列举了十四要点，连载于8月11、12两天上海《大公报》。其后曾合并印成小册子发布。8月17夜间，南京政府在中山陵园召开国防最高会议的参议会上，我主张大规模发动知识分子有计划地分布下去从事民众动员工作，因而建议改造教育制度。当时胡适、傅斯年不耐烦听，竟阻止我发言，几乎不得尽其辞。10 月某日我与晏阳初一同见蒋，指陈民众动员的不够，并称道中共在晋北如何发动民众，颇触蒋怒。移时黄炎培、江问渔两位亦来，又一同陈说。蒋遂嘱托我四人起草具体计划。计划末后是由我负责草成交去。但一面因上海失守，京沪沿线动摇，当局无心及此；更一面因陈立夫掌大本营第六部，主管民众组织之事，根本不肯让党外人插手。——这是最主要的障碍。

我的心愿在这一面既不得遂，1938 年 1 月 1 日即由武汉飞西安转赴延安，访问中共中央；这是我奔走国内团结的开始。当时我提议要确定国是国策——把对外求得民族解放、对内完成社会改造两大问题同时有所确定——以解决党派问题。毛主席告诉我两大党在武汉正有八个人起草共同纲领，劝我回武汉进行。但我挂念山东（属第五战区）的事情，且与李宗仁（第五战区司令长官）有约，没有去武汉而去徐州。在徐州住一个月，与散失的山东同人设法联系，并检讨自已的失败而写了《敬告山东工作同人同学书》付印一小册。3 月初回到武汉，则蒋介石正为曾想浑全国为一党，遭中共拒绝而恼怒；我解决党派问题的提议又提不出。

此时民众动员工作由于国民党猜忌排外，包而不办，其问题表见在前方后方是极其严重的。他且不谈，只一个后方征兵问题就不了。征兵变成胡乱拉兵，其景象真是惨极、凶恶之极。我在四川感受刺激，于是再度努力，缩小范围奔走于地方当局、地方人士、地方教育界三方面，想帮助他们把四川征兵事情搞好。我主张这三方面要配合起来，建立系统机构，而以最大注意贯彻到乡村。三方面都乐意接受，并于人事安排、经费筹措都有些准备。10 月 7 日张群（西南行营主任）、王缵绪（四川主席）、张澜（地方人士）和我四人同飞成都进行其事。没想到只开了一次动员会议，就有人（张云伏黄埔系）公然叫嚣不许外人僭窃领导。会后邵（从恩）张（澜）诸老顿形消极，我一个外省人更无能为力。经过这次又碰钉子后，使我认清了党派问题是一切事情的总障碍。此后用力的方向所以转移到要求团结统一上，实决定于此。

是年 12 月我根据自己一向对中国问题的认识而参以在延安所得印象，提出一个根本解决党派问题的方案。其内容主张分三步进行：

> 第一步：召集全国各方面会商。确定国是国策（相当于共同纲领）。
>
> 第二步：建立党派综合体（略同于毛主席所提议国民党本身变为民族联盟，各党各派加入国民党而又保存其独立性的那种组织形式），为国是国策之赓续不断地补充或修改。
>
> 第三步：政权治权划分开；党派综合体代表国民行使政权，而以治权属之政府。政府是代表国家的；国家唯一绝对，政府不能含有党派性。它要忠实于国是国策之执行，不得有一毫出入（我因戏称为“无色透明体”），对党派综合体负责。（附注：分别政权治权是孙中山先生学说之一，而我借用之。）

文章写成交给重庆大公报发表，在送审时被检扣，由当时国民党宣传部长叶楚伧和刘百闵当面退还我。他们说我用意甚好，但若发表必招致争论而使党派关系更恶化，反于我初意不合。我无法，只能以我手稿请各方朋友如董必武、沈钧儒、张君劢、李璜等几位先生阅看阅看而已。

当初从南京退守武汉时，我早向人说过这样的话：你们向西，我要往东，你向南来，我要往北去。如今在后方既无可尽力，我便想到前方去。况 1937 年那时有一部分八校师范生训练处的同人同学约八百余人，携带枪枝粮款从济宁退入河南，在镇平集中受训后，经向当时政府取得名义，已于 1938 年秋整队开拔渡河返鲁抗敌，我亦有去照看之必要。于是我一面请求蒋的军事委员会转知前方战区，一面亦托秦博古先生请中共中央转知八路军和新四军，沿途给我方便和照顾。我即于 1939 年 2 月 2 日成行。当出发之时，未尝没有留于前方抗敌之意。不想到了前方正赶上敌人大扫荡，又逢着“磨擦”开始，踯躅于鲁南山区，辛苦备尝而一筹莫展。同时看到党派关系恶化如此，抗战前途已受威胁，推想各方必然要求解决党派问题，可能就是到了问题解决的时机；所以马上又回转后方。计一往一返共经历了豫东、皖北、苏北、鲁西、鲁南、冀南、豫北、晋东南各敌后游击区域，末后于“九一八”回抵洛阳，双十节回抵成都，为时共八个月。此行除增加一些见闻外，可算劳而无功。

抗战中期到胜利之前的言论和行动

我到达成都和重庆，得悉党派关系恶化在大后方亦同样严重。不过在前方所表见者是武装冲突，大后方却是单方面——执政党方面对党外的压迫钳制无所不用其极。许多朋友一见面便诉苦，我亦以所看到的抗战危机相告。在问题的如何应付如何解决上，他们一般意见又与我相左。他们便是希望施行英美式的宪政，希望可以多党互竞并存。刚刚不久开过一次“国民参政会”，便已通过了早施宪政的决议，并且成立“宪政期成会”，容纳各方面讨论“五五宪草”。我到重庆时，重庆满街上都在开会座谈宪政，非常热闹。他们邀请我，我一概谢不参加。我知道这是一场空欢喜，国民党决不会践言。何况即令当真实行，亦非中国之福呢！我只认定我的路线，作我的团结统一运动。

我分向三方面进行我的运动。所谓三方面就是两大党及其以外之第三方面。记得似是 10 月 25 日，访问中共方面，会见了陈绍禹、秦博古、吴玉章、林伯渠、董必武五位先生，从我在前方的见闻说起，说到问题的严重，说到我的意见主张。当我说话时，博古先生就随时伏案作笔录。末后由陈绍禹先生作答，吴、林、董诸老亦各有答语。其详非现在所能记忆。只记得在我讲到问题严重时，我就说了一句“军队非统一于国家不可”的话，陈先生马上要回答，我请他莫忙，且容我把话说完。末了我分三步解决问题的话讲清楚了，然后说出军队警察应该是政府代表国家行使治权执行国策的工具。此时陈先生表示，你的方案是可以考虑的。后来又说，军队属于国家是可以的，只要国民党实行，我们就照办。诸老所表示，亦都是对我勉励的话。谈话从晚间开始，至夜深人静才分手。

在我访问国民党方面时，主要是同张群的谈话。谈话时间亦达两小时以上，我的三步解决论亦都向他说了。我指摘当时的宪政运动为“文不对题”，他最表赞成。当我强调军队必须脱离党派而属于国家时，他转问我：你向共产党谈过没有？他们如何表示？我说：他们表示国民党实行，共产党就照办。张拍手笑说：他们深知国民党不会实行，所以不必从他们口里来拒绝你的提议，而只须说一句“要看国民党”便尽够了。老实对你讲，国民党的生命就在它的军队，蒋先生的生命就在他的黄埔系。像我（张自称）这样一个地道军人而从不想抓军队，是绝无仅有的。你向谁要军队就是要谁的命！谁能把命给你？你真是书呆子！这一席话对我真如同冷水浇背。

我亦晓得要有实力才解决得了问题，但我不相信只有军队是实力。我相信我能代表广大人民要求，便是实力。我要把同我一样要求的人结合起来。所以我的运动原以第三方面——一些小党派和在野闻人——为第一对象。经我在成都重庆两地奔走联络之结果，就酝酿出一个“统一建国同志会”来。我说明：在当前危机下，所有两大党以外的人有其不可逃的任务，就是不许内战起来妨碍抗战。然而零零散散谁亦不配说来完成这任务。只有我们大家彼此合拢来，而以广大社会为后盾；那么，这个力量却不小的。所以当时这个会把两大党以外的所有派系和人物差不多都包涵在内了。为了能在国民党统治下合法存在，先把会内大家通过的十二条纲领送给张群、王世杰请转蒋，并要求见蒋。原初公推黄炎培先生和我两人见蒋的，后因黄先生去泸州，临时只我一个人去。当时谈话，今不须记；总之，结果算是通过了，可以公开存在。王世杰当时曾问我：这是否一政党？我答：不是的，今天不需要在既成政党外再添多一个竞争单位。这只是为了求得全国团结，推动两大党合作而形成的一个推动力。

这是 1939 年 11 月 29 日的事。转过年来（1940），参政会又开会，把宪政期成会所研究出来的“五五宪草修正案”打消，期成会无形结束，那些热心宪政的朋友才冷下来。然而统一建国同志会亦不起劲。当时前方军队火并情形严重，何应钦向参政会作过报告。我据以提出“解决党派问题求得进一步团结建议案”，同志会的参政员即未得全体联署。国民党参政员对我的提案，初时很震动，声言不给通过。但蒋介石却很巧妙，亲笔写了一张字条给我，大意说这是军纪问题，本不能加以讨论的，但你们要讨论亦可以。同时嘱王世杰通知我，提案可以修正通过，希望我不必发言，以免引起争论。其实我原案很简单的，只强调问题应在参政会内解决，建议组织一特种委员会负责搜集问题研究方案。案子不声不响通过，特种委员会亦成立（却不给我参加），却不发生一点作用。似只开过一次会，听取了秦邦宪先生与何应钦交涉的报告而已。

统一建国同志会并未正式成立组织机构，似半为当时重庆遭受敌机轰炸所影响。那一半自然就是大家不起劲。秋末轰炸期过后，常用一种聚餐方式座谈座谈。皖南事变前夕，聚会较多。1941 年 1 月初，皖南事变发生后，中共严重抗议，中共参政员宣言非把问题解决将不出席参政会，同志会的同人出而奔走调解。就在这期间，又酝酿了“民主政团同盟”。

民主政团同盟的发起是这样的：1940 年 12 月 24 日早晨我展看报纸，有新的一届参政员名单揭晓；名额扩充，反而把原来为数极少的党外（国民党外）人士更减少几个。例如章伯钧、陶知行、沈钧儒等几位先生都被排除。所增加的都是他们党内的人。这样引起我对国民党一种非常大的悲观。因参政会本来形同虚设，若多罗致几个党外人物，在国民政府至少亦可装点门面。偏偏连这一点作用都不留，而给大量党内闲人挤进来吃闲饭，国民党的没出息可算到家了。大难当前，大局靠什么人来支撑呢？气闷之余，出门散步，走到张君劢家。却巧黄炎培、左舜生两位亦先后来到。四人聚谈，同声致慨。黄老兴奋地站起来说我们不应妄自菲薄，而应当自觉地负起大局责任来才对。在互相敦勉的气氛中，君劢即提出统一建国同志会不中用，必须另行组织。他主张先要秘密进行组织并布置一切。必须在国民党所控制不到而又极接近内地的香港建立起言论机关来，然后以独立姿态出现，不必向政府当局取得同意。我们一致赞成他的意见，后来事情就是按照这样做的。

关于奔走调停之事值得一说的，就是并不出以和事老的姿态。我们是站在国民立场向两党提出要求。要军队今后脱离党派关系而属于国家，并且要监督执行其事。这是一点。再一点是要检查和督促那公布已久的抗战建国纲领的实行。为了这两桩事，主张成立一个委员会（包涵各方面的人）来负责。其条文全是由我起草的，并承同人推我和沈老（钧儒）两人征求中共方面的意见。中共方面周（恩来）、董（必武）二公看了条文，表示愿电延安请示。假如双方都同意了，他们就可出席参政会。对于国民党，则公推张（澜）、黄（炎培）诸老见蒋，征问意见。蒋的表示竟是满口应承完全同意。其后此事终于不协，其间颇有曲折，这里不叙（在这中间有一段时间，诸同人俱已辞谢调停之任，我自己还声明要一个人单独奔走到底）。

民盟组织的秘密进行，就夹杂在那些为新四军事件而奔走的许多聚会之间。但一同奔走的人并不全予闻民盟之事。统一建国同志会虽可算是民盟的前身，但当时却不是把整个同志会转变成民盟。例如以沈老（钧儒）为首的救国会的朋友原在同志会，而此时尚留于盟外。这是因为救国会那时有“中共外围”之称，而民盟的产生却不愿被人看作是出于中共所策动。奔走调停始于 2 月 22 日，终于 3 月 27 日；而此时民盟秘密筹备工作亦大致停当。我即于 29 日离渝去香港，为民盟创办言论机关——那就是后来的《光明报》。我离渝前夕，曾密访周恩来先生接头，愿与他们在香港的人取得联系。（注：周答他们驻港代表是廖承志。）

我是经过桂林停留一时期才到香港的。在桂林会见李任潮（济深）、李重毅（任仁）两位先生，并得到他们的协助，于 5 月 20 日到香港。“九一八”创刊《光明报》，双十节揭出了民主政团同盟成立宣言和十大纲领。宣言系我属草，送经内地同人核定，一字未改。纲领原所固有，亦经我润饰而内地同人核定的；不过其中第四条经在港同人改动过。这文件很足代表我那时的思想和主张。特别是宣言，读者不难看出纯粹是从要求团结统一出发。

12 月 25 日香港被日寇占领后，承范长江、陈此生等几位朋友相邀结伴逃出香港，1942 年 1 月回抵桂林。

在桂林不觉一住三年（1942—1944）。三年总没有闲着，不断同一些朋友在如何改造政局以利抗战上有所策划。特别是末后（1944—1945）日寇侵湘入桂，大局形势危急，我们亦愈积极。其间常常在一起，作为主要的几个人，就是李济深、李任仁、陈劭先、陈此生等各位。他们并未加入民盟组织，起初亦未建立“民革”（转移到八步后，乃始商定别立民革，以便广收国民党的同志）不过在政治上既有共同要求，亦就不分彼此。民盟同人不多，亦以时聚会；救国会此时亦已正式参加在内；但总起来说，发展不大。重庆、昆明以及湘粤各地同志都不断来往联系。乃至西北像杜斌丞先生等亦曾来桂，共策进行。此时我们与美国人亦有关系来往。因为此时的美国人急切对抗日寇，深深气愤蒋介石的腐败自私，多所贻误。像史迪威、高斯（美大使）以至驻桂领事林华德等，对于一切想抗日能抗日的中国人都愿帮助的。我们亦曾设想如何在沿海一带配合美军登陆；不过后来尽成虚话。

几乎我们天天在搞，却始终（始于桂林终于八步，首尾约四年）亦没有搞出什么名堂来，这里亦就无可说。不过有两件事可以征见我的行动方向，不妨说一说。一件事是在 1942 年秋冬间（或者 1942 年的春间，记不甚清），张云川先生从重庆到桂，传递周恩来先生的一封密信给我，劝我去苏北或任何靠近他们的其他地区，建立乡村建设的或民盟的据点，他们愿帮助我创开一个局面来。这不止是中共方面的意思，民盟同志亦如此希望我。我当时差不多没有什么考虑，就坚决地辞拒了。

因我内心上觉得我不能靠近那一边。靠近那一边，就要失去或削减我对广大中国社会说话的力量，对于我要广泛团结全国各方面来说，是不合适的。又一件事是在 1943 年秋初，国民党蒋介石在国内国外压逼之下，重弹宪政老调，成立“宪政实施协进会”（各方面都参加故称协进），自为会长，连电邀我去重庆。重庆民盟同志亦愿意我去。我同样没有什么考虑就坚决地辞拒了他。因我想我在桂林尚且不能作什么，到重庆将更不能动。我以一封长信作回答（信寄邵秘书长力子先生转呈）。信中吐露了我多年来不亟亟于宪政的意思。然后说：宪政虽不急，而民主精神却为眼前所切需。因为没有民主精神，则团结不可能。宪政恒有其形式条件，故有待于筹备；民主精神是用不着筹备的，只要你实践就是了。今天所急在精神不在形式，在实践不在说空话。

当桂林危急，旧统治濒于瓦解之时，我们曾策划就两广湖南三省相交接的一个地方，展开战时民众动员工作，同时亦就树立对内政治革新的旗帜，号召改造全国政局。这个地方就是广西贺县属的八步，那里有一个行政专员公署可资凭藉。记得 1944 年 10 月中旬我同陈此生两人自昭平而东，爬过接米岭一个大高山而到八步，借住临江中学，过着自己烧饭的生活。时局多变，头绪纷杂，盘桓进退其间约近一年（截至获闻胜利之讯）。尽算是苦心孤诣，卒于一事无成。遗留到今天的只一本印行的《战时动员与民主政治》讲演小册（当时在中学分五次讲完的），自己检视几乎掉泪。除了可以证明从头到尾《我努力的是什么》之外，其他什么都说不上。

抗战胜利到解放前夕的言论和行动

就在八步获闻胜利之讯的时候，亦获闻毛主席应邀到渝之讯。我心里想，国难已纾，团结在望，过去所为劳攘者今可小休。今后问题要在如何建国。建国不徒政治经济之事，其根本乃在文化。非认识老中国即莫知所以建设新中国。顾年来务以团结各方为急，未遑对各方自申其所见。今后愿离开现实政治稍远一步，而潜心以深追此一大事。我自己这一决定，在离桂返渝之时，特致函李任仁先生言之。因为他是我年来在现实政治上一同尽力的朋友，所以向他告别。

路经广州才晓得国内大局未容乐观，到了重庆，更知其问题严重。于是不能不从朋友之后，再尽力于反内战运动以至参加了 1946 年的旧政协会议。（在会议分组中，我拒不参加宪草小组而独参加军事小组，一心要为整军问题尽力，还是梦想军队脱离党派而属于国家）。会议快要成功，我托周恩来先生于其返延安（1 月 27 日）之便带一封信给毛主席，申明我年来在现实政治上的努力可告一结束，今后将转而致力于言论思想工作。会议闭幕（1 月 31 日）的晚宴上，我又把写好的《八年努力宣告结束》一文出示在座各方朋友，并面托胡政之先生在大公报发表。其后在大公报又续有《今后我致力之所在》一文发表，申其未尽之意。

毛主席有一回信由恩来先生带转给我，大意说：行动与言论二者不是不可得兼的，为什么我要结束了行动而后开始言论？表示不赞成和督勉之意。我的话原是有所指。当时政治协商既已取得协议，随着就要组织各方参加的新政府。所谓我的努力可告结束，意指国内团结实现了，用不着我再努力，我不拟参加政府。这是一面。同时另一面，我觉得在大局前途上正需要我作一新的努力。因当时各方所同意的那种宪政制度，我根本认为不合中国需要。——这意思在我后来所写《预告选灾，追论宪政》一文中曾吐露一些。——我深恨时人思想不出西欧或苏联窠臼。过去为了团结，我一直有许多话闷在肚子里没有说。现在我却要说话了。我要批评到各方面，亦要批评到盟内（盟内各小党派全是梦想宪政）。对于当前政治制度问题，我要提出我的具体主张。所谓致力于言论，意正指此。这显然是以身不在政府为方便的。

恩来先生对我之不参加政府亦表示不能同意。我为了在行动上取得中共朋友的谅解，更且把自己怀抱吐露一些，所以 2 月 11 日访问延安。在延安住了十天。有一次毛主席邀了他们党内要人共约十位，一同谈了一整天。我说明了我对当时政协所拟订的宪政制度的看法。我承认它有眼前一时的必要；但认为它不会适用多久。我肯定地说它最多不出三年必将改弦更张。然后，我提出我的主张来——那就是我在前说过的分三步骤解决党派问题，建立全国党派综合体。我并说：这一主张，只是说在这里，留备将来要改弦更张时一种参考；现在不须要给我若何答复。关于我不参加政府一层虽未多谈，而有此一行，是不难邀谅解的。

我此时的打算是想创办一研究机构，从世界文化的比较研究上作认识老中国的功夫。但时局旋即恶化，没有容我抽身出来，更且把我拖入。4 月中旬马歇尔从美国回到重庆，致意民盟希望协助其调停东北长春之争。恰值国民党中央政府准备还都南京，各政党的中央亦应随之迁京。正有许多事情待办，而民盟秘书长一职却虚悬无人者已经很久。盟内朋友早就要我担任，我一直坚拒不应（周新民先生最清楚），至此终于应承了三个月。我计算三个月或者大局可以归于和平，那时我再作我的事。

岂料不只三个月不行，六个月亦还是不行。从 5 月初到 10 月底整六个月，除一度去昆明调查李闻案外，都在京沪间为和谈尽力。（我那时勇于自任的经过情形，这里不叙；四九年夏曾写有《过去和谈中我负疚一事》一文载于大公报，可供参考）。但当我看清楚无可为力的时候，我就拔脚走开了。——我辞脱民盟秘书长，远去重庆北碚，闭户著书。

从 1946 年 11 月到 1949 年 12 月重庆解放，我都住在北碚。《中国文化要义》一书即于此时写成。这三年正是解放战争期间，许多旧日熟人不加入反动派政府，即归到革命队伍，唯我坚决守定过去一贯的立场和作风，只作缓和斗争的事，反对斗争的事，而不参加斗争。其间言论行动较有关系的，略说于此：

1947 年 1 月 1 日为重庆大公报写《政治的根本在文化》一文，最足代表我那时的意思。我一生总在择我认为当时最要紧、最有意义的事去做。一切行动都从这一权衡上而决定。我当时不参加斗争而写《中国文化要义》一书，其积极之义在此。

又 3 月 1 日为《观察》杂志写《树立信用，力求合作》一文，最足代表我在解决中国政治问题上一向的见解。结末一句话："只有这样，把东西南北各式各样的朋友都拉在一起合作，中国才有救"，道出了我的心事。

5 月 20 日出席南京的末次参政会呼吁和平。这是应北京、上海、成都各方朋友之约而去的，亦是我三年中唯一离开北碚的一次。6 月 1 日国民党特务在各地方大举捕人，重庆民盟被捕的同人甚多。2 日我飞回营救，百般奔走无效。直至 1949 年 3 月在国民党要和平的空气中，才得保释出十几个青年来。

八九月间反动政府要解散民盟的前夕，张东荪先生从北京写信给我，说民盟是你辛苦创成，你要赶快去南京上海设法维护。其实我的心理恰相反。民盟在我只看作是一个推动全国合作的推动力（见前），此外没有意义。当时两党大战之时，既不能尽其政治任务，亦难发展自己组织，恰且伏有内部分裂的危机。它最好暂入于休眠状态；一旦时局需要它了，再出来还是完整的。但民盟自己却无法宣布休眠；现在反动政府来代我们宣布，岂不甚好。我一面以此意答复东荪先生，一面更以此意奉告于上海张（澜）、黄（炎培）诸老。到反动政府命令发布，我投函重庆《大公报》表示的意思亦是这样。同时声明我从此不在组织中了。

1948 年除夕我在重庆特园得《大公报》王文彬先生电话，以蒋介石下野、大局急转直下的消息见告，并问我对时局要不要发表意见。我马上写了一篇《过去内战的责任在谁》，预备发表。却不料第二天——1949 年元旦——蒋介石只发一要和平的文告，并未下野；时局发展似尚有待。我就把文章交给王先生，留待时机到了再行发出。

我此时却赶忙写两封信：一致民盟主席张澜先生转诸同人；一致中共中央毛周诸公。适有盟友何遒仁先生八日飞沪即托其带去。两封信有一共同点，就是勉励诸先生为国家大局努力负责，而声明自己决定三年内对国事只发言，不行动；只是个人，不在组织。其不同者，对民盟则请许我离盟；对中共则请恕我不来响应新政协的号召。还另有《给各方朋友一封公开的信》刊于《大公报》，同样声明那一原则，从而谢绝了朋友们希望我出来奔走和平的事。我只呼吁和平而不奔走和平。

我为什么要这样呢？我知道国民党是不行了，今后唯一强大势力将在共产党。过去我祈求全国合作，主要是对国民党而说话，今后将须对共产党说话。共产党是不好说话的。说话不对他的意，就可以被看作是敌人。而一经遭到敌视，虽有善言亦难邀好的考虑。只有明白摆出来：我止于说话而不继之以行动，止于是个人而无组织为后盾。那么（没有力量）不足重视，亦或不引起敌视；他就可能放平了心来听我的话，对我的话才听得入。这便是我的一番用心。同时，我知道我此时的言论主张在盟内未必全同意。要我受拘束于组织而不得自由发言，我不甘心；使组织因我而受到破坏，尤非道义所许。所以最好是赤裸裸一个人，披沥此心以与国人相见。

1 月 20 日蒋介石让位于李宗仁，当日《大公报》便刊出来我那篇文章。原文开头一句便是：“我写此文，意在说明两点：第一，过去内战的责任不在中国共产党；第二，今天好战者既已不存在，全国各方应该共谋和平统一，不要再打。”文内把过去中共一再让步而蒋再三压逼的事实历历数出，指证其罪完全在蒋。然后结束说：

> 这样可祛除一切国方所加于共方之诬蔑，和不明真相者对中共之误会。在一切诬蔑和误会祛除之后，各方就可无顾虑地与中共开诚相见，共谋和平。这是我希望于国人一面的。另一面我希望中国共产党本其过去委曲求全之精神与各方共同完成和平统一。这是更要紧的一面。

当时国民党蒋介石势力依然未倒，尤其是在杨森统治下的重庆；文章刊出太早，家人亲故皆为我危。却幸亦无事。

李宗仁登台，亟亟请人奔走和平，对我亦一电再电三电之不已。我回答说，我只呼吁和平而不奔走和平，早曾有声明在先，恕我难应命。

不久毛主席提出谈判的八条件，其中第一条战犯问题最使南京感觉为难。反动的行政院长孙科公然表示这一条不能接受。有好些渴盼和平的小市民亦想着不谈战犯问题或易达成和议。我于是写《论和谈中一个难题并告国民党之在高位者》一文，反对不痛不痒、不清不白，而要讲明是非以正视听。我要求一切国民党之在高位者表示负责精神先行引咎下野，听候国人裁判。同时写《敬告中国共产党》一文，切劝不要以武力求统一；以武力求统一只有再延迟中国的统一。两文在 2 月 13 日同一天的大公报发表，作为向两方面说话。

我那时的发言亦就至此为止了。以后的时间都在静候解放中。

以上数说了我在抗战期间以及胜利后一段的言论和行动之一个大概。本文第一步骤——把我过去所有的言论和行动择要列举出来——至此算是完了。

说明如此判断和处理的由来

从以上那些具体事例不难看出，多少年来不论战前战后我都有其始终一贯不移之处。这就是：（一）我总要发动民众，以民众力量来抗战，来建国；（二）我总要从团结上求统一，树立国家权力以为抗战建国的总司令部。

由今天看来，发动民众自然是对的，却究竟我亦还没有对。这留待第三步作检讨，此时不讲。现在本文第二步骤所要进行的，就是为“我总要从团结上求统一”这点说明其由来。读者看了以上那些具体事例，对于本文开首说的，我对中国革命中的政权问题有其特殊判断和处理——判断它不是政权属谁问题而是能不能统一稳定问题；问题是在树立统一的国权，而其功夫则要在促成各方的团结合作，有代表全社会的一大要求明朗可见——尽许略知其所指，但尚不明白其理由根据。譬如我总要团结各方，全无敌我之分，在今天看自然是不对的；然而当初我却自有深信不疑者在。当初我何所根据而深信自己的对呢？这就是现在所要说明的。

我的根据在本文开首亦说过了，那就是我的“中国特殊论”。中国特殊论并不单从其过去历史文化的认识上而建立；主要还在我亲身多年感性的认识上。而且正是从当前感性的认识追溯上去，才得有那些历史文化的认识。既从今以追古，又由古而达今，事事与外国相比较，纵横往复之后，特殊论乃建立起来。

所谓我亲身多年感性的认识是什么呢？第一就是中国人不爱国，缺乏国家意识而身家念重。这是从少年时起，就印入心中的印象。从这里慢慢积累，慢慢发展，以至末后认识到中国人四大缺乏：缺乏公共观念（缺乏国家观念在内），缺乏纪律习惯，缺乏组织能力，缺乏法治精神（这四点《中国文化要义》第四章讲解甚详）。而一切缺乏总归于集团生活之缺乏。缺乏集团生活是其负面；其正面则中国人总是生活在家庭家族之中。自己在中国社会里长大起来，几十年耳闻目睹直接感受的材料，数说不尽；中国特殊论的根据第一在此。第二便是自入民国以后，一直不曾见过统一的局面。统一起来成一个国家，只是 1949 年全国解放后的事。在这中间虽偶尔亦有过统一；但今天统一，明天不统一；表面统一，骨子里不统一；仍然不能算数。我说到统一每缀稳定二字，那原是不可少的。截至 1949 年我五十七岁，一生倒有大半生（卅八年之久）为国家不统一所苦。这一纠缠不解的苦痛怎叫我不深思其故。当我古今中外纵横往复研究下来，就发见中国的特殊：

它（中国）乃是融国家于社会，以天下而兼国家，不属于一般国家类型的（见《光明日报》中《前文》）。这正是顺着缺乏集团生活下来的结果。《中国文化要义》全部书都无非阐明这一点。中国近四十年不统一之故，即在认识了中国的特殊之后而完全了然。同时亦看出其问题如何解决的途径。这些后面即将谈到。

我从来不曾为读书而读书，为求学而求学；读书求学都是为了解决问题，为了实践。读者于此可见其一斑。正为如此，所以我生平行动恒一贯不移，有其线路可寻，而思想见解植根亲切，经过许多甘苦得来非易，舍之亦不易。不是不肯舍弃，乃是新材料不足或思索功夫不到的时候，就打不破夙有思想见解而出现另一个新的。

闲话不谈，仍归到本题。现在要说明中国不属一般国家类型那几句话怎样讲，又怎样从而产生了我对中国革命问题那些判断和处理。

简单扼要来说：一般国家莫非阶级统治。因为除原始共产外，社会上一直不能没有剥削，亦即内部一直存在着矛盾。然而社会若没有秩序，则社会经济生活不能进行；所以如何把秩序与剥削结合起来，涵矛盾于秩序之中，依秩序以行剥削，便为事实所必要。事实上那就是少不得要有武力强制于其间了。况且秩序的维持不单是内部的事，对外尤其要紧；对外防御侵扰更少不得武力。国家不是别的，正是以武力为后盾对外对内维持秩序的那盘机器。机器是要人来掌握运用的。那么，谁来掌握运用呢？自然不待言，就是那剥削阶级了。剥削阶级例必为统治阶级，国家名义及国家权力都属于它，至少在骨子里必然如此。

我说中国不属于一般国家类型，即指中国自秦汉后好像是阶级统治的一个例外。有职业而无阶级，是社会而非国家，乃人类未来远景；过去中国不足语此，却憧憬乎此。剥削虽存在，但阶级却以化为职业而散；同时，社会关系一切形著于伦理，又隐蔽了矛盾。因之社会秩序寄于礼俗而不是依靠法律，消极相安就代替了积极统治。武力在此似乎是备而不用的，准备亦就不足。国家便这样融解消化在社会里面了。假若国家可比作是立体的，社会便是平面的；那么，中国恰似隐立体于平面之中，二者浑沦莫辨。又国家是有对抗性的，社会则没有；中国人自来知有天下（茫无边界）不知有国家，正为其以社会涵容了国家之故。追寻上去，其根源仍在家族生活的偏胜，集团生活的缺乏。各家族相处只算是社会，而国家恰是集团生活最强有力的那一种。——以上这些话句都在《中国文化要义》一书中有其解释，这里不及多谈。

一般国家莫非阶级统治之理既明，则一般革命恒不免暴动流血，武力斗争，一定要把旧阶级手中的国家权力转移到新阶级方面来亦即明白。以资本主义的剥削代替封建制度的剥削那种革命尚且如此，何况我们（中国）革命的前途将是消灭剥削的，如何却不须武力斗争夺取政权？究竟在中国特殊论中，我从那一点而得此论断呢？

问题在武力缺乏其主体

这仍然要从我直接经验的中国当前事实说起，而后上溯于其历史背景，文化背景。从过去三四十年的生活中，使我认识到中国的事情有两点特殊：

第一，中国三四十年来所深苦的分裂和内战，若以外国相对照，便知其大有不同。在外国亦每有分裂之事，像爱尔兰从英国分裂出来，即其一近例。外国亦有内战，例如美国即曾有过南北战争。但他们的分裂或战争都是基于其社会方面的要求，有着深厚的背景（民族的夙怨、宗教的不合、政治的不平、经济的矛盾等等）在。而我们呢，却不过是此一政府（或此一军阀）彼一政府（或彼一军阀）间的冲突罢了，于社会毫不相干。我亲眼看见从前内战时，全国各省教育会的联合会还照常举行；从社会一面看，全国之间是无隔阂可言的。原来此一大社会尽管其人口之众多、地面之宽广直等于全欧洲，而且山川亦不是无阻，语音亦不是无殊，却是全国人如一大家庭，在情意上完全相通而不隔。历数三四十年来所苦的那些分裂和内战，没有那一次是问题发生在社会的。

所以我可以说：把军阀政府除外去，中国国家原是统一的。——不统一的只不过浮在上面而无根的所谓“政府”就是了。请问：这是不是外国所没有的事情呢？外国所没有的事情，却是中国一直存在着几十年的事情，能说不特殊吗？

第二，在没有完的分裂和内战不断破坏下，使此广大社会陷入一种绝望境地，实非一般社会之所恒有。是一个国家必有其秩序；是秩序就有保全。其故即在一个统治力下，统治的一面，被统治的一面，总不过是两面；两面彼此对立，而又互相依存，成为一个结构。这一面亦少不得那一面，如何能不留余地地毁灭它呢？有保全即有生息长养。人类尽管在奴隶社会、封建社会那超经济的凶狠残酷剥削下，而社会还是发展起来，并没有绝望，就为此。但中国这时不然了！它不是两面，而**仿佛是三面或多面**。此一政府彼一政府形成对立，被统治的社会便成了第三者。在彼此对立中，各以应付对方为急，那往往是顾不得第三者的。无秩序的破坏代替了有秩序的剥削，此广大社会乃落于纯被牺牲地位而无可救，特别是乡村破坏最惨。对于乡村常是说：“今天可讲不起了（挖战壕、炮火烧杀、征粮征夫），明天必不如是。”但到明天依然是一今天。战争是常，不战是暂，或说是战争的休息，再战的预备。为备战而竞争着购械增兵，以致养兵之多甲于全世界，却非讲国防。兵多而益乱，战乱相寻，讫无了期。假若爽性分裂成几个国家，各干各事，倒亦不会这样纠缠在战争中。无奈此广大社会早已同化融合为一大单位而不可分（假如要分，几不知从何分起）。分又分不开，合又合不拢，长期地自相砍杀，日趋毁灭；这岂复是一个社会的常态？试问谁又曾在世界旁处见过这种事例？

这两点特殊，第二当然是从第一来的；第一则殆为其历史背景，文化背景之所决定。秦汉以来只有一治一乱之循环而没有革命的，到1911年后却真的走向革命——真的要变革此历久不变的老社会；社会结构正在一天一天崩溃解体，固有之统一不可规复，而一个新的统一正未易得。其中最基本问题乃在武力缺乏其主体。这个道理暂不忙道破，我们接续看过去若干年的事实。

如我在《光明日报》前文所说：

> 三十年来中国已成了一种争夺之局，而够不上说是剥削的局面。它不是有一不平等的秩序，而是早没有秩序了。

说争夺，不止于说军阀争夺政权、争夺地盘及其相因而至的那许多权利争夺。更且指遍地都是的那些争夺。我于此最好作两个引证。一个是民国十九年天津《大公报》社论的一段话：

> （上略）一切支配于军权之下，而非支配于法律。上自中央，下至一县一村，其代表统治权者唯是枪杆；枪杆所至，权力随之。一切职业中之一切人民随时随地皆是自枪杆上讨生活。枪杆许其存则存，要其亡则亡。四万万人对于其生命财产事业言论思想皆无权，而唯听命于枪杆。（中略）此十九年来国民普遍享受之事实，无须详为说明者也。（1930年10月31日天津《大公报》）

另一个是那时河南朋友传诵的几句谑词：

> 兵败为匪，匪抚为兵，兵匪相因，名异而实同；匪为无名之

兵，兵实奉谕之匪。（兵匪到了完全无法分别的地步亦是那时河南实情。）

可惜许多具体情况此处仍不暇谈。当时的政府一般是让乡村自由组织武装自卫的。它明白承认它维持不了社会秩序。兵匪而外，所以还有红枪会。红枪会起自乡村，不止防匪而且抗兵（陕军奉军都被红枪会缴过械）。但其后亦很多胡闹乱来而为祸于人民。因此在各种武装力量之中，究竟谁是维持秩序间接以行其剥削的，谁是破坏秩序而直接争夺的，已经无可分别。我所说的遍地争夺之局，正指此。十八年我同朋友们创办“河南村治学院”于辉县百泉。十九年开学，正赶上过旧历年，频传匪警，同人夜间皆不敢解衣入睡。远近乡村爆竹声与枪声相杂，入耳莫辨。当时我们的心愿正不妨说是在创造一种有政治思想领导的红枪会。而末后（十九年冬）我们学院的枪枝却被当地李县长带兵包围缴去。像这些事实亦可有助于读者对情况的了解罢。

深感无秩序之苦

说到这里就寻到了我和中国共产党所以分路走的分歧点。我在前文中曾点出一句要紧话：“我正以无秩序为苦，而共产党却就苦其有秩序。”他们如何苦其有秩序且待第三步再讲，我所苦的无秩序便是上面说的这样。我即从上面这样无秩序而纯被牺牲的社会情形断定中国革命对象已不存在。何以言之呢？

革命必有其对象；主要对象通常应当是经济上已经完成其历史任务而要没落的那种社会秩序。社会秩序的构成通常有文武两面。文的一面就是宗教、道德、礼俗、法律这些；其中是有些道理能说服人的。但单是靠道理说服还不够，必须有武力为后盾而强制以行。两面合起来，便成功一种统治。最要紧是武力必须要集中统一。不要说头绪多了不行，就是有两个头亦要乱的。乱了便不成秩序。那些宗教、道德、礼俗、法律等等，虽不免头绪多，却亦要大体上配合一致。这种配合一致，在武力的集中统一之下，是自然会做到的。如其还不能十分配合一致，好在还有最后取决的地方，那就是掌有武力的国家权力机构。只要武力集中统一就不会乱。武力的集中统一，是有秩序之本，亦是构成国家之本。

现在中国——1911 年后的中国显明地正苦于武力分散而无法集中统一，并不是存在着一强固统治力有待我们推翻。苦在没有秩序让人们得以安居乐业；几乎有秩序就好，不管它是什么秩序（平等不平等，合理不合理）。因为能从争夺进而为剥削，能从破坏进而为剥削，那已经很好很好。革命对象——强固统治下的社会秩序——不患其有而正患其无。

不但武力分散而不统一，同时其文的一面亦配合不上。号称维持社会秩序的政府却已经失去人们的信仰尊重，不足以服人。照例革命对象代表旧理想标准，而革命党则代表新的。总之是：统治方面若不在旧宗教、旧道德、旧礼俗、旧法律上有其地位，即必有其新依据才行。然而中国自 1911 年代表旧理想标准的王朝倒了，这以后南北东西各政府有的自命为代表新理想标准而难邀较久之公认，或根本未得公认；有的甚至于自己就不承认其合理。譬如社会一般人诅咒军阀祸国殃民，而军阀自己亦通电高唱“废督裁兵”。不唯旁人否认它，它自己亦否认它。这就证明它初不依于一种秩序而存立。

旧著《乡村建设理论》为指证军阀不是革命对象，曾说：

中国今日正是旧秩序破坏了，新秩序未能建立，过渡期间一混乱状态。军阀即此混乱状态中之一物，其与土匪只有大小之差，并无性质之殊（土匪扩大即为军阀，军阀零落即为土匪）。他并不依靠任何秩序而存在（如贵族依靠封建制度、资本家依靠资本制度）；而任何秩序（约法、党章）乃均因它之存在而破坏失效，而不得安立。它的存在实超于任何法律制度之前。它可以否认他自己的合理，承认他自己是社会一危害物，而于它之存在依然无伤。（中略）为中国革命对象的中国社会旧秩序早随满洲皇帝之倒而不存；此不成秩序之大小军阀固革命的产物，非革命对象矣。它唯以无新秩序起来替代，故暂时消极存在耳。它不劳再否认，因它并没有被承认；它不劳再推翻，因它并没有建立。

革命对象基本上已不存在，无论从任何一面——武一面文一面——皆可鉴定无疑。那么，就要追问：这世界少有的痛苦不解之局究从何来，又如何才得解除？

回答这问题仍可分从文武两面来说，虽然根本上是一桩事。若问武力为什么总是分散而统一不起来呢？这其实在前面讲到中国分裂和内战的特殊，早伏有解答了，不必外寻。这就是：武力从其自身而分散，不像外国是基于其社会一定背景要求而分。后者武力是有其主体的，而前者则没有。武力原是一工具；工具必有其主体。有主体的武力不会出毛病；武力而缺乏主体一定成问题。试以外国的事情作譬喻。过去爱尔兰人以武力抗英；英人以武力压服之。这些都是有主体的武力。他们有两种可能的前途：一种是英人制胜，那叛军就消灭，仍然是一个国家而不分；一种是爱人得胜，那英人就退走，分为两个国家。不管是一个国家也好，两个国家也好，在其国家内部武力总是统一的，没有问题。而中国现在呢，在这早已同化融合为一大民族单位而不可分的社会，其武力却分散而不可合。武力与社会完全脱节，社会掌握不了武力，听它横行，莫可奈何。它不能为社会用，转为社会害。社会本是用它来对外对内维持秩序的，却不料现在破坏秩序的正是它。何以竟落到这地步呢？没有别的，只是武力寻不到主体一个问题而已。武力寻不到主体，就不能统于一处。武力不能统于一处，就要分散到几处。分散就必定对立冲突而为祸于社会。这不是很简单明白的吗？

武力主体在1911年前和在其后

于是就要研究：（一）一般说，作为武力主体的是什么？（二）以往历史上中国的统一，是以什么作为其武力的主体？（三）1911年后亦不是没有短暂的统一，其时武力主体是不是有呢？

我可以回答：（一）一般说，作为武力主体的即是那剥削兼统治阶级。但剥削被剥削、统治被统治要两面合起来才成一个国家；当其彼此互相依存，有共同利害之时——只在此时——作为武力主体的亦就是整个国家了。（二）以往历史上中国是以皇室朝廷一姓一家为其武力主体的。武力虽主要为夺天下及维持皇祚而用，但这与社会的安危治乱亦有时为一事而不可分；那么，当这时候作为武力主体的亦就不仅在一姓一家了。（三）1911年后每一度短暂的统一，必在人心有所趋向，此广大社会若有其一大要求明朗可见之时；那么，当这时候武力就算是有其主体的了。

要说明以上的话，就根追到中国历史文化的特殊了。我不能把《中国文化要义》全搬出来讲，只能扼举其要点大意。中国与外国、特殊与一般之所以分，就在家族生活对集团生活这一点。家族生活、集团生活同为最早人群所固有，而且亦分不开。但其后中国人家族生活偏胜，有异乎一般之走向集团生活。这是什么原故呢？那我只能粗说其关键在宗教问题上。举西洋作对照：西洋在宗法社会的宗教之后有基督教，而中国当宗法社会之际却有“非宗教的”周孔教化；这就是两方文化所由分。从此，他们便惯熟于对抗斗争的集团生活，而我们则长久是散漫和平的家族生活。表见在中国人之间者，好处是不隔阂，短处是不团结。西洋人反此，其好处是能团结，短处是多隔阂。濡染于中国文化的人口达四万万以上，完全同化融合为一大民族单位而不可分，并且在过去宁为一社会，不类一国家。但同样人口在欧洲就不知要分成多少国家多少民族而合不拢，而且其一国之内往往还有许多分野（阶级的、宗教的、民族的、地域的，等等），此疆彼界，隐然敌国。若问周孔教化有何巧妙竟然产生这样不同结果呢？那就是把家人父子兄弟之情推广发挥，应用到政治、经济、教育各方面，纳一切关系于伦理，以伦理组织社会，使社会家庭化。

由于以上所说两方的不同，当势不可免地经济上要有剥削、政治上要有统治那种时代，则此一矛盾形势，在西洋就演为阶级对立。——阶级出于集团，这是必须记取的。而在中国呢，它就化整为零，变固定为流动，有如我所称“职业分途”。整个社会内部形势散漫流动，其唯一固定者只皇帝一家。阶级对立之势未成，武力主体无可归落，只有落到他身上。然而他（皇室）实非一适当的主体。

一般说，武力因战争而有，战争必出于集团对集团之间。各集团掌握各自武力；武力天然被掌握于各自集团。没有集团根本不会有武力；岂有武力而待寻问其主体的？所以武力主体这一问题，在一般情况下原不发生。然而一般之所以如是，乃为一般是符合于孟德斯鸠一句话的。

孟德斯鸠曾说："争之与群（集团）乃同时并见之二物"。（见严译《法意》）这句话是极言有集团就有斗争，有斗争就有集团，二者莫能分先后。但一般虽莫分其先后，在中国却似乎有先后可分。那就是在散漫而缺乏集团的中国人，往往可以见出它是因斗争而临时结合为集团的。像历史上那些农民暴动往往假借宗教迷信以求团结，还要用"赤眉""黄巾"作出识别，而仍然不免被认为"乌合之众"，即其例证。还有可注意的一种情形，就是这里（中国）往往是以一二人物为中心而形成集团。团体在后，领袖在先；领袖为本，团体为末。不同乎一般是在集团内推出其领袖；领袖在后，团体在先；团体为本，领袖为末。例如楚汉之争，其问题只在项羽刘邦两人之间，并不是楚集团与汉集团一定不相容。所以韩信就可以在两边跑来跑去。又如诸葛亮一家兄弟三人分仕于三国；亦正为三国不是三个固定集团，其间本没有什么沟界分别。从前有"攀龙附凤"一句话，正说明这类集团的由来。一旦相与竞争的敌对集团失败散伙而天下大定，这集团亦解消于无形。所谓天下就是无数家族藉伦理联锁以成之社会大海。当初的集团只是从海中起的几点凝结，末后又冰消于海。此时不以武力主体属之一姓一家则无可归落，而以一姓一家为武力主体又嫌其过狭。

我们知道主体与工具是必须两相称的。若不相称，宁可主体大而工具小，万不能主体小而工具大。譬若以幼小人而操大刀，那便不成一种力量，反是一种累赘妨碍了。中国既是这么出奇的大国，要统治这么大国家，其武力该当多么庞大？而顾以一姓一家为之主，岂非太不相称！前说不适当指此。

然而自然（自然界的自然）是不会给自己出难题的。一个问题有来路便有去路。要知中国之所以拓大出奇，是有其来由的；那就是自始缺乏集团性，不习于对抗斗争而以伦理组织社会，许多邻邦外族乃不知不觉先后同化融合进来。“宁为一社会，不类一国家”（语见前）正是其得力处。武力于此固难得其适当之主体，但它（社会秩序）原可不倚重于武力。如所谓“马上得天下，不能马上治之”，照例在天下大定之后即必“偃武修文”。我在前曾说“消极相安代替了积极统治，武力备而不用，准备亦不足”；雷海宗教授尝论中国文化为“无兵的文化”；都是为此而发。这样它就自然解决了主体工具不相称的问题。

二千年历史虽然可以这样敷衍过去，到 1911 年后则势不能再以武力主体属之一姓一家。同时政治上的消极无为主义亦为国际环境所不许。对外对内既非加强武力不可，而增大起来的武力却缺乏主体来掌握它。于是它便失掉其工具性，变成了为存在而存在，为发展而发展。卅余年军阀之局由此造成。军阀就是一指挥官领着一大批军队，占据一地盘而吃饭。为军队而要指挥官，为指挥官而要军队。既有指挥官又有军队，那就要地盘。有机会更扩大地盘而发展军队。扩大地盘是为了发展军队；发展军队是为了扩大地盘。完全无目的无主宰，只供一些野心家任意利用，合纵连横忽彼忽此，忽敌忽友，陷全国于分裂混乱之深渊而不得出。“不晓事的人还在作武力统一的迷梦，其实武力统一中国不难，倒难在谁来统一武力呢”？（语见旧著《乡村建设理论》。）

深刻地认识无秩序

说至此，暂不忙讲如何形成一武力主体以求问题之解决。——这要留待以后说到我对问题的处理再讲。在这里还要把我对问题的认识作一总结。总结是往深处讲，往文化方面讲。往深处讲，我认为中国自 1911 年后社会的无秩序已陷于一种恶性循环。这恶性循环便是无秩序与无阶级两面迭互为因果；试看它是这样的：

（一）社会内部形势散漫流动，缺乏固定成形之阶级，乃至于较为固定的一姓一家亦不复存在，莫可为武力作主体而国家遂不能统一稳定。

（二）国家不统一，对外不能应付国际的侵略（特别是经济侵略），甚且导致了侵略；对内则法律制度无效，社会无秩序，不能保障人的生命财产，一切农工商业（特别是工商业）的经营就不能顺遂发展，甚且时时遭受摧残破坏；于是近代资产阶级（这是从历史看中国应该兴起的阶级）就培养不出来。

（三）资产阶级既培养不出来，武力仍然缺乏其主体，国家就无从而统一，社会还是无秩序。

（四）无秩序就不能养成阶级，阶级不成功，终归还是无秩序。

追究上去，端在社会内部形势散漫流动（贫富贵贱上下升沉不定流转相通）这一根本点。而这一点恰就是中国文化特殊之具体表现。因此一定要从文化上了解无秩序的由来问题才真得其解。

在前讲过有这两句话：

社会秩序的构成有文武两面。文的一面就是宗教、道德、礼俗、法律这些；其中是有些道理能说服人的。但单是靠道理说服还不够，必须有武力为后盾而强制以行。

作为一种秩序之核心的，必在其“有些道理能说服人的”那方面。

而我们所谓文化呢，亦即在此。占人类绝大部分的虽是那些为人生而服务的方法、手段、工具、技术等等；但居中心而为之主的则是表现了人生目的、人生规范的这一些。这些大抵从人生一点最基本取舍出发而有其相联带的种种价值判断，藉着宗教、道德、礼俗、法律各种形式而分别表现出来。凡不同文化，皆因其在这里有所不同；若其他方法、工具等不同，是不足算的。秩序的改造、文化的变革亦都在基本改变了其价值标准而不在其他。

我常说过去中国历史上只有一治一乱之循环而没有革命，那亦就是说它的社会秩序尽有时失效而不久仍必规复，二千余年从无根本之变革。问它何以能如此？一句话说：其秩序存于道理说服者多，而恃乎武力强制者少。何以见得呢？它自古以道德代宗教，以礼俗代法律；而道德存于个人，礼俗起自社会，像西洋中古教会、近代国家那样以一绝大权威临于个人、临于社会者，中国是没有的。宗教、道德、礼俗、法律四者虽莫不有道理说服人。然而宗教不离祸福，法律赖于赏罚，皆不免对人施以威胁利诱，其于以理服人殆有所不足。比较上说，中国以理，西洋以力，两方文化的分别远从散漫和平的家族生活与对抗斗争的集团生活之相异而来，近则以阶级对抗形势的构成与否为断。

因此中国在 1911 年以前，其文化并不相当于西洋封建之世而远为深厚——在人心中深有其根。当清末西洋近代潮流进来，固说服了一些人，引发了 1911 年的革命。而革命的结果却并不能把中国社会像从封建解放出来那样转入到近代资本社会。所谓“基本改变了其价值标准”那句话是完全谈不到的，不过是新旧两种价值标准混乱矛盾之局。这就是陷于无秩序的根本所在。

不料正在新旧矛盾纠缠不解之际，又有第三种文化进来。这就是一向反资本主义的社会主义潮流爆发出 1917 年俄国的十月革命，影响到全世界，亦输入到中国。在中国就有中国共产党的产生，就有 1925—1927 年的革命及其以后的革命。这对于近代潮流（指资产阶级自由主义）而说，虽然二者原是同出于习为集团生活的欧洲人，却在社会人生上一切价值判断又大大相反。于是矛盾之外更增矛盾，混乱之中又加混乱。不苦于没有道理说服人，而苦于说服人的道理太多。

于是武力不能归一之外，道理又不能归一。假如道理归一，大约可能使武力归一的；假如武力归一，亦很可能使道理归一。反转说，武力是多头的就能破坏了道理归一；道理不一则武力归一恐怕亦难。现在正是后一种极严重情形，在旧著《乡村建设理论》上，我又称之为极严重的文化失调。必须把无秩序问题了解到此，才算真了解。

不求统一于上而求统一于下

一切革命要不外推翻旧秩序而建造新秩序。当我对 1911—1927 年后的中国作如上（无秩序）了解，并看到它天天自己毁灭之时，唯一急迫心情就是要求建造新秩序，而坚决地激烈地反对内战，反对一切破坏行动。我过去之反共完全在此。至于建造社会主义的新秩序，那原是我的要求，并无不同意向。

要遏止自己毁灭而走向建设，特别是以社会主义经济为前途目标的建设，其关键全在统一稳定的国权之树立。怎样树立呢？如其再模仿外国建立阶级统治之局，那就太不认识中国问题的特殊，而且有些企图早已经失败（详见后），不足考虑。唯一适合于中国的道路就是从阶级之缺乏径直渡达于无阶级之社会，而断断不是其他。这一条路首先从民国初建以来历次短暂的统一，在我直接经验中给我很大暗示。

譬如推翻满清时全国第一度统一之建立，就是人心趋向共和，全国纷纷响应，四面八方——清室亦在内——合拢来的结果，而不是从革命一方发展拓大统治了全国。再如推翻袁氏帝制恢复共和那一度全国统一，亦是差不多一样；一句话说，都是决于人心之向背而不是用兵的结果。到国民革命军北伐那一次，算是用兵稍多。然而从广东只出来三万多枝枪却削平了几个大军阀十余倍兵力，仍不出“得人心者昌、失人心者亡”那句老话。末后以张学良易帜而完成统一，与前两次还是如出一辙。而最后明效大验莫过于抗日初起时全国所表见的空前高度统一，对内一毫没有用兵，而全国之兵却莫不为它用。当在徐州与日寇会战时，云南兵、广西兵、四川兵（这些都是从来不统一的）、东北兵、地方兵、中央兵、国民党的兵、共产党的兵……什么兵都来了。各式各样的装备和符号参差不齐，却统一于抗日一个目标。多少年来武力失掉其工具性，至此竟一朝而恢复。所有这许多事例都暗示我们要抓住全国人心趋向——此广大社会一共同要求以求统一，不是吗？

大凡问题解决的窍要就藏在问题里面，不必远求。真能了解问题，自能解决问题。在前我们不是已看出中国所有的分裂内战不同于外国有的分裂内战吗？既然知其不同，那我们就自有其统一之道，不必模仿外国。天下事情短处翻过来即是长处，这边走不通就掉转走那边。外国一般是求统一于上的，我们今天却须求统一于下。何谓求统一于上？在此疆彼界隐然敌国的社会中，以一方强越势力压倒其余而统治之，尽管社会依然不免有其分野对立而国家却是统一的；这就是统一于上。何谓求统一于下？在“好处是不隔阂、短处是不团结”（语见前），形势散漫而情意颇若相通的社会中，发见其亲切实际的共同要求，从而联系之以成一体，使一向浮在上面的分裂若有所归而势无可分，国家于是统一；这就是求统一于下。

历次从人心趋向的一致而有了全国统一的局面，却总未能把统一贯彻稳固下去，这是因为过去有缺点：第一，历次意志集中总偏在负面而不是正面。像排满、倒袁、铲除军阀、抗日，这一切都是负面消极性的；其正面积极要求却不具体明确。一旦消极目的得达，立刻就不能一致。须是一个正面的、经常性的、合于大众亲切实际的要求就好了。第二，人心虽一时从同，而人仍然是散漫的，所以不中用。须是随即把它联系起来，成一代表广大社会的组织就好了。

然而要做到以上这两层却亦有待机缘时会之到来，无法强求。我所从事的乡村建设运动不是旁的，正是看准了这种时机到来而努力奔赴的全国统一运动。

乡村建设运动大率起于 1925 年以后而盛于 1937 年以前。它是从四面八方不同地区、不同动机或立场，从事于不同业务或工作，不期而渐渐汇合为一流的一大运动。正为乡村人口、农业生产是此社会最大之事实，要想提高文化，唤起民众，复苏经济，改革政治，总不能舍此而别求其致力处、入手处。这是当那些大而无当、高不落实或缺乏建设性的救国运动、革命运动过去之后，自然转入一种近乎改良的运动。这种运动从表面上看，在东西各国差不多都有，然而实质上不同。试以日本为对照就知道。1936 年春我曾到日本去考察其农村复兴工作。原来他们农村经济之受到破坏，即在 1929 年后的那次世界经济大恐慌。其农村工作即始于那次破坏后才制订的五年计划。我到东京刚刚在他们所谓“二·二六”事件之后不久。“二·二六”事件和“五·一五”事件（刺杀首相犬养毅）都是从其社会内部矛盾爆发出来的革命式的政变暴动。资本主义的经济盖不止存在着劳资两阶级的矛盾，更造成工商业与农业、都市与乡村、生产者与消费者……种种矛盾。两次事件就是陆军军人代表农民反抗资产阶级政党政治的一种行动。其复兴农村的一切工作，外表上与我们乡村建设绝相似，而处处比我们见出有办法，有成绩。但我们却效法不来。何以故？他们政治有系统（议会有种种立法而中央以至地方行政机构为之执行），经济有系统（例如金融系统、全国合作社系统等等），教育有系统（从学术研究、学校教育到社会教育），互相配合作起事来效率自高。试问在分裂内战又一切落后的中国何从得此好条件？然而却要知道：他们救济农村的一大力量不是别的，正是控制其农村的力量，亦就是起初破坏其农村的力量。这正表见资本主义国家内矛盾的两面又互相依存。他们的农村工作尽有效率，却无前途，总不过是改良而已。要想达到社会主义，不可避免地它还要经过大革命推翻资本主义才行。中国却不然，正为其没有那一大系统力量来救济农村，亦就没有一大力量阻碍着此广大农村自求其前途。乡村建设只是近乎改良（甚至有人亦自认是改良），而实则其使命乃在完成中国革命的。

中国革命始于1911年，本意在模仿着做一个近代国家（如日本一样），却不料自此就不成一个国家。外不能应付国际侵略，内不能维持一般秩序，资本主义工业之路走不上去，经济的落后一直未改，工商百业仍依托农业，都市仍然依托于乡村，一旦农村崩溃，全国不了。1930年后救济农村的呼声不发于乡村而发于都市，首先说话的正是上海金融界（中国银行年终报告）。1933年后每年全国乡村工作讨论会开会，一经号召，人们即从东西南北各地自动集合而来。到会的各行各业什么人都有，假使你不先知道为什么事开会，而要想从到会人身上发见它是一种什么会议直不可能。因为人太复杂了。于此可见它是亲切地关系到全社会各方面的实际生活问题，不同于某些运动只对于一方面或一部分人亲切，偏而不全。更要紧的还不在此——不仅在当前一时代表着全社会广大要求。更要紧的乃在资本主义国家内那种强大的矛盾这里没有构成——矛盾亦有而是分散零碎的，并没有构成一大矛盾而不可解——尽可以容我们从一种有方针有计划的经济建设，调整社会关系而达成社会主义。这就是说：在社会经济整个崩溃的中国，今天需要从国际经济侵略下翻身起来而向着社会主义迈进；但要翻身不是件容易事，要从经济建设而完成社会改造更不是容易事，都必须看出有其客观可能的一条方针路线才行。然而乡村建设呢，却正是这一条通路。空间上代表着广大要求，时间上又有其远大前程，当此运动广泛展开于全国而成立其一大联合组织的时候，散漫的中国社会不是就联系为一体了吗！

一切政权（国权）原是为社会经济而服务的，经济的出路果真在此，则政治的出路无不在此。当此一大社会从乡建运动而统一起来，武力就有了主体。但千万莫忘记“统一于下”那个原则，乡建运动的联合体或其任何组织都必须守定在野立场而不要直接当国秉政。

须知统一于下所不同于统一于上的，就在使社会始终保持于一个立场上。要使社会保持于一个立场而不分，那就必须把政府与社会分开。不然的话，社会自身就要分，这是一定的。因为社会原涵有矛盾在——至少那个剥削问题免不了。对于矛盾只有两种安排：（一）偏于一方的强力统治；（二）从彼此理性求其协调以至末后矛盾完全消除。这两种安排不容你自己选择，而一视乎国际国内形势为决定。一般国家都是第一种安排而中国则做不到，可无待多说。却由于国内一大矛盾之势未成，就有了第二种安排之可能，再由于国际侵略压迫严重早掩盖了内部问题，乃更加决定。从乎这内外形势不能不作第二种安排了，而为涵有矛盾的这个社会恒常保持于一个立场却大大不易。此时最要紧的就是必从理性求协调而万不能用强力。然而此时对外对内少了武力如何能立国。那唯有以政府统率武力代表国家对外对内，不要与代表社会的乡建运动组织牵连混合。如其乡建团体自己来组织政府，那便根本破坏了求统一于下的原则，而搞乱了这种安排。本来显然隔阂对立的两方面在中国很少有，如其说有，那就是在政府与社会两相对之间。乡建运动当其在野向下扎根，把散漫社会打通一气，可使政府为之低首；一旦自己登台，却将失脱社会根基，并陷自身于纠纷，亦就失去一切作用，而葬送了革命前途。

乡建运动与政府之间的关系如何才对呢？如《乡建理论提纲》第四十六条所说，那就是要以全国乡建运动联合组织的中枢为知觉和用思想的机关，而以政府为行动机关。但不必从法律上取得此种地位，而要在其能从事实上代表此大社会的痛痒要求，并能集中人才以学术头脑规划前途，给政府施政作指针，即不患无其地位。

始终自以为是

叙说至此，读者可看出这种主张真算特殊，一般革命中的政权问题到此完全变了。它虽仍然需要一个服从于革命的政权来完成革命，却已经不再是变更政权、夺取政权那些事了。它是把原来不属一般国家类型，又经革命推翻了秩序更不成其为国家的，设法形成一个国家——还是不属一般国家类型——让它有革命政权树立起来，俾得进行建设，完成革命，以达于最后是社会而非国家那一步。此时我看：南京的国民党是在我右边的；它倡言建设而无方针，简直不晓得它要往哪里去，不说背叛革命，亦是忘记革命。江西的共产党是在我左边的；它倒始终没有忘记革命，而盲目破坏，有害无益。若其昧于认识中国问题，则两党所犯之病相同。只有我从历史文化认出了中国革命唯一正确之路。

后来抗战既起，乡建运动不得如预想那样发展开，又见两党各具势力不容轻视，经过一番考虑，稍稍变化了我的主张。这就是后来我主张的“确定国是国策”“建立党派综合体”“政权治权划分开”那三个步骤所构成之一套方案，在前已有叙述。因我考虑到：两党原来都是想解决中国问题的，却由认识问题不足，而今天他们自身依我看倒成了问题等待人助其来解决。我应该引他们回到解决问题的路上，仍成为解决中国问题的力量。这是一面。再一面，乡村建设之路果为他们所接受，正用不着一个地方一个地方去发展；如不为他们所同意，那自身想发展亦将受到阻难。所以无论如何要打通他们的思想才行。这其中第一步确定国是国策，意在使全国意志集中于一建国目标，包涵有对外如何求得民族解放，对内如何完成社会改造两大方面，而以后者为主，希望把乡村建设采纳进去。第二步建立全国党派综合体，其作用就相当于全国乡建运动的联合体。第三步政权治权划分开，即本于乡建联合体要守定在野“求统一于下”那个意思而来。所有变化只在外表，根本意思实未尝变。

这一方案在我第一次到延安时，虽胸中尚未十分成熟，却已提出向毛主席请教过。第二次到延安，更向十位先生陈述了一遍（见前）。对周恩来先生则是在重庆谈的。我说党派综合体不要直接当国秉政，而参加政府的人一定要脱党，他们似乎怪讶不解。好像确定国是国策、建立党派综合体两层在意思上都还可以接近，只第三层不行（毛、朱、周三公皆露此意）。而其实从这方案说，第三层寓有我解决中国政治问题的窍要在内，正是其最要紧所在。政府与社会如不分开，社会统一不能巩固，便一切都完了。

为什么彼此意思不接头呢？共产党的老话：“要站稳阶级立场”“要

分清敌我”；而我却要把全社会统一于一个立场。一定要“从团结求统一”“只有东西南北各式各样的朋友都拉在一起中国才有救”。彼此路道正好相反。可以说国内过去有本有源彻头彻尾反对共产党以武装斗争方式解决中国问题的我算一个。我有一套“既从今以追古又由古而达今，事事与外国相比较，纵横往复”而建立起来的理论作根据，我认定他们把中国问题当作一般革命来搞是错了。直至全国解放前夕，我写《敬告中国共产党》一文反对以武力求统一，还在说：

> （上略）……我担保不会稳定，即统一必不久。我前说“以武力求统一只有更迟延中国的统一”其意正在此。这千真万确的真理，我却不愿它再作一度事实证明。——但你们竟然要再来一度，我亦只有长叹一声！

从这几句话不但看出我的自信，还看出自信是在这一点上。

本文第二步骤——说明我对中国问题的判断和处理所自以为是的由来——至此约可结束。

倒底是无秩序还是有秩序

在《光明日报》前文上，我曾说三年来的事实给我的教训最大者就是若干年来我坚决不相信的事情竟出现在我眼前——一个全国统一稳定的政权竟从阶级斗争而奠立起来。同时其另一面，当然就是我所深信不疑者完全落空。这使我不能不好好反省究竟错在哪里。既须寻出所以错的根本点，且要分别勘正那些从而发生出来的错误。以下就进入本文第三步骤。

在前已点出我和中国共产党所以分路走的分歧点，即在“我正以无秩序为苦而共产党却就苦其有秩序”（语见前文）。把这问题弄清楚，错误的根本自见。上文充分发挥“无秩序”之说正为下文检讨要翻案作准备。

我们在上文费了许多话来讲“无秩序”，那“无秩序”真是铁案如山，谁还能否认呢？读者试回头看一看，我想一百人未必有一个人能否认罢！谁晓得就像我所见兵匪如麻混乱到顶的那种地方，若让毛主席来看还是有秩序，而且统治依然很强。试取出那篇《湖南农民运动考察报告》，对照着来想一想，便可恍然有悟。原来我之深苦无秩序，还是从一般有产者立场出发。虽说已经成了争夺之局而剥削之局似乎被打破；但财产私有仍是公认的制度；剥削一般还是有效，强霸争夺究竟难邀赞许；这就是有秩序。这种秩序的破坏，威胁不到无产者，不是他们之所苦。他们之所苦，像那篇报告中所说绅权、族权、神权、男权的四大威权，则因我既不是贫雇农，又没有生长于乡村宗族间，又不是女人，一切横暴压迫未曾受过，在我意识中就不能清楚深刻。身受其苦的人，大概若有一物横梗在胸，念念不忘；而在我心中却若有若无。所以封建统治从毛主席看去几乎原封未动，而我则倡云“革命对象已不存在”（见前）。假若当那时我亦在湖南，我将是对农民运动喊说“糟得很”的人，而不会如毛主席亲切地感觉“好得很”。

何以说这些问题在我心目中若有若无呢？这值得仔细说一说。首先应当从其中重要的绅权说起。

绅权这一项诚如那篇报告中所说：“农民对政府如总统、督军、县长等比较还不留心，只这班‘乡里王’才真正是他们的长上”。虽各地情形不同，然问题总是有的。我既号称作乡村运动，原从很早用过很多心思在这个问题上；那么，我对此问题究竟如何判断和处理的呢？民国十九年我主编《村治》月刊时，有一篇《敢告今之言地方自治者》的长文，最可代表我的意思。此文曾收在《中国民族自救运动之最后觉悟》一书中，由中华书局印行。其中虽大致从反对当时所谓地方自治说起，却可见出我对绅权的看法：

（上略）举办地方自治岂独增加农民负担，更其凶猛可怕者是助成土豪劣绅的权威。（中略）我们试想想看：

第一，本自容易受欺压的乡民；

第二，将他们划归一个区域，而安置一个与地方官府相衔接的（自治）机关；

第三，此机关时时向他们发号施令，督迫他们如此如彼；

第四，此机关可以向他们强制地加捐派款；

第五，此机关可以检举他们某些罪名（例如烟赌等）而处罚他们；

第六，此机关或且拥有武力——保卫团。

这简直是为土豪劣绅造机会，让他正式取得法律上地位，老百姓更没法说话罢了。不独给他法律上地位，并给他开出许多可假借的名色路道来，又且资他以实力（保卫团）。

接着我又论到“人民自卫”这题目亦可怕的。因为枪枝武器多出于地主有钱的人，而统制指挥又操于他们之手，地主绅士一二人的尊严威猛由是遂以建立；怎能保他不滥用权威呢？多数乡民怎能免于受欺压被鱼肉呢？原文还这样说：

我们并不是说作“团董”的没有好人，这是事实自要如此。何况今日的社会是什么社会，我们试想想看：

第一，今人欲望比前高许多，而生活的艰难及风气的丕变更使人歆慕金钱势力；

第二，频年的变乱使人变得险诈狠毒，残忍胆大；

第三，社会旧秩序（法律制度礼俗教条等）已失，而新秩序未立；于此际也，多数谨愿者莫知所凭循，最易受欺，而少数奸猾乃大得其乘机取巧纵肆横行之便。

在这种运会形势之下，（中略）再加上“地方自治”“人民自卫”适以完成其为人民之蟊贼，一方之小霸王而已。然而今之提倡自治自卫者似绝未留意到此，究竟是智虑短浅呢，还是毫无心肝！

问题是这样提出了，将如何处理呢？过去两千年消极不扰为治，让老百姓去度散漫和平的生活，那是不可能规复的了。模仿西洋的旧民主制度我亦不赞成。原文于摘引当时自治法规那些乡民大会、区民大会、乡监察委员会、区监察委员会及人民的直接罢免权等等规定后，便说：

（上略）求效于组织制度之间，对于声威所在实力所在的豪绅，欲以白纸写黑字振起农民数千年散漫积弱之势而胜之，实不免妄想。然而在这种互相牵掣抵制之下，一个人独霸之局诚亦不易成功；演为地方上几个人分结徒党明争暗斗之局，大概是一定的。因为一地方不见得就只一个人有钱、有势、有资望、有胆智；长于此，绌于彼，高矮不齐而各不相下的总有几个人。这几个人始亦未必彼此作对。然而从这制度之所安排布置，其不引之促之于结党分

> 派构怨成仇又何待？在立法者所自诩为防杜土豪劣绅的妙方，不过换一换局面。而此种捣乱打架之局比之个人独霸之局，究竟那个好些又谁能说呢？

原文接着说，多数政治是无疑问的必要，但昧于民族固有精神必致酿乱。自1911年来，因“民主共和”的好名堂已是将国家闹得天翻地覆。然而偏僻乡曲兵匪不到，犹或可以安生过活，或兵去匪过之后亦可抽空过活。假若“地方自治”“人民自卫”普遍地举办起来，必将闹得无一处无一时得安生，其为祸之周匝深刻又将十倍于前！

似这样，过去老路子是回不去，近代西洋新路子我又拒绝模仿，我主张什么呢？当然更无旁的，只有我的乡村建设。乡村建设的主张，虽不能说是起于要解决绅权问题，但想从乡村培养出中国的民主政治来，则是我最初动机（下一篇文章将叙述到）。像这样的动机，绅权问题自然在考虑之内。所谓“若有若无”，此即其“若有”一面。

何以又说“若无”呢？那就是不作为革命对象来认识它。这从上所引原文和未引的全文语气间不难看出；而看我全部理论就更清楚。照我的理论，秦以后中国封建制度虽不是完全解除，却变化得非常之大。我承认它有时逆转于封建，但若顺着中国文化走，则理性发挥甚高，过着消极相安的伦理生活，尽不免有些封建形迹，早无封建实质的。可恶的绅权（还有其他类似东西）我只设想它是逆转于封建时有的，不是在一切时固定有的。所以在上所引原文及其全文语气，都露出问题原来不大（如果不是没有的话），而在“这种运会形势之下”却大了，特别若是随便举办“地方自治”“人民自卫”将更大。

再明确地说一句：现在遇到的这些恶势力——绅权及其他——其性

质是封建的，但主要是由于消极性的老文化旧秩序已失、积极性的新文化新秩序未成而出现，不是传统一直留存下来的。它本身是无秩序的产物，愈无秩序它愈发展，愈作一些不能成功新秩序的新号召新办法它愈发展，而不是任何（封建的或资产的）秩序。只须赶快建造新秩序——其道则在乡村建设——就好了，用不着当它作革命对象来实行革命。——这岂不是“若无”了吗?

其次再讲族权、神权、男权这三个问题。

旧著《乡村建设理论》曾指出某些宗教迷信和中国人子女若为其亲长所属有，妇人若为其夫所属有，那种人对人的隶属关系，自是宗法社会、封建社会的遗迹，较之近代西洋不免保有一些未进步的形态。我承认所有这三权是封建，这就是“若有若无”的“若有”一面。然而我同时说明中国之所以数千年长保此落后形迹者，正为其理性开发太早——文化成熟太早，不可误以为真幼稚。从旧著《东西文化及其哲学》到《中国文化要义》前后三十年都在作此阐明（至今没有改变），因此它就不同于一般。从一般说，这三权往往结合于封建实力（武力统治）而不可分，要革命时一起革命，其必出于暴力破坏势不可免。而这里似用不着，尤其在经过 1911 年革命更用不着。在这里，要待积极性的新文化新秩序之一步一步建造（产业发达、科学发达、教育发达等等）它随着同时就自然解决的。对它亦可说须要革命，但不过习俗观念须要改造的那种革命。——于是从“若有”，又转为“若无”。

过去我从不肯说反封建这句话。虽亦说要为农民解决土地问题，但只从经济上了解其意义，不从反封建出发。我认为“怎样在日常生活中养成其组织能力，是农民得以抬头作主的唯一途径”；“农民地位须要增进提高而不是翻身”（《乡建理论》）。对于封建性极重的某些习俗亦知道要改革，而在邹平所最用力作的亦不过反早婚（族权）、反缠足（男权）一类功夫而已。至于不知不觉还作了许多助长封建势力的事情，将留待下一篇文章再作检讨。总之，我对于中国旧日社会的封建性的认识远为不够，直到解放后到了鲁南，到了川东乃大有所省觉（见前文）。这是由于我的出身和生活环境从没有尝过那些封建统治压迫之苦，而倒有一些知识思想会分析问题，亦就不免曲解了问题。

"所有的人每一个无不有他的阶级烙印"；"一切问题所争总不外乎彼此立场不同"；这些话我今天才相信。过去不是无所闻，却不相信，不肯从这里去注意反省，终于被自己的阶级出身和环境所限制、所决定而不自觉。中国社会是不是缺乏阶级，自1911年后是不是没有秩序，本都可以从两面来看，而且几十年中亦何能一概而论。但我总是从其一面——缺乏或没有——来强调，总不免一概而论，正为自己没有站在革命的阶级立场之故。以上借着毛主席那篇《湖南农民运动考察报告》为对照，揭发出其思想根源。本文开首说的：我之落归改良主义不出于浮浅错误而是有其思想根源，至此点明。

以下继续说明我根据"无秩序"这一判断来处理中国政治问题，如何不能不使革命落空。

就为不懂矛盾论所以一无是处

我写至此处，《人民日报》刊出了毛主席的《矛盾论》一篇著作。看了之后第一个感想是自己过去就失败在没有把矛盾法则弄清楚。现在看了还是有许多处若明若昧，但有一点则明白无疑：毛主席掌握了这部矛盾论乃是他领导革命成功之本；而我在中国革命政权问题上分析错误、处理错误，正为搞不通矛盾论。读者试回看本文第二步骤讲中国必

"求统一于下"那许多话，还有《光明日报》前文讲我反对暴力斗争那许多话，不正是从形势分合、内（阶级）外（国家）矛盾来分析判断、来规划处理吗？等待几时矛盾论学习好再把其间错误一一检查出来，现在只能粗说一说（仍不知对与不对）。

"没有秩序"这一判断，决定了我对走一般革命之路的否定，亦决定了我必要作特殊处理。其错误亦要分从这两面反复检讨才更明白。

一般革命之路——暴力斗争在我何以要反对呢？如《光明日报》前文所说：有两面才好斗，亦自然要斗；斗亦能斗出结果来。结果指一面压倒一面而革命政权树立。缺乏对立的两面不能斗；斗就要陷于乱斗，就要混战一场而没有结果。又何以见出没有两面呢？如前文所说：阶级问题要紧在剥削被剥削，而剥削却必在一种秩序下行之；有秩序便有两面，否则，不成两面。所谓不成两面，意指没有构成阶级统治之两面。一般革命不外是这两面中被统治的一面翻上来把那一面压下去，以新阶级代旧阶级而居统治地位。这种新陈代谢的社会发展，在历史上只见其改朝换代的中国原是没有的。不成两面是早就不成两面，不自 1911 年始。不过 1911 年后乃更加甚；在前是散，其后更加上乱。在散而且乱之中你怎么能斗出结果来呢？所以我认为此路不通。

我们先来检讨这一面。

说 1911 年前中国早就缺乏阶级，这句话是不是可以说呢？我想是可以说的。"缺乏"乃比较相对之词，以表阶级在这里较之在西洋或一般是有差异的。在这里存在着剥削乃至亦免不了统治；就是说：一般有的矛盾这里亦有。然而其形势分散，上下流转相通，阶级好像没有固定成形，在矛盾上难道不较之一般有差异吗？说是可以说，但我一向片面强调缺乏阶级，而不从其虽缺乏亦还是有那一面来看，这就不合于辩证法了。

成不成两面，在 1911 年前和在 1911 年后应当分别来看：1911 年前，统治被统治、剥削被剥削都不是固定的，唯一固定者只皇帝一家，因有“一人在上万人在下”之说。说不成两面，意正指此。当其有大暴动起来，虽推翻一代王朝却无法作到一面翻上来一面压下去，亦正为此。然既有矛盾，就有两方；况其不固定亦只是相对的不固定。所以当大暴动起来，诚不免陷于混战乱斗，而当其有秩序之时终还有两面可说。必强调 1911 年前早不成两面，仍属片面看事情，不合辩证法。1911 年后秩序破坏，军阀彼此对立混战，被统治的老百姓转落于第三者地位而纯被牺牲，确乎不成两面。然而在前已经指出：财产私有仍是公认的制度，剥削一般仍是有效，强霸争夺究竟难邀赞许，则秩序亦还是有的。此时从全国来说，虽不成其为两面；在一军阀政权地方内，难道说不是两面？片面强调无秩序、强调不成两面，总都是不合于辩证法。

有没有秩序，成不成两面，这些都不须空泛着谈它，而要从其斗得出结果斗不出结果，亦就是一革命政权能不能树立来研究。——这是最要紧的。

当我们要革命时——要解决矛盾时，就不能把各种矛盾同等平列来看。譬如军阀彼此间虽有矛盾，其矛盾却与革命无关。而我竟因其一时祸害的严重而看重它，不但把它与阶级矛盾平列而说为三面或多面，并且援为“阶级分野不够重要、没有力量”之证（见《光明日报》前文）。这就大错而特错。这是为我自己根本没有站在革命立场。如前所说，我是从有产者立场出发了。尽管小有产者在社会上数量绝大（毛主席所谓“两头小中间大”），并且私有制度亦还有一段前途，在当前应当求其稳定。然而在一个以反剥削的社会主义革命为理想要求的我，如何却代表了有产者，岂非笑话！关于立场检讨仍留待另一篇文；这里主要指出的是其轻重倒置，实为不能解决问题之本。

假如自己站在一定的革命立场，那就是自己站在矛盾中的一面而要求如何解决其问题，则对于左右前后牵联着的许多其他矛盾，视乎形势发展，自能权其轻重，分别主从，知所先后，而联其所当联，攻其所当攻，暂时不管的搁开不管，将始终只有两面而不会乱。所谓“散”，所谓“乱”，所谓“混战一场、乱斗起来”，都不过是我把许多矛盾同等平列乃至轻重倒置、胸中无主之表现，在马列主义的革命党人是不会的。既然始终只有敌我两面而不会乱，则不断随着世界大势之发展而努力之结果，迟早总有一天这面翻过来而树立了革命政权。何能无结果呢？

在《光明日报》前文我曾说：“我现在觉悟到尽管中国社会有其缺乏阶级的事实，仍然要本着阶级观点来把握它，才有办法。”有些读者看了不解，以为“既然缺乏阶级了，如何还能以阶级观点把握它”？其实正该如此。阶级立场和阶级观点是一个革命者应当始终不放弃的。却遇到缺乏阶级的社会，依然可以承认其事实；仅承认其有所缺乏，并不曾轻忽其阶级本质。要必在不否认其缺乏阶级之中而把握其多少有阶级一面，然后才有办法能解决社会问题。我想唯物辩证似乎应当如是。过去我追求中国的特殊，在“缺乏阶级”的强调中竟致忘记了立场，抛弃了观点，把矛盾法则根本不要；革命在我不成空谈，成什么呢？

一错误，无往而不错误。就在我片面强调“缺乏阶级”“不成两面”之时又忽忘其可能有发展变化，于是像山东乡村社会在抗日伪、抗蒋美的十余年中所引起之阶级分化以至惨酷斗争（详见前文），便不曾料到。这种把事情看成静止的，大大不合于辩证法。而且我一向强调“中国革命是从外引发”（见前）的话，何以却不早注意世界正从阶级立场分为两大阵营而决斗的形势，而中国亦就要被扯向两边去呢？这种孤立起来看事情，又是大大错误。

中国共产党或许于中国缺乏阶级那一面有些认识不足；然而不要紧，他却正好把握了其有阶级一面。他把握了这一面，坚决站在无产阶级立场而立志走向反剥削的远大前程。这对于“中间大两头小”的社会全局说，自己立脚地方，岂不失之狭小？同时对于这样经济落后的社会说要反剥削又宁不失之过早？然而一切不要紧。他立脚地方确实的很，而放眼世界来看又并不狭小。剥削虽不能一步登天而废除，但从我们不能再走向资本主义来说，则方针路线又不可不早为明确。这一个“确实”、一个“明确”就是最好不过的事。近从一角落，远到全世界，在他眼中早把一切人们分作两边去。

“分作两边去”这只是在自己眼中如此，还没有真成事实。不但没有成为事实，而且事实上恰是应该分到这边来的没有分过来，应该分出去的没有分出去。——这例如大都市的产业工人还没参加革命，手工业者还在闹“同行是冤家”，店员与老板相依，农民分散而不集中，甚至佃雇农与地主亦复相安，多数知识分子各行其是，在一种彷徨或游离状态中，……如此等等说之不尽。然则怎样造成事实呢？特别是怎样团结成自己这一面呢？敌人那一面倒不必管它，自己这一面团结不成，则翻上来压下去的话即无从谈起。所以这是一个决定性的问题。假如以上是说共产党在认识上如何与我不同，这就说到彼此行动上的不同。

共产党的成功是成功于其行动的。他的行动就是武装斗争四个大字。只是从武装斗争以后，那“分作两边去”的事实才当真造成。——一步一步地婉转曲折地经过长时期而造成。说明白一点儿：这才造成了中国共产党及其领导的统一战线。从造成自己（党）这一面的开始，就有军队和政权随着而来。一分的开始就有一分的军队和政权，最后便是极其强大的军队和全国范围的革命联合政权之建立。一切成就基于武装斗争；没有武装斗争没有一切。

然而武装斗争不为别的，乃是为要破坏推翻一种强固统治的秩序；这在我不是"不患其有而正患其无"（见上）吗？前说"我正以无秩序为苦而共产党却就苦其有秩序"是彼此分路走的分歧点，正为此。在解决中国问题上彼此一成一败，他走了活路，我走了死路，全由这里分。

他单是武装斗争就成了吗？那完全不是的。单是武装斗争——单是暴动，可能没有破坏到对方而先消灭了自己。因为他不是从现成对立对抗的两面而斗争，乃是要在斗争中逐渐地分开两面，团结成自己。所以单是武装斗争完全不够，而要在斗争前、斗争中、斗争后，都善于掌握运用矛盾论。掌握好矛盾论，才能在散漫凌乱的社会中得其条理，把变化复杂的环境应付裕如——如前所说联其所当联，攻其所当攻，暂时不管的搁开不管——而使自己一天一天由小变大、转弱为强。末后，这面翻上来那面压下去的事情居然出现在中国，开数千年未有之奇局，其全部学问要都在此。

读者试再参看《光明日报》前文说到中国无产阶级革命力量如何养成那一段，则于一般革命之路所以在中国终得走通不难明白；而我过去否定它的不对，可无待多说了。

这才晓得原来我没有革命

更从另一面——我对中国问题的特殊处理那一面再检讨看看。

我所谓特殊处理自是对一般革命之路而言，究竟其不同处何在呢？

那不外革命是讲斗争的，而我则讲联合。用上面的熟语来说：革命就是“这面翻上来那面压下去”；特殊处理则在“不求统一于上而求统一于下”。要“翻上来”，必须武装斗争；要“统一于下”，全在把握社会人心一共同趋向。如今看来我错在哪里呢？很简单，我不该片面强调联合。把“联合”与“斗争”对立起来，以为二者不能相容。这在矛盾论上就根本是不通。联合是可以讲的，却要在斗争中讲就对了；特殊处理是应该有的，但离开一般而作特殊处理那就错了。

特殊处理的思想是怎样形成的呢？假如说中国已是某一帝国主义的殖民地，或者说中国已成了一个资本主义国家，那么都有一强大矛盾简单明切构成在我们眼前，谁还说什么特殊处理。恰为它不是如此，而是在几个帝国主义侵略下的半殖民地，我们对帝国主义矛盾之外，帝国主义者彼此间还矛盾着；同时国内四分五裂，统治与被统治矛盾之外，统治者彼此间更有矛盾。实则其矛盾重叠、分散、零碎、复杂还不止此，此不过其大端。于是我的注意就被吸引到为祸最烈的连续内战（无秩序）上。这是几方面（有枪阶级彼此之间、有枪无枪之间）矛盾的集中尖锐表现，却掩盖了寻常有秩序的剥削被剥削那种矛盾。当我迫切要求国权统一稳定之时，虽主观自觉地是在要求有方针有计划的社会主义建设，却不自觉地早把社会生产上剥削被剥削那种矛盾——社会最基本重要的矛盾转而看轻，自己恍若置身矛盾之外来处理矛盾，而实际却是从有产者立场出发了。这便是我离开一般革命之路而走向特殊处理的开头一步。

同时，结合着我一向对于老中国社会构造特殊的认识，我很快看出中国这种分裂内战与外国所有的分裂内战殊不相同，它并不代表社会什么一定势力分野，它完全是没有根的。这恰是数千年同化融合而无可分的一大民族单位，经两度革命后老社会构造崩解而一新社会构造未成的现象。当兹民族危难之时，为了共同对外御侮对内建国，苟得其联合团结之道自不难从社会意志统一而实现国权的统一。特殊处理的结论就这样作成。其间有许多设想未见得完全不对：譬如我策划在经济建设中要增进社会关系、调整社会关系而避免矛盾之加深，从阶级之缺乏（矛盾不大）径直渡达于阶级之消灭（矛盾消灭）；譬如我要把国家政权建立在一种联合团结的基础上。然而毕竟不能不落空。因为就在自己恍若置身矛盾之外而实际却从有产者出发那一瞬间，在自己便从此失去革命立场，遇事便从此不能实事求是。亦可以说：从此便成了革命的外行人，以空想代革命。像调整社会关系是要站在革命立场去调整的；没有站在革命立场，还靠什么去调整？调整社会关系亦要实事求是才能调整；不能实事求是，又何能调整？讲联合团结亦复如是。没有站在革命立场，又靠什么去联合？没有立场联合起来又算什么？不能实事求是又何能联合成功？……前途一切落空是注定了的。

过去我自己没有一定立场，殊不自觉。现在看起来很是明白。像上文叙我在桂林时拒绝朋友们劝我去某些地区（靠近八路军地区）建立乡村建设的或民盟的据点，我怕靠近了一边便要削弱我为大局奔走说话的力量，就是一显明例子。“差不多没有什么考虑就拒绝”（见上文），正为其一向心理态度如此，这种“两边都不靠”的心理，影响我的行动不小。念念在“照顾大局”，自以为“用心甚苦”。不但辛苦而且忙碌。像《光明日报》前文所说，抗战中奔走团结，胜利后争取和平，“逐逐八年不敢惜力”，确乎亦都是事实。辛辛苦苦，忙忙碌碌，革命早已落空还自以为革命。为什么自信是革命呢？因我坚决否定西欧宪政之路而要求有方针有计划的建国，廿多年向着远大目标努力，从来没有满足于改良呀！

我要联合，不要斗争；其结果，斗争固然没有，联合亦不成功。自己没有一定立场，天天在联合人家，如何能中用呢？最后发现联合的事却全被毛主席作了。这就是他的统一战线。统一战线就是尽量联合可能联合起来的人而扩大自己，孤立敌人。共产党今天的成功，与其说是得力于斗争，不如说得力于联合。因为中国的事情原非联合不可啊！

起初我判断中国不能以阶级为武力主体，实有见于国民党模仿布尔塞维克之失败（我有《中国政治上第二个不通的路——俄国共产党发明的路》一文）。国民党十三年改组，请俄国顾问，师法俄国，要从建党而建军、建国，所以在军队里设党代表，设政治部，如是种种。然其结果，军队还是落在个人（蒋、李、阎、冯……）手中，并没有掌握于党。其故即在党的阶级基础不明，甚至拒绝以一定阶级作基础，尺度放宽到无所不包而党乃不能不散。党不成其为党，于是个人就超于党之上，只见个人不见党了。然其所以失败，须知不全由于其人之糊涂，而是因为要迁就中国社会具体事实所不得不然。共产党不嫌近代产业工人在中国那样少，作为阶级基础看似太狭窄，而标明自己是无产阶级的党，一切组织纪律无不从严认真，论党倒是成一个党，其如党太小而中国太大何？宽是失败了，严亦岂能成功！——我误以为既严起来，将无往而不斗。却不料毛主席领导共产党严其基础而宽其运用，又遇到日寇入侵，从对内转而对外，有扩大联合必要。于是从斗争而有联合，有联合又有斗争，联合发展了斗争，斗争推进了联合。粗着说大概是：以斗争始，以联合终（联合政权奠立）；语其微妙则联合始终离不了斗争（批评自我批评）。这然后才晓得不懂辩证法矛盾论是不行的！

现在我颇领会唯物辩证法就是指导我们实事求是。不懂辩证法而在作事中果能一步一步实事求是地走去，亦自然于辩证法有合。不能实事求是，便不会合于辩证法。我片面地要联合而不要斗争，回想起来明明是不切于事实的空论，不能以不懂辩证法自解。何以作空论而且长久安于空论？一句话：没有真革命！

奇怪的是：我最恨中国人散漫无组织，怀抱着要为中国人养成团体生活的志愿四十年于兹（邹平工作即以培养乡村组织为第一义是其例），而临末了自己今天却是不在任何团体组织的一个人。何以会如此？其近因自是为了要大圈而不要小圈——为了要团结全国而声明自己“只发言不行动，只是个人不在组织”（见上文）。根本原因则在没有敌我分别，正如前说“恍若置身矛盾之外”而来观察矛盾、处理矛盾。就当我在民盟时，周旋于盟内与周旋于盟外几乎无甚不同。民盟原是一联合体，盟内盟外都是我要联合的对象；不过这（盟内各方面）是我联合之始，那（盟外两大党）将是联合之终。民盟如是，统一建国同志会如是（读者试回看上文自明），就连我过去的乡村建设学会、乡村工作讨论会亦无一不是联合性质。在我眼中看中国人都是一样的，从其待我联合而言则不是我，从我要联合他而言则不是敌。他们彼此有矛盾，而我则不在矛盾之内。假如说我一生作了一个梦，那就是“联合之梦”。作梦时是一个人，梦醒时还是一个人。

我恰是走了一步不能发展的路，所以走了廿多年还等于没有走。而中国共产党呢，他正是走的逐步发展之路，卅年间从无到有，由小变大，卒于统一全国。并且我现在相信他今后还能从人心上完成全国统一大业，如我之所祈求的那样，不止于以武力统一而已。他与我这一分别从何处开始的呢？他从阶级立场出发，不断地作斗争；而我则没有一定立场，不要斗争。

社会生产上剥削被剥削那种阶级矛盾是看轻不得的。在时间上这是人类历史转变发展的线索所在，在空间上则能从这里串联到任何角落，而为全世界两大阵营所由分的关键。共产党把握这一点，纵横无不可通，是其所以有前途无尽发展的根本。而我却只从表面看问题不能深入（我倒以为共产党专学外国不能深入），为一时严重的其他矛盾所吸引，转而轻视了基本重要的这一点；断了线索，抓不到关键，自然就打不开路子，创不出局面。

具体地来说，我所看轻者就是地主与农民间的问题。我认为至少是对于中国多数乡村此时应把它看成整个的，而不要分化斗争于乡村之内。乡村内部虽不是没有问题，然而乡村外面问题——整个乡村遭破坏——更严重。身体生命财产的自由在都市居民比较还有一点，乡村已绝对无可言者。乡村居民的苦痛表现中国问题的灼点。况地主绅士此时皆已避离乡村，所余居民间纵有问题要留待后一步解决。——我总期望土地问题要容乡村运动建立起统一国权后再来解决。（以上详见《乡建理论》）

就由于在这问题上轻轻滑过，我虽然说过这样的话：

> 如何得从痛痒亲切处，条达出来多数人内心的要求而贯串统一之，是中国的生死问题。得着这个法，便起死回生；得不着这个法，便只有等死。（见《乡建理论》）

但这话却等于为毛主席和共产党人说了，而不是为自己说的。他们站在被压迫被剥削的农民一起，抓住农民的痛痒而发动之，就结合成功革命力量。我自己呢，竟落得“号称乡村运动而乡村不动！”（“号称乡村运动而乡村不动”“高谈社会改造而依附政权”是 1936 年邹平乡村工作同人自作检讨的两大问题，见《乡建理论》附录。）正为避免斗争就抓不住痛痒；不痛不痒地作功夫，是不起什么作用的。

一向我在建国问题上，在抗日作战上，倒是都相信非发动民众不可，并且自己亦这样做。但总是不能深入。其故即在没有和被压迫被剥削的人站在一起，不是革命阶级立场，而是主张知识分子下乡领导农民、组织农民，是在做教育功夫。上文（第六节起首）曾说“由今看来，发动民众自是对的，却究竟我亦还没有对”；又在《光明日报》前文曾说我最佩服共产党的群众运动，“领导与群众结合得那样好”；当然全是这一个问题。我常自以为与任何人都不隔阂，其结果却是与任何人亦没有打通，临末落得自己一个人即其事实证验。共产党不惜与敌人作斗争，有时真是激烈怕人，然却能针针见血，直透人心，卒得与人打成一片。上文所以说“现在我相信他今后还能从人心上完成全国统一大业，不止于以武力统一全国而已”，正在此。

我常觉得在两度革命后，社会人生的一切价值标准不能统一，“不苦于没有道理说服人而苦于说服人的道理太多”（上文第十节）。其实这正为自己没有站在革命的阶级立场之故。从乎革命立场好恶分明，一切是非取舍不定自定。“无秩序”的话，仍不过自己没有一定立场，革命要求不强，信心不足的表见。这样自己本身先发不出力量来，又何能结合有力量的人？于是便归于无所不联合之路，其结果则是任谁亦联合不到。

如上文所说，我以武力分散而不能集中统一为苦，因而要形成此社会一广大联合为武力作主体。其实这仍然由于自己没有站在革命的阶级立场之故。站定革命立场的人将不看武力是分散的，更不以武力分散为苦。因为他正要求把武力转属于自己，他看武力总不外掌握在新旧不同各剥削阶级手中，虽分散而不分散，并且分散了更好，让他们彼此冲突更好。——共产党武力之创造成功正利用了统治阶级的分裂内战这机会。

我虽以武力分散为苦，却正亦利用这机会而发起并发展了乡村运动。当抗战起后，由于大局形势的推移而全国武力逐渐分归两大党的时候，我原来想从乡村运动形成此大社会一联合体的计划势将落空。于是改以党派的联合代替乡村运动的联合。而所谓党派呢，自以两大党为主要；两大党都是拥有武力的，这就不是社会的联合而是政府的联合了。于是发生要把武力交出来的问题，和要把政权治权划分开的主张。我满以为利用两大武力相持不决的形势，和国内国际都不容许再有内战的强大要求，将逼使两党非走我的道路不可。我在重庆旧政协军事小组上激昂急迫的神情，邵力子先生曾看见；我在南京和谈时格外卖力的那些事情，则民盟内外都晓得。其实全是糊涂！阶级的矛盾不会让武力老在分散状态，而卒必致归向两方面去；以阶级矛盾为背景基础的两方武力亦绝无交出来而合一的可能；相持不决亦不过表面一时的，而新生力量不可战胜，腐旧势力定归没落；所有这些道理我在当时都看不出，信不及。——直到解放前夕还信不及。

总结一句：毛主席实事求是，从斗争求联合的联合政权今天成功了；我那种主观主义要联合不要斗争的联合政权本出于空想，今天自然落空。事实既经证明，历史作出定论，三十年自以为革命的我，临到末来还只有承认是改良。

经过反省，我认识到：无疑地吃亏在我不懂矛盾论。然而为什么不懂矛盾论呢？对于马克思主义既不是接触不到，难道只是聪明不够的一

个问题吗？其所以粗粗领会到一点阶级矛盾社会发展之理便用来论究中国社会历史的特殊，而不能深追而深通其议，用以解决中国问题，根本为我不像毛主席那样站在被压迫被剥削的人们立场，我没有那副伟大的感情和决心。毛主席之能深通马列主义全从其革命实践中得来；如上文所检讨我没有真革命，自无意乎深追，亦无从而深通。还是立场问题决定了一切。

1952.5.5

跋语

此文最大缺点即在今天批判自己的话还没有自己讲明过去如何用心思的话多。属文之时未尝不一再删节，而删节下来犹且如是，可见胸中求为人知之念多于其自惭自悔之念。惭悔之心不切，检讨文是不可能写好的。

6 月 5 日漱溟记

新中国成立之后的经历

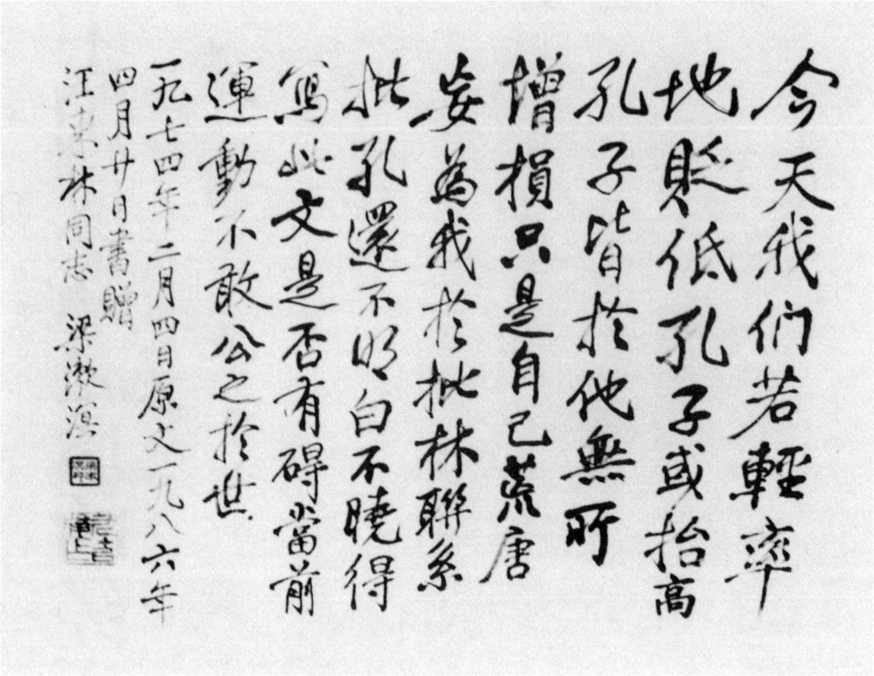

梁漱溟手书自己在20世纪70年代“批林批孔”运动中的发言内容

1950年后在北京中南海颐年堂的几次谈话 *

1950年3月12日的谈话纪要

我是1950年1月半从四川到京的，其时毛主席周总理方在莫斯科同斯大林谈判未归。3月10日我在统战部安排下随同党内领导诸公到前门东车站迎接他们两位返京。次日晚间举行欢宴，我亦被邀参加。席间主席语我：明天晚上我们谈谈。12日晚7时后在颐年堂见面，有林伯渠先生（中央人民政府秘书长）在座。谈话至深夜12点后用饭，饭后又略谈片时，兹追记留于我记忆中者于下：

主席问我：这次来，你可以参加政府吧？我稍迟疑，回答说：把我留在政府外边不好吗？盖此时我尚信不及中国能以就此统一稳定下来，

* 节选自《追记在延安北京迭次和毛主席的谈话》，见《梁漱溟全集》第7卷，山东人民出版社1993年版。——编者注

以为我如其参加政府，就落在共产党一方面，莫若中立不倚，保持我对各方面说话历来的立场资格。——这一心理是有其根源的。中国自推翻帝制多少年来，纷争扰攘，外无以应付国际环境，内无以进行一切建设，天天在走下坡路，苦莫苦于此。我一向切盼大局统一稳定，而眼见一时的统一不难，就难在统一而且能长期稳定下来。1949 年 11 月尾，刘伯承第二野战军和林彪第四野战军相继入川，我亲见两军军士装备和待遇，四野优于二野情形，两军接收重庆物资彼此争夺情形，而且全国划分六大军区，颇有割据之势。还有国民党会不会卷土重来？这些都是问题。——这些话存在心里，却未便说。

我向主席说：取天下容易，治天下却不容易——治天下要难得多。今天我们当然要建设一新中国（现代中国）而必先认识老中国才行。“认识老中国，建设新中国”是我一向的口号。我虽不参加政府，但我建议在政府领导下，设置一个中国文化研究所，或称世界文化比较研究所，我愿备顾问，参预研究工作。主席说好，却未多往下说。

主席随即劝我出京到外地参观访问。他说：过去你不是在河南、山东各地搞乡村工作吗？现在这些地方全都解放了，去看看有什么变化。还有东北各省解放在前，算老解放区，亦要去看看！我原有意要了解中共在地方上的政策措施，立即商定各处参观计划，其后并于 4 月初间成行。

我对主席陈明我在川中办学情况。主席指示勉仁文学院可交西南大区文教部接收，所有教职员工及学生各予适当安排。其中随我工作多年的人亦可以令其来京仍随我工作。当下主席对林老林伯渠嘱咐：梁先生的这些人员到京之时，请林老决定安置。至如勉仁中学可以续办一时期，以后再交出，全由国家统一办理。其后勉仁文学院教职员工和学生多并入西南师范学院，其中副院长陈亚三则来京，以我的秘书名义安置在政协。勉仁中学最后亦交出，改为重庆第二十二中学。

如上解决了我的一些问题，此外还有许多漫谈，不觉到深夜12时。左右向主席请示开饭。我立即申明自己素食多年，请给我一二样素菜。主席忽大声说：不！全都要素菜！今天是统一战线！

开饭时，林老招江青入座，于是四人同席。饭后谈话无可记者。我告辞，不敢劳主席相送，主席竟坚持送我到门外登车。然而看他词色间似不愉快者。

我回忆往年访问延安，特别是1938年春那两次通宵辩论后，我临别出门犹觉舒服通畅之情怀，何以此次竟不可得。如其说那次交谈是成功，这次便是失败。

寻思一时顿有会悟。原来十多年前延安深夜人静辩论不休，彼此开怀曾不起意。辩论极易引起争胜意气，而此种意气竟然不起者，则感应之间主席实居主动。我是在他的感召之下而胜心不起的。主席和我，此时庶几乎所谓“廓然大公，物来顺应”者。而这次相见却不然。主席有意拉我入政府，我意存规避，彼此各怀有得失计较。这些都是私心杂念。一般人将谓彼此各为国家大局设想，怎说“私心杂念”？此则一般人不学之故。——此指孔门古人之学，大乘佛家之学。

1950年9月23日的谈话纪要

在上次谈话后，我即按照主席所嘱计划，和统战部长李维汉、徐冰两位洽商去各地参观访问事宜。我提出须带秘书随员三四人同行，并商订秘书各人名资历待遇问题。然后由中央统战部分电预定访问的各省当局知照，请他们招待参观。4月9日我暨秘书李澂等人出发，其周历各地情况另有记述。末后于 9 月 16 日从东北回京，23 日晚 9 时应毛主席召，在颐年堂谈话约一小时有余，兹纪其大要如次。

我首先谈我在旅顺大连曾闻见美苏飞机在附近上空相遇冲突之事，我离东北前夕，沈阳已施行夜晚灯火管制，似乎战事即将爆发，可惜东北工矿初恢复又将被毁。主席表示尚不致有战争。因为我们不想打仗；根据美方在其国内外布置的军队的情况来看，亦不像要打仗的样子。

我报告东北见闻中，提到工业方面马恒昌小组及召开学习马恒昌小组的会议各情况，工人们已觉悟到新国家之为工人当家作主的国家，实大为可喜现象。后来继之有王崇伦等先进事迹，均见出工人们的阶级觉悟。此种觉悟为我们立国之本，宜发展普及之，主席欣然色喜。

末后，我将随身带来的中国文化研究所或称世界文化比较研究所的草案请主席阅看。此事原在上次谈过的，但主席看时皱眉不悦地说：研究是可以研究的，此时不必忙吧！我答言，不是我急于举办，而是日前（16 日）在怀仁堂遇见周总理，总理嘱我起草此件，交给他以便提出于政务院会议讨论通过的。主席说：既然你们都商量好，那就去办吧！且接连说两次。我说不然，应当以主席意思为准，此事即行从缓再说。——此后我即将此事压下不提，见到周公，他亦不问了。

今天想来，此事幸而中止。强调阶级斗争是毛主席倡导的时下潮流，而认识老中国将是唱反调，必不容许的；到那时研究所被砸，不如此时不举办。

在这里附带一说的是此后不久——10 月 25 日——卒有中国出兵抗美援朝之举。战争的发动虽诡称美国侵朝，其实乃出于斯大林。中国援朝与美国打个平手，结束于停战协定，奠定声威于国际，列强遂不能不刮目相待。

此时正是建国初期，土地改革即农村里分田运动，全国有不少地区尚在进行中，主席劝我去参观学习。我以多日奔驰于关内关外，推辞不想再出去。并表示愿以半年来参观所得和自己的意见感想写记下来。主席点首说好。

1951年9月5日的谈话纪要

我在如上的谈话不久，10月初间即偕眷移居颐和园内石舫附近的西四所居住，黄艮庸、李渊庭、孟宪光等亦分住于两侧耳房，进行讲论及写作。写作的题目为《中国建国之路》。[①] 今尚存其稿两册，但未写完即辍笔。

转过年来，我闻悉将有西南土改工作第一团之组织，忆及上年主席所表示的意旨，经向统战部取得同意后，即偕艮庸一同参加，于五一节后成行。

彼时在西南大区下，四川一省又分东西南北四个区。从而我们土改工作团百数十人亦分成四小组分赴四个区工作。我暨艮庸则随土改团长章乃器参加了川东之一区。工作地点在合川县，团部驻于云门镇上。但我和艮庸则愿下乡居住便于工作。工作情况非此所及述。到8月下旬工作结束，30日飞回北京。到京仍住颐和园内。主席闻知我回来了，9月5日晚间召往晤谈。

当时章乃器同为主席之所邀谈者，他已先谈过了许多话，正在向主席告辞。因此我不复多谈川东土改经过。且值左右为主席开饭，江青亦来入座。我先已在家进食，虽列坐，但食一蜜桃而已，即转入随便

① 此文已收入《梁漱溟全集》第3卷，山东人民出版社1990年版。——编者注

谈话。

谈话中，主席对江青说："你去江南参观土改，当地干部们阻止你下乡；你在城里住几天就回来，没有完成任务，这不行！"又嘱说：湖北某些地方尚在土改运动中，你还必须去看。

谈话中，我说到邓小平同志曾为我们作长篇大报告，备述刘邓大军入川以来如何肃清各处匪乱以至部署土改各情况，看来西南大区邓实负重责。主席点头说："军事政治各样他都行。"又连连说："那是一把好手！那是一把好手！"当时给我印象颇深。比及全国各大区撤消后，各方负责人物多集于中央，而邓独被任为党的总书记，有由来矣。

末后，主席说：据报告广东进行土改有些麻烦问题，你去看看，好吗？我答：从 5 月初入川参加土改工作至 8 月底归来，首尾达四个月，不想再出去了。主席遂不相强。

1952 年 8 月 7 日的谈话纪要

这次谈话是从午后二时开始，到四时我辞出，不同于往常大多在夜晚谈话。又这次谈话是出于我（通过林老）的请求，亦非由主席主动召见。盖多年来我没有参加革命，而自以为致力于革命，以致妨碍了（共产党）革命，有必要自己检讨。我写出检讨文《何以我终于落归改良主义》一长篇，送请林伯渠秘书长阅后转呈主席阅看，希望得到主席指教。5 月 5 日送去，至是——8 月 7 日——主席召我去面谈。

主席对我说：你的自己检讨文章有好几万字，太长，我请林老阅看后，指划出重要的几段来而后我方才看的。我看上去，你思想识见有进步了，但还不够。慢慢来吧！

于是我提出想去苏联作学术研究的请求。往者迫于国难和社会问题的严重，我多年来奔走四方不遑宁处，虽然生性好为深思，有心从事专题研究而未暇。今幸在党的领导下，正好有了安居治学机会。所以要去苏联者，是要去学习巴甫洛夫高级神经活动之学。因我蓄意写《人心与人生》一书已多年，巴氏之学虽属生理学，非心理学，却与心理学密切相关。研究它，可免心理学空疏之弊。此为第一个要去苏联之由来。

再一个原因，是要去苏联研究马克思主义中社会经济基础与其上层建筑关系的问题。这是在观察和衡量一种学术思想以至社会文化上如何确立一准则的大问题。我留心此问题而在国内得不到解决，其访求经过如下——

1951 年驻京的苏联大使尤金博士写有一长文，题为《斯大林关于语言学问题的著作对于社会科学发展的意义》，北京《人民日报》10 月 17、18 两日连载其译文，内容就是讨论社会经济基础与其上层建筑的关系问题，我读之甚感兴趣。但原文往复讨论，颇费寻绎，我不大晓得自己了解得是否正确，特就原文分为：（一）所谓社会经济基础者何指？（二）所谓上层建筑者又指哪些？（三）此二者的关系究竟如何？把原文分别采录于三个问题之下而试作结语，求教于人，看我的结语对不对？（对，就是没有错解尤金的原意。）

我求教于下列几个方面：一是北京《人民日报》社编辑部的理论组。尤金论文登出在该报，故尔求教于他们。回信说理论负责人请假，原稿退回于我。二是求教于陈伯达。陈住于颐和园对门的党校内，而我则住在园内，距离最近。他有党内理论家之目，故尔向他求教。但久久无回音。我到党校传达室问讯陈是否在校，回答在校。于是我写信促请其答复，不料一个月之久依然无只字复我。三是求教于沈志远。沈曾留学苏联，抗日战争之初经延安回国，闻延安人们称道他是一个马列主义学者。于是我从民盟总部询知其上海住址后通信求教。沈回信云事务猥集，恕难作答。最后经政协学习会朱洁夫同志代我向《学习》杂志主编方面求教，得其复信，说：此涉及许多理论问题，尚须继续研究。总起来说，我多方求教，均无结果，我唯有去苏联访问了。

当我向毛主席为如上的陈述时，说到旁人不能答我的提问，却均退还我的原件，独陈伯达不给我回信，且扣留着我六千多字的原件。主席笑说：你的原件现在我这里，是他拿来给我看了。但主席亦置而不答我的提问，只答复我，要想去苏联，尚非其时。

主席说，近两年我们有不少人去苏联。大多是参观团，在他们引导下各处游历一番而止。再则是派去的留学生，在他们安排下分门别类指导就学。但你要求的意思既不是去参观，又不是去就学于学校，而是住在那里从事一种问题研究。中苏之间，虽然亲善，究竟是两个国家，他们不知你在搞什么；这是不好的。势不可行。

谈话至此，主席针对我去苏联的第三个原由而说：你不是想考察了解俄国社会的传统文化、历史背景和现状吗？你不如且就我们自己国内作一番社会调查。先是我曾问过主席有什么任务给我，我以为这便是给我的任务。于是请问调查项目。主席说随你要调查什么就调查什么。你要到哪里就到哪里。你可以带几个助手，公家将给你一切方便。我感觉出主席的好意，不便辞拒。但我内心有自己要做的事，又不想从命而行。当下含糊了之。岂料主席却很认真，次日乃知立即交付统战部给我准备出发——另记于后。

谈话转入我幼年所受教育的情况。我说，我没有诵读过经书——此盖出于先父意旨——如《论语》《孟子》等四书不过后来靠自己阅看罢了。他如《诗经》《书经》《易经》未尝不喜看，但生僻字句至今很多，不识不懂。主席插言："经书我倒念过不少呢！"又自言八岁就读私塾三年，至十岁后，极嗜看书。家中书少，而外祖父家有藏书，例如《史记》《汉书》等皆从外祖家索借阅读之云。

我谈到十六七岁时，辄厌弃世法，想出家为僧，今垂老而此志不忘。忆当时觅读佛典，无人指引，暗中摸索，久而得通。二十四岁实无在大学任教的学力，却竟被蔡校长拉进北京大学任印度哲学讲席。对于儒家初无兴味，后乃悟其价值不可菲薄。主席说，对于儒家佛家从来漠然非所好。特于佛家学理不通晓。然而在湖南，佛寺却多且大。曾游宁乡沩山一大寺庙，属禅宗沩仰宗，寺僧约近千人，幸绝大多数下地种田。今不悉如何。日昨陈铭枢来信，为某些地方党员干部勒令僧尼还俗，毁改寺庙，诉冤诉苦。此非我党政策。宗教信为麻醉人民的鸦片烟；然而列宁说过共产党不强加摧抑。中央当晓喻党员云。

主席随后谈及北京大学教授周炳琳和清华大学教授潘光旦两人一些情况。据闻周之子在壁间悬挂主席像片，而周辄为撤除，人或非之。主席说此可不必；应许人有自由意志。若以尊重领袖强加于人，流于形式，有害无益。关于潘光旦的事情，现在记忆不清楚，从略。（附注：周原为国民党中央委员，曾任河北省教育厅长。）

临末我因受张东荪之托，提到张东荪犯罪问题。张的为人聪明特出，久在学术思想界享有高名，与我相熟数十年。北京城的解放，他亦是奔走城内外之一人。1949 年建国，组织中央人民政府，列居六十名委员之一。殊不料他亲美、惧美（注：这时他是美国人办的燕京大学教授），竟受一特殊间谍的诱惑，甘心为美国务院作情报，窃以政府会议文件密授之。此特务被捕，供出其事。张内心慌乱，如醉如狂，寝食俱废，我既恨之，又悯之，虽无意为之求情，亦愿探悉主席将如何处理。不意主席于此事竟不见恼怒，回答我说：此事彭真来向我详细报告了。彭真要捉起他来，我说不必。这种秀才文人造不了反。但从此我再不要见他；他再不能和我们一起开会了。想来他会要向我作检讨的，且看他检讨的如何吧！

是日谈话至此为止；我告退时，主席说：不忙嘛！我说，到四点钟了。主席说，那么，我们去开会。原来此日中央人民政府会议地点就在隔壁勤政殿，主席主持开会，我则同其他政协委员列席后座。

总结上文，略记其后各问题的归落

首先如上文所叙，主席要我出去各地作社会调查一事，因我没有拒绝，主席遂已交付统战部为我准备出发之事。8 月 9 日徐冰同志邀我到统战部商谈一切。我坦率说出一心想去苏联，自己学习俄文已一年多，准备随行秘书李澂也认真学习，已能翻译俄文书报。徐冰自称他留学俄国多年，因彼时国内译出马列的书还不多，但今则不同。今天既有中文好译本，而且购求任何原著亦甚方便。总之，他劝我遵照主席意旨在国内做社会调查。无奈我纵然去不成苏联，终不愿为国内漫游。他不能相强，只得据实回复主席了。

事隔两年之后，我始于主席的美意大有所悟。此即毛周两公常谈的知识分子改造问题，指出知识分子必须下厂下乡接近工农，以至知识分子要劳动人民化，工人农民要知识分子化。这一方针是向着共产社会走所必要的。回想从 1950 年 3 月起至 1952 年 8 月，同主席先后谈话四次，每次他总劝我出去看看走走，只头一次我听从了，其他三次我均拒不从命，大大辜负了他。

再则，如上所叙我想去苏联研究解决的问题，经我在京学习研究后亦大致各得其解决。例如：

（1）巴甫洛夫高级神经活动之学，国内有许多译本，或专著出版，如戈绍龙译本等是。又如期刊介绍论述之文亦不少。我既大致了然，且曾为同学诸友讲此学大意一个多月。

（2）至如社会经济基础和其上层建筑关系的问题，经过几年的思考研究，我已见得分明。盖社会经济基础和其上层建筑的关系在人类文明文化发达史上是步步发展变化的。初期的上层建筑不过起一些反作用于经济基础而已，愈到后来上层建筑愈强大有力。在当初人类不过是自然界之一物，到后来却俨然成了自然界的主人。斯大林写的《马克思主义和语言学问题》，意在指明某些学术不因阶级而异，在这里没有什么经济基础与上层建筑问题，那都是对的；而尤金的文章却引来申论经济基础与上层建筑问题，缺乏真知与定见，殆不足取。

（3）至如我想去苏联考察了解俄国社会的传统文化和现状问题，则由于苏联出现修正主义，复辟资本主义，显示了它走向共产主义的弯路。此弯路正是由其民族历史发展和传统文化的背景而来，非偶然。社会主义革命不见于先进的资本主义大国，却发生在落后的俄国和中国，是各有其理由的。我原料到俄国革命不牢稳，果然不差。但中国却将为世界革命先导，正自有其独特的历史文化背景在。近著《试论中国社会的历史发展属于马克思所谓亚洲社会生产方式》和《今天我们应当如何评价孔子》两文足资参考。

我自己的问题截止于此。另一个张东荪的问题，卒以毛主席的宽大优容，没有加罪。张写出自己检讨文送主席阅看，主席不满意，嘱其再写。张第二次写来，仍未获准。第三次他所写的幸得谅许。于是既不加罪，且给予中央文史馆待遇，每月有生活费百元云。（据闻后来张本人似乎活至九十岁乃身故。）

（上为 1976 年 12 月着笔之文，延至 1977 年 2 月方写完的。）

略记 9 月 9 日至 18 日的一段经过 *

政协扩大会在 9 月 8 日开会，经听过周总理所作《过渡时期总路线》报告及其他报告后，于 9 日午前开小组会进行讨论。我在小组会上先请章伯钧——他是小组召集人——讲他的意思，然后说：这一总路线原是人人意中所有，章先生所讲更发挥了周总理所讲的话，我于此没有什么新的意见可说。路线既无问题，那么就看怎样去作了。要把事情作好，全靠人人关心这一事业，发见不论大小问题随时反映给负责方面，以求减少工作上的错误。例如《人民日报》读者来信栏，时常有人把他们所见到的问题写信提出来，而党报收到来信亦马上能注意检查或交给该管机关部门去检查纠正，这就是最好、最好的。一面看出人民能关心公家事情，一面看出党和政府能够随时解决问题。（其余从略。）

9 日午后扩大会由周恩来副主席主持，征求大家发言。我提议请各小组召集人把各组内讨论情形汇报出来，以代替每个人再重述自己说过的话。于是章伯钧先生就出来把我们那一小组所说的话讲述一个大概，其中亦把我的话简单说一说。末后散会时，周副主席特面向我说：明天

---

* 此件系著者于事后不久所追记，原件以铅笔写成。录自《梁漱溟全集》第 7 卷，山东人民出版社 1993 年版。——编者注

你说说话好不好？我说：好。

我既应承了第二天要说话，自然就思索准备一番。我觉得没有把小组会上说过的话再说一次之必要。那天小组会上几乎全是党外人士，所以我的话亦是就着党外广大群众而说的；现在应该说些对领导党有所贡献的话——因为领导党要我说话。10日午后大会上发言的人甚踊跃，在中间休息时我写一字条面交周副主席，表示应该尽量让外埠来的人发言，我所准备的发言改用书面提出。但周副主席答我说，会期要延长一天，你可以在明天发言。回家晚饭后，适张云川、罗子为同来看我，我即以准备明天发言告之①。当时对他们说的话虽很简略，却亦把我所梦想建国运动的两方面，一面是其统盘计划性，一面是其群众运动性都提到了。

11日午后大会上我就所准备者发言。发言无成文底稿，但备有一些要点和零星语句，大意如下：连日听报告，知道国家进入计划建设阶段，大家无不兴奋。前后已有多位发言，一致拥护，不过各人或由工作岗位不同或由历史背景不同而说话有些不同罢了。我亦愿从我的岗位（政协一分子）和过去背景说几句话。我曾是多年梦想要开展一伟大建国运动的一个人，虽在四十多年前，我追随过旧民主革命，那是只晓得政治改造，不晓得计划建国的，然而我放弃旧民主革命已有三十年了。……二三十年来我一直怀抱计划建国的理想，虽不晓得新民主之说，意思却大致相合。我推想政府除了已经给我们讲过的建设重工业和改造私营工商业两方面之外，像轻工业、交通运输业等等如何相应地发展亦必有计划，希望亦讲给我们知道。此其一。又由于建国运动必须发动群

① 张云川、罗子为均为山东乡建院时期同仁；张为农工民主党中执委，罗为民盟中执委。

众、依靠群众来完成我们的计划，使我想到群众工作问题。在建设工业上，我推想我们有工会组织安排是可以行了。在改造私营工商业上，我推想有工商联、有店员工会还有民主建国会，大概亦可以行了。在发展农业上，推想或者是要靠农会。然而农会虽在土改中起了主要作用，土改后似已不起何作用。那么，现在只有靠乡村的党政干部。不论从质上看从量上看似乎都不大够。依我的理想，对于群众必须多下一点教育功夫，单单传达政令是不行的。我多年前曾有纳社会运动于教育制度中的想法，这里不及谈。但希望政府注意有更好的安排。此其二。还有可以说到一个“第三”，那就是农民问题或乡村问题。过去将近三十年的革命都是依靠农民而以乡村为根据［地］，但自从进入大城市后，工作重点移于城市，从农民成长起来的干部亦都转入城市，乡村不免空虚。近年工人生活提高而农民生活依然很苦，所以各地乡下人都向城里跑，城里不能容，又赶他们回去。建国运动而忽略或遗漏了农民——他们是全国人民的绝大部分——怕不相宜，希望政府注意。

当时说的话比上面所记多许多，例如：我说农人工人生活相差，就引了有人说农人工人生活九天九地之差的话；我说乡村干部作风，就说到强迫命令包办代替等等，我说我曾想纳社会运动于教育制度中，就提到我所写的《社会本位的教育系统草案》；诸如此类。但原来语意脉络层次则全如上所记。

我说完话，农业部李书城部长曾举该部如何如何工作，收到如何效果作答复。临末，周副主席所作总结对我亦有许多答复的话，此不备记。

政协会即如此结束。

12 日紧接中央人民政府会议，在彭德怀司令员所作抗美援朝报告后，毛主席讲话。主席讲话中，说有人不同意我们的总路线，认为农民生活太苦，要求照顾农民。这大概是孔孟之徒行仁政的意思吧。然须知有大仁政有小仁政，照顾农民是小仁政，发展重工业是大仁政。行小仁政而不行大仁政，就是帮助了美国人。说话中没有提出我的名字，却明明为我而发。我听了微感不快，特别是我何曾反对这一路线呢，亟欲辨明。

次日——13日写一信给主席，希望给我机会当面复述一遍我原来的发言而后求指教。晚饭后主席邀去谈话，那即是怀仁堂京剧晚会之前，只有三十分钟时间，欲复述过去所发言而来不及。主席坚谓我是反对经济建设路线的人，竟不得自明。于是有设法再觅机会复述自己发言之意。

14日、15日继续开会。15日会上在李富春主任所作建设重工业报告后，我即请求发言，主席台许我于次日发言。16日我发言分三段：第一段复述9日小组会上我的发言，第二段复述11日大会上我的发言；以上皆证明并不反对当前政策路线。第三段申明本意在提供一个具体建议，不过不及陈述于此，希望指定人员容我向其面陈一切。

17日会上，周总理忽以检讨梁某的路线为题讲了很长的话，大致说我一贯反动成性。其中特提出1946年南京和谈中一段事情和1949年春我在重庆《大公报》发表的几篇文章为例。当时并把一篇《敬告中国共产党》印出在会上散发。又当周总理讲话时，毛主席频频插进讲几句话。其中似有这样的话：假若明言反对路线，主张注意农业，虽见解糊涂却是善意，可原谅；但梁某则不是，他是恶意的。我至此乃知自己出言不慎，遭到很深误会，我当即请求发言作答，主席台嘱我准备次日发言。

散会回家后，自己沉想准备，罗子为来，拒不多谈。次日子为及富眉生来问准备如何发言，亦不肯与谈。但笑谓你们晚间再来，且看胜负如何。眉生云：不当言胜负。我点头承认他的话。自己解释这不过一句笑谈。

18 日午后到会发言，不过十分钟即被群众阻止。以往政府开会列席人员不多，恰值此次列席者有二百数十人之多，故颇有声势。我退入座次后，有荣毅仁、许德珩、史良、陈铭枢、李维汉五人连续发言。在李维汉说话的末尾，忽然把我上午对子为等说的“胜负如何”那句话宣布出来。对我谴责极多。末后表决，以我的问题交付政协全国委员会。

我准备而未得再说出的话，此不记。在头几句说出的话中，我说我愿交待历史（周总理曾表示要我交待）接受考验和批判，但我亦要考验共产党所云批评与自我批评如何，看看毛主席有无雅量——意指毛主席末后自行收回说我有恶意的话。

这一段事实经过（以自己一面为主）粗记如上，检讨当另作。

在政协整风小组会上向党交心的发言 *

第一次发言

我的体会［是］交心要说心里话。如果允许我说心里话，像我们现在这样谈。我感觉不满足。我在参加两次会后曾写信请长假即以此。在第一次会上，我对李组长和刘孟纯先生就说了要分成小组深切细致的谈

---

* 这些发言记录是著者自己保存的政协打印件。著者对个别印刷字句有修改，并在装订成册的封面上写有“1958 年向党交心在学习小组上的发言。漱溟”及“要件珍存 1979 年 11 月核阅”字样。录自《梁漱溟全集》第 7 卷，山东人民出版社 1993 年版。——编者注

才有用。后来又写一张大字报亦都表示此意。我认为必如此才能有助于我的改造。

说到交心，好像大家都提出要交黑心。我倒不觉得我的心有多少黑的或白的。我只能说出心里的思想情况——思想的真实情况。这情况就是一肚子疑问——疑问多。因我从来爱有自己的意见、要求、主张、看法，似乎成了一个体系。自信很强，非常自以为是。却到解放后，受事实教训，才知道自己一直没有对。解放前夕，我在重庆实业大厦讲我要修改共产党，1938 年我在延安和毛主席辩论过两个通宵。我是如此的自信。但解放后被事实教训得不能不佩服共产党，失去了那种自信。于是乎一个平素意见多的人变成了疑问多。遇事仍然有自己的意见，在没有一新见解代替时，这意见总是存在的，不过不那样自信了。这就变成了疑问。容易有意见，变成了容易有疑问。譬如在会上第一次发言，不是说我对整风计划不明白吗？但解放初期受教训不够，仍有些固执己见。举例说如抗美援朝，那是 1950 年的事，10 月 24 日领导上派人到颐和园征求我的意见，要我参加保卫和平［委员］会的工作，我拒绝了。因 9 月 23 日毛主席还对我分析不会打仗，而派来的人却说要出兵，也没有提志愿军的话。我认为不妥。但后来事实上抗美援朝毕竟是对了。我们国家经此一锻炼好处很多，几乎［有］说不尽的好处。其他事实教训一件件都使我不能再信自己。那就是许多半信半疑的意见存在脑中。

1951 年我参加土改亦有很好的事实教训。本来我还不相信国家的统一当真稳定下去。但到下面一看，我这才相信了。毛主席的领导真使我五体投地佩服。他确是高明英明，实在了不起，简直无话可形容。返观自己，简直太蠢了。可是意见还是有，有时还要说说。1953 年 9 月在怀仁堂周总理主持的政协扩大会上，我发言后曾引起很大风波。但当时周总理很谦虚，说我谈出来的好。后来在中央政府会议上我再讲一遍，就引起了大波澜了。当时批判我反对总路线。其实我并没有反对总路线。我反省我错误是严重的，但非错在反对总路线上。我向领导上自承错误，但到今天始终没承认反对总路线。当然也许我不明白，我曾请求领导上派人帮助我检查思想，亦就是要求和马列主义水平高的人深切细致的交谈，给我指点出错在何处。然而领导上总没派人，应我之求。我亦曾请求当众检讨，亦始终没有让我作检讨。

1955 年一整年，从 1 月到 12 月，转过年来还有；不过主要是 1955 年，有一个批判我的思想的运动。京内外报纸期刊批判我思想的文章真不计其数，数亦数不过来。此外，还有在科学院由郭沫若、潘梓年两位主持开会批判，学术界到会者有 80 人左右。所有这许多批判给我启发不大，益处不多。但领导上发动这一批判运动我是拥护的。拥护是从政治立场拥护，而思想转变则不那么容易。譬如在哲学上我是深喜柏格森的，现在要我否认他的道理，作不到。潘梓年亦曾相信过柏格森。他曾翻译过柏氏《时间与自由意志》一书，并写有一篇译者序言，对柏氏治学方法深致推崇。我曾向潘先生请教：你是怎样从柏格森哲学里跳脱出来的？希望指点给我。他却笑而不答。像这样，我只能积下许多疑问了。

如果要我交心，我感到只是有许多疑问而已。其中亦有抵触情绪，但并无不敢吐露的话。像对柏格森加一些反动等丑恶帽子而不能明其所以然，我是不服气的。不过这些哲学思想上的问题，现在可不谈。现在要紧的是问政治上的措施我有无抱反感。且举最近的反右运动为例。我没有写一篇文章表示反右。说完全没有却亦不是。我很觉得右派言行不利于社会主义建设，当去年人大开会时，7 月 4 日我和我内人曾以选民资格写信给大会主席团，请求撤消六个右派分子的人民代表。可是文章写不出、写不好——思想不够明析明确。相反地，对某某人被判为右派分子的，倒为之不平，心中替他呼冤不止。特别是我所了解的人，我相信他不反党，不反社会主义。当然我是指少数几个人，不是所有的右派。如像葛佩琦等等已经明明反党反领导，无可分辩。现在我可举一人为例。那就是医药界的金宝善先生。土改时我和他一起工作，深知其心拥护党，丝毫无问题。将近一年没有见面，亦不甚知其事实究竟。从报纸上看金先生所犯错误，一点是他说中医尽有疗效明验仍不好算是科学，一点是他说预防为主的方针政策没有得到贯彻。我就同意他这话，我不认为是错。似乎不应把他归入右派。如此之类。尚不止金先生一个人。领导上判归右派亦许有理由吧，我不明白，只有存疑了。

我自己有没有右派思想言论呢？我也搞不清楚。自从领导上提出“百花齐放”“百家争鸣”的号召，最先就有《新建设》两位先生来看我，要我写文章。大约是以为我在受到思想批判之后会要反驳吧。我却完全谢绝。去年（1957）领导上要党外帮助党内整风，更入于大鸣大放阶段。这主要是5月6日。6月8日《人民日报》发表社论反右以后，风向才稍改变。我在6月8日前是有两长篇言论的。一篇发表了，一篇没有发表出来。发表的那篇是在《光明日报》上，他们用的标题很夸张：“梁漱溟先生纵谈国是”。那是5月间《光明日报》社派记者张歌今同志几个访问我，写成的访问记，经我订正而后发表的，我要负责任。另一篇亦是在5月间，上海《文汇报》驻京办事处派记者杨重野同志来访问我四次，写出的谈话更长，亦曾经我阅正。不过阅正是在第四次访问时，后来他在电话上说急于寄发上海，请我允许不再过目，我同意了。所以虽未经最后订正，仍应负责。他来电话在6月7日。嗣后即无消息，未见发表。这两家报纸算不算向我点火？我到底有没有火发出来？去年 9 月 11 日我曾对统战部张执一副部长说，请领导方面检查检查。（后一篇虽未发出，但问《文汇报》仍不难查出）。其后曾否检查？检查结果如何？我均不知，即不谈了。

最后，我有一大矛盾愿坦白说出，这就是我一面要求自我改造，却一面又感觉自己怕改造不了。一面觉得我在政治上拥护党的领导很坚定，思想上虽不纯亦无碍，而一面又觉察出这一思想倾向仍然影响着我的政治态度。这自觉其改造不了的思想是什么呢？就是佛家出世思想。我从年少时倾慕出世，至今老而不改，只不过欲出家而未成罢了。这不待言，是“非马列主义的”。一切可改，只这一点改不了，怎么办？这一点似并没有阻碍我在政治上拥护党，然而我在政治上的缺乏积极性不是由于此吗？在这一大矛盾中，正包涵许多疑问在。上次刘孟纯先生来看我时，我曾向他吐露过。要解决非深谈细谈不可。甚至深谈细谈亦解决不了。不深不细之谈又何用？我的话暂止于此。（按据 4 月 17 日我在小组会上发言的纪录加以订正和补充的。23 日漱溟记。）

第二次发言（之一）

首先，我简单谈谈自己是怎样的一个人。我的祖先是蒙古人，六百年来已完全汉化。从曾祖、祖父到父亲在清末都是举人或进士，都是做官的。因为父亲是当时的维新派，所以我没有受旧式教育，没念四书五经，更没作八股，而从七八岁就读 ABCD，但由于自己在十几岁时，就有出世思想，就研究佛学。我所受资本主义的新式教育亦很少。我只读了旧制中学，没上大学。18 岁参加辛亥革命后又从民主革命转入社会主义思想，曾写过《社会主义粹言》一小册。我很早就觉得财产私有是要不得的，是社会上万恶的根源。抗战中，我在桂林《自学》杂志上发表的《我的自学小史》里提到过这些事情。民国六年，我到北京大学教书时实只有二十三四岁，蔡元培先生请我去教印度哲学。到民国十年后，我又转到儒家道路上来。曾发表《东西文化及其哲学》一书。我主张“中国古人讲学的风气同近代社会运动合而为一”。宋明儒讲学好像只在士大夫之间，而我所喜的泰州学派却不同，却吸收劳动人民在内。我常拒绝别人说我是学者，因为我深知自己谈学问是不够的。我对自己的鉴定是一个“有思想的人”并且是“本着自己的思想而实践行动的人”。

现在，我以 1953 年所犯的错误为中心来检讨自己解放以来的许多错误。

1953 年 9 月 8 日一届政协全委会常委开扩大会，先由周总理报告“过渡时期总路线”，讲明首先集中主要力量发展重工业。再由李富春主任报告了有关重工业的种种规划。周总理接着又报告了如何改造私营工商业等等。9 日上午分开小组会进行讨论。小组召集人章伯钧先要我发言，我却要他先说。在章阐发了一些以后，我就说：这一路线原是共同纲领确定以来人人意中所有，而今以简括文句叙出让人更明确罢了，周总理讲明于前，章先生又阐发于后，我没有更多可说的。所以我只从如何保证实现这一路线来说几句话。我以为最需要发动全国人都关心这桩事情，在建设进程中不论大小问题谁看见谁就向负责方面反映，而负责方面呢，听到反映也就马上注意检查和纠正。具体例子就如《人民日报》读者来信一栏所表现的那样，很多人关心国家事业，以他的见闻或意见写信给报社，报社立即将原信转给该管机关或直接派人检查，往往许多问题得以发现，得以纠正。这是在建设过程中减少错误保证作好的唯一可靠办法。现在大规模建设开始，就要把它大大推广发挥。9日下午周总理主持大会，询问上午小组讨论如何，我答我们各人都曾发言，可否就请各组召集人汇总报告，不必原发言人自己重述一遍。于是我那小组的召集人章伯钧就起来报告。在他报告中首先替我说了上午我的发言大意。但这天临晚散会时周总理对我说，明天还是请你说说话吧，我当即应承了。而次日（10日）原定会议结束，发言人都很踊跃。我写一字条递给周总理说明应多给外埠到京人发言机会，我所准备说的话改用书面提供参考。周总理却对我说："会期将延长一天，你明天还是说说吧。"我考虑应该说什么话，似乎小组说过的话不必再重复，而应根据小组说过的那个意思，人人关心我们的事业，谁看见什么问题谁就向负责方面反映。所以在11日这天我的发言中就反映了一些问题，很有许多未加拣择的话，我发言大意如下：

一个大规模的建国运动是我多年所梦想的，而今天到来了。虽然40年前我参加辛亥革命时还只向往英国式的政治改造，不懂得有方针有计划的建国。但30年前我已经放弃这种旧民主，我已经要求在一定方针全盘规划下发动全国广大群众来建国了。（中略）听了有关重工业的报告，有关私营工商业改造的报告，但农业、轻工业、手工业、交通运输业以及培养技术人才的教育文化等方面，想来亦必有其相应配合的规划，希望报告出来。这是一。在发动群众完成计划一面来说，重工业全是国营，即通过工会组织发动群众，那是可以无问题的；关于私营工商业的改造通过各工会以及店员工会、工商联、民主建国会等组织来发动群众，那也可以无问题。独有农业计划的完成，要发动农民群众，不知依靠什么组织。农会组织在土改中是起了很大作用的，但土改后似已若存若亡，现在农村中只有基层党政干部而已。党组织今天似尚未普遍，行政组织虽普遍而容易走强迫命令的路，是于发动群众依靠群众主义不合的。如何发动农民，我顾虑是否有些落空？这是二。从第二又可以说说第三。这就是过去革命成功原依靠农民，而农民干部亦在革命中成长起来。但自进入大城市后，工作重点转移在城市，一切优秀干部集中搞城市工作，此诚无可奈何。然而从人口比例来说，广大人民正在农村，是忽略不得的。工人生活近年得到改善而农民生活尚未好转，因此四乡农民总向城里跑，而公安机关又把他们送回去，全国到处均发生此现象。有人曾说工农生活九天九地之差的话，实可注意。

当时李书城先生任农业部长，先起来就农业部工作回答我一些话，临末周总理作总结又针对我所提问题作答，均不详述。次日（12 日）改开中央人民政府会议。毛主席亲自主持，由彭德怀司令员作抗美援朝三年工作总结报告。报告后主席讲话中忽提及有人不赞成我们的总路线，替农民叫苦，要求照顾农民。这可算一种仁政思想吧。然须知有大仁政，小仁政。当抗日战争中抗战就是大仁政，照顾农民就是小仁政，因小失大，无异帮助了日本人；现在建国时期，建设重工业就是大仁政，照顾农民就是小仁政，如果因小失大，就无异帮助了美国人。说话之中，虽没提出我的名字，却隐然在对我而说。我对总路线内“集中主要力量发展重工业”这一要点，既毫无反对之意，亟应辨明以免误会。13 日是星期天，不开会。我写信给主席申明我并没有反对总路线，愿将过去发言当面向主席复述一遍，以明真相。当天晚饭后，主席召去见面，但京剧晚会要上场，没有时间复述那次发言。延迟至 16 日政府会议有关重工业的报告，我才请求发言。复述了 9 日小组上、11 日大会上两次我说过的话之后，我提出愿对如何发动农民一层有所建议。那即是以旧著《社会本位的教育系统草案》提供参考。此时方自以为是表明了赞成而非反对总路线。岂晓得把那些未加拣择的话（农民工人生活九天九地之差）又拿出来说，就加重了自己有破坏工农联盟之嫌的错误。17日开会，各席位上印发文件有我在重庆1949年《敬告中国共产党》一文和毛主席论大仁政小仁政一文在内。周总理上台说今天我们要批判梁某的路线。讲话甚长。曾说到每遇时局关键，他必然出来反对，举1946年10月一件事和1949年那篇文章为例，指出一贯反动成性。同时，主席亦参加说了几句话，其中有“如若建议看重农业那还是善意，但梁某则不是，他是恶意的”。“他虽不是以刀杀人，却是以笔杀人……”

当时，我误以为领导上对我用高压手段，而我是不怕的。我要求发言，主席台上嘱我准备明日发言。这可能是好意，希望我回去想一想，以免乱说。18日一开会就让我发言，我准备得很多，先把1946年3月到延安在欢迎会上我说的两句话搬出来，那就是“在人格上（动机上）不轻于怀疑人家，在知识见解上不过于相信自己”，说这是彼此相处应守的原则。还说了我要看看共产党批评与自我批评是不是真的，我要看看毛主席有无雅量等等狂妄的话。马上激起了会场上大家反感，都来制止我说下去。不到几分钟就只好下来了。

接着，有荣毅仁等五个人先后上台说话，指斥我。其中李维汉部长的话较有分量。此时我在下面倒还能用心听而醒觉自己意气用事要不得。末后，主席提出梁某问题交付政协全国委员会处理，经大会举手表决通过。我心里也很平静。第二天（19日）我写信给主席说在我的问题有待处理期间请假在家闭门思过，各种集会暂不参加。国庆日后，又写了自己的反省检讨送交领导。其后，又将旧著《社会本位的教育系统草案》检送领导，并请求派人帮助我作思想检查，又表示愿意当众作自我检讨。但这些都未得答复，亦不闻如何处理的消息，只有一封信是得到答复的，那就是我写信给政协陈叔通副主席、李维汉秘书长两位，说我已经请假，而仍时时收到开会通知以及宴会请帖等件，究竟我到场参加好呢，还是不必到场。李秘书长亲笔回信说，秘书处的通知是应该发的，至于来不来可以由你自己决定。此后朋友们均劝我销假，即于 12 月中旬写信向主席销假，照常出席各种集会。几年来一直没有给我什么处分，亦没有让我作一次当众检讨，只是不断有批判我的思想的文章见于各报纸期刊，特别是 1955 年从 1 月到 12 月最多，多到数不过来。同时亦在中国科学院开几次座谈会，由哲学界的人作了很多批判。

事实经过大略如上所述。在下面进行检查错误之前，容我先说几句话，辨明自己究竟有没有反对总路线问题。一直到今天我没有向领导上承认我反对总路线，因反省的结果深知自己错误严重，而其错却不在此。我不能囫囵吞枣把什么错误都承认下来，这样是不解决问题的。人家要问：既然你没有反对，何以会引得人家说你反对呢？不错，这一问得要紧，这大约由于我提到 40 年前如何、30 年前如何，又提到农业如何、农民如何，就好像念念不忘我乡村建设的旧路线，既然不忘旧路线，岂不就要搞乱了现在国家的总路线？还有你的乡村建设不是以农业为主而放松工业吗？我不空口来辩，我可以提出许多证明文件来。这些文件（1953 年均曾送交领导上阅看）可分两类：一类是解放后所写的如《两年来我有哪些转变》一文约一万余字，和《何以我终于落归改良主义》一文约五万字，都是自己批判否定我的旧路线的。那就可以证明我不会再依据它来反对今天的总路线。还有一类是解放前所写的，有许多篇篇本本讲到农业、工业之间［的关系］均可证明，就在旧路线中也没有重农轻工之意，如旁人对我推想的那样。关于此问题说多了是不适当的，以下即谈检查错误。

从解放后早就有一连串一系列的错误，或反动思想存在，仅仅没有爆发出来。53年被发觉了，如果不发觉，迟早也要发觉。其根源一句话就是我的阶级立场不对。1956年二届政协大会上我的发言中曾说：过去我过分强调中国的特殊性。一贯地拒绝以阶级眼光看中国社会，以阶级斗争来解决中国问题，满相信自己超身在阶级外，原来恰是站在具有反动性的那种阶级窠穴中。这样，多少年来就实际在作着反对革命的事，却自以为是革命，还以此号召于人。这比之于不革命的或者简简单单反对革命的所起的作用大不相同。它在阻挠着革命，妨害着革命，表面上还好像不够反动而其实反动力更大更强。问题严重多多。假如给我的错误梳辫子的话，其根源就在于此。

为了认识解放后的错误，不妨先看一看在解放前夕我的思想面貌。那最好就看解放前夕我在重庆《大公报》发表的《敬告中国共产党》一文。全文从正面说，就是共产党须要容纳异己；从负面说，就是请不要用武力。共产党既然以“联合”“民主”相号召，我就要求作一诤友。武力与民主，其性不相容，如再用武力打下去，我不否认有在一年内外统一全国之可能，但到那时却既没有“联合”，亦没有“民主”。——我正是带着这样一付脑筋来到解放后新中国的，当然不会不犯错误。

当时的事情经过是这样的：从1946年我见到国内和谈无可为力而退出南京［和谈］，回了重庆，三年不出。一直到1948年除夕，重庆《大公报》王文彬以他所得消息告知我，说元旦蒋介石要下野，时局急转直下，问我是否要发表文章，说说我的主张意见。于是我就写了《过去内战责任在谁》一篇文，指出内战责任在蒋，蒋既去，请共产党不要再打。同时，我又写了两封信：一封给民盟张澜主席，说明我为对时局发言方便起见请求退盟；一封给毛主席，说明在三年内我对国事将只发言而不行动，只是个人而不在任何组织，请谅许我不来参加新政协。两信均托何乃仁先生 1 月 7 日飞沪设法转交。不过，元旦蒋未下台，文章延至 21 日他让位于李宗仁时才发表。接连着又发表三篇文章。一篇是答复各方朋友要我出来奔走和谈的，郑重声明我只发言不行动，只是个人不在组织，奔走和谈的事情希望大家努力。还有两篇于 2 月 13 日在重庆《大公报》一同刊出，那就是一面指责国民党战犯问题不能成为和谈梗阻，一切当政在位者应当下台，另一面敬告共产党不要再用兵。这种言论态度正阻挠着革命，无异乎帮了国民党的忙。幸好我坚持不行动的誓言，谢绝李宗仁三次电报的邀请，得免于错误的扩大。在言论上也到此为止，没有再发表其他文章。

这年 11 月尾重庆解放后，我致电毛主席、周总理，说路通了我即来京。50 年 1 月我到京，所谓解放后一连串的错误就开始了。那时一般民主人士到京均住北京饭店各招待所，而我却没有住。中央统战部于是要送些生活零用钱给我，我竟固辞不受。这显见得很分彼此。8 月 12 日晚上毛主席约谈，问我愿不愿参加政府。我说：我是愿意为国家统一大业尽一份力量的，但尽力之道不一定在参加政府。这又是不靠拢而分离着。6 月间政协开会，统战部以特约代表参加会议征我同意，我初还表示最好不必把我列入。其后虽参加了会议，在会上凡新参加的人都热烈发言而我独一言不发，因为好像整个会场气氛让我感觉自己精神上有点受压迫。这分明是心理上不自觉地存在着一种对立了。当时爱厚我的几位朋友如邵力子、王绍鏊都私下责怪我为何不发言，我亦有点失悔；然而亦只失悔其态度生硬而已。根本上我对革命和反动还分不清，对自己过去的不革命而反动没有认识；对自己的归队来迟了，没有歉恨，对今天终于得到归队没有欣幸；却被另一种“矫然不群”的邪劲支配着自己，一味固持其独立性。10月中旬抗美援朝将发动，领导上派人征求我参加一种工作，我坦率表示不愿参加。态度倒是坦率而立场不一致更不可隐。接着51年春天参加了西南土改第一团，在到达重庆而尚未下乡时，西南大区领导人邓小平同志召集开会，要同人各自说一说是从怎样一种动机和思想来参加土改的。我除了随同众人也说一些来学习的话之外，竟然说：我在京参与土改法的制定，我来此是想看一看一切所行合法不合法。邓小平同志当时虽不作表示，但在另外一个会上对人指出梁某真是胆大可恶。土改回来后，再度被邀参加政协大会，领导上怕我又不发言，徐冰和齐燕铭两同志先后来动员我发言。同时，我也已经准备发言。但我只说了很短的一些话，原文载在纪录和报纸，此不重叙。其中提及自己曾经不相信领导（指抗美援朝）今后必将信从之意，但仍对会议隐示不满——不满它只听取报告，只表示拥护。我要求“在会议上积极主动多于被动”，那意思就是大家要说话。这次会议上我补了政协委员，以后每遇有必要或在开会时发言或写信陈述所见，我更仿佛有“言责”的样子。今日从头反省自忖：难道我不是为了把国家事情做好？然而在发言或写信时不忘“我是善意”，这一念正见得我还站在外边来看这个政权，没有投身其中，合成一堆。

（1958年5月15日，第二次发言未完）

第二次发言（之二）

虽说由于阶级立场根本不对这一点就生出了解放以来一连串的错误，然而这其间却实在应该分开一个前期、一个后期。何为前期呢？那就是还没有放弃自己旧观点，还在拒绝以阶级眼光看中国的时候，其阶级立场不对自在意中的，是为前期。大致从 1951 年下半年起，在意识上自己否定了旧观点，承认中国共产党毕竟是对了，阶级社会的一般规律也还在中国起着作用；此时自己立场是应当随之改变的，而事实上却不那样容易改过来是为后期。

先把前期说一说，此期是继承着旧思想的。旧思想就是一直顽强地拒绝以阶级观点来看中国社会，以阶级斗争来解决中国问题。我很懂得人类社会历史发展五阶段之有理。我也相信一切国家莫非阶级统治。然而我认为中国社会在其历史发展上是特殊的。虽然统治被统治、剥削被剥削，一样不可免，而上下升沉不定、流转相通，而因为人是散漫流动的，所以阶级没有固定成形，从而中国亦就不属一般国家类型，而是“融国家于社会，以天下而兼国家的”。旧著有《中国文化要义》一书，主要在阐明此社会结构之特殊，这里用不着多谈。革命在外国虽是阶级斗争的大规模爆发，而中国不是。中国革命（1911 年）主要从外引发而非内部自发的，是先知先觉仁人志士在领导，并非阶级对阶级的事情。至少是民族危难超过阶级问题，应当团结救国，而不应走内部分化之路。以上的话极不完全，这些旧话说多了是不适当的。总之，本着这种思想，我的政治路线一贯在团结各方而坚决反对内战。历来的事实行动在这里亦难多叙。1941 年（在香港）创办《光明报》，有《我努力的是什么》一文，长篇连载五十天，其中叙到 1938 年访问延安，1939 年发起“统一建国同志会”，1940 年又在“同志会”的基础上发起“中国民主政团同盟”等许多事情。全文现在尚有剪存本可参看。《中国民主政团同盟成立宣言》是我起草的，完全可代表我的思想主张；现存手边，也可以看。今天看来，各方面阶级立场不同，怎样去团结他们，好像很成问题。然我当时有我所服膺的两句话：

在人格上动机上不轻于怀疑人家；

在知识见解上不过于相信自己。

在此基础条件上将没有不能彼此合作的人。1946年我第二次到延安在欢迎会上曾举出这两句话来说明彼此间尽管思想主张不同而无碍于合作者正在此。同时我还有解决党派问题的一套具体方案，包含“确定国是国策”、“建立党派综合体”、“政权治权分开”三个环节，当时也曾为中共十位领导人提出来谈过。1947年我有感于两小党派不自爱惜，特发表《树立信用、力求合作》一文（见上海《观察》杂志）[①]，文末一句话“我相信只有这样把东西南北各式各样的朋友都拉在一起合作，中国才有救”，正点出了我多年的信念积怀。

说这些旧思想旧事情不为旁的，只为解放初期所犯错误是在这种背景上发生的。根本不信有阶级立场这回事，分不清什么是革命，什么是反动，而从主观愿望强要拉敌我在一起，可以说唯心到了极端。我就是这样进入了新中国，面对着共产党而不认得共产党，更不认识自己；妄以为他们是大心大愿，而我也是大心大愿；妄以为我从来就不存敌意，而只有友情；虚矫狂妄，如置身云雾之中。

怎样使得我清醒过来，而承认了阶级社会所有规律在中国一样起着作用呢？这就是当前事实教训了我。当前最大事实就是国家统一稳定，把过去几十年混乱之局根本消除。不容否认，这正是由善于运用阶级斗争而取得的。然而我却一向以为在中国行阶级斗争将必致陷于混战乱斗而斗不出结果来。事实胜于雄辩，不服自服。自己发觉一直在蒙蔽

① 此文收入《梁漱溟全集》第6卷，山东人民出版社1993年版。——编者注

着自己，一直好多年在自欺之中而不自知。发觉亦非一日之功。首先是1950年到华北华东以及东北各老解放区的参观考察，其次是1951年的参加西南土改工作，而正在合川县云门乡土改工作临结束之时恰好读到了几篇重要论文。因为那年七八月间正是领导党三十周年纪念之期，有胡乔木、彭真等各位同志的论文发表在报纸上。结合事实而读文件，不觉豁然。是年9月回京后即开始写《我两年来有了那些转变》一文，次年春又写《何以我终于落归改良主义》一文[①]。前者有一万多字，刊于《光明日报》，后者约五万字送交领导上后没有发表于外。文中都是先简单叙出旧思想主张，然后再说现在是怎样发觉其中错误的，而语其要紧关键所在莫非一个阶级问题。

自己检查反省为何我过去总在否认阶级呢？自己没有亲切尝受过被压迫被剥削的苦痛，客观认识有所不足自是其一面；另一面从幼小时，就赶上国难重迭而来，日常接近濡染在救国运动中，不免助长了主观意气。初闻阶级之说若有所会，便袭取它来造成自己一套特殊的中国革命理论。有了成见，总是援引有利于自己所见的那些事实，更不虚心理会全面。假如初无所知，也未能形成自己一套思想的话，就不致走入迷途如此之深。所以一知半解最害事。而追根溯源这种不能实事求是的心，是有所蔽的，是有一种邪劲支配着自己的，而自己却不晓得。这就是一切统治阶级不革命反革命的本性和暗藏着的个人英雄主义。

凡前两篇文说过的话，这里即行省略。现在只说一说思想转变后怎样明白了解放前夕那些旧观念是错的。

① 此两篇文字均收入《梁漱溟全集》第6卷，山东人民出版社1993年版。后者标题改为《我的努力与反省》。——编者注

解放前夕我不是坚决认为如果不能容纳异己就没有民主可言吗？现在明白那是旧民主观念，那是历史前一阶段的事情。因为封建社会的统治对个人压迫太过、干涉太强，所以反封建主要在求得个人解放。正如历史所显示，要尊重人权必从限制王权入手，英国人所谓“王的反对党”正从这里来的。这时的民主正是以个人主义、自由主义为核心的民主。不论在经济上政治上都是让人们各自活动、彼此竞争以推动大社会的进步。那如果说不许异己存在，就恰是破坏了民主，窒息了进步，几乎是不可想象的事情。然而那时是对的，今天却不对了。因为今天到了另外一个历史阶段、另外一个情况。今天所反对的不再是封建特权，而是并没有特权之名且还有民主自由之名的资产阶级的实际垄断。这实际垄断原是从经济而到政权的，又从政权而转回到经济。在此时愈说“个人自由”，愈说“不得妨碍个人自由”，愈是给资产阶级任意操纵的机会，愈对多数人不利。本来个人自由是好的，可是这时都成了欺骗性的东西。因为只便宜少数人，而对多数人不利。对多数人不利就是不民主，从前封建之被反对在此。今天呢，我们所以反对旧民主依然是在反对它于多数人不利，反对单单便宜少数人那个道理。

在旧民主思想里，对于国家权力常存有限制它、牵掣它、防范它的意思。所以英国人说国家是“必要之恶”，把国家看成不好的东西，而却又不能不要它。于是就认为政府越少作事越好，也就是要它少干涉人们的事情。可是我们新民主国家恰恰相反，几乎什么事都由国家来包、来管，私营事业慢慢全都要改成国营。集体主义代替了个人主义。好多事情在从前看来是行不通的，强行干涉就会招出大乱子来的。然而今天居然行得通，并且还在继续推广。如其不是亲身体验过来，你简直不相信；而一经生活于其间，亦就毫不奇怪。原来它就是站在人民大众立场，真为人民作事。不止为人民作事，而且作的时候如何作法亦是依靠群众的，要从群众里面寻求办法。这样自然得到大家拥护，一切服服帖帖没有问题。假如说还有所不便的话，那大概亦只是不便于某些少数人而已。既然有利于多数人了，那就是民主；此外亦岂更有所谓民主？如同反封建之后的资本社会初期一样，新民主社会和社会主义社会极其能让人们发出来他的创造性和积极性。然而似乎不妨这样说：如果前一阶段是让人们从有私有我而得到了力量，从有私有我而发出来积极性和创造性，那么，它恰是让人们从无私无我而发出来创造性和积极性。而且后一种积极性或说“劲头力量”不发出来则已，发出来远比前一种的大得多——大得不能相比。这是近几年我们眼中明明白白的事实，正无待乎多言。

如其不是在新民主革命时期先想通了这些，那我犯的错误将还要多还要大。

如上边之所说，我的思想转变是在1951年下半年。对中国社会的阶级性和中国亦只能从阶级斗争求出路这个道理，至此才肯定地相信了。正如科学家在实验室里得到证明一样，中国革命已在共产党领导下成功，作了事实证明给你看。既然承认了阶级，就要分清敌我，自己应当向人民靠拢，不要再作人民的公敌，应当注意区分什么是革命什么是反动，不要再混乱糊涂，……所有这些在意识上似乎都明白。然而却缺乏切实的感情作内容。对过去自己错误的悔恨不曾深刻，对此后再错误的警惕自然就不够，取舍去就之间不免模糊，缺乏力量。质言之，阶级立场远远没有转变过来。后期的错误（或反动言行）就是这样来的。

为什么1951年后觉察了自己一直是反对革命的，而自己还放松自己呢？这就是沿着唯心的老路子，满怀以好人自命，总觉得我一生不为身家衣食之谋，而劳瘁不辞，为得什么？我是问心无愧的，不过把力气用错了方向，落在事实上竟是反对革命罢了。不以反对革命为耻为恨，而以“慨慷担当”“苦心孤诣”自豪。所以当 1953 年听了周总理指斥我过去怎样反动，依然意气很盛，好像觉得：对我施高压手段，那我是不受的；毛主席从来不打无把握之仗，这次打击我，怕未必有把握。过去那些事我总还是为大局，谁也拿不到我什么短处。这次发言我更是好心好意……还悍然自以为是，所以才在 18 日会上对主席和党表露了极大狂妄。

现在明白自己受病所在，正在这一向以大心大愿自居。这个最害事，它恰恰遮蔽了真的大心大愿。果真大心大愿，当初何致忽视漠视阶级问题？甚至发现自己错误，大大违反了人民利益，还不感觉痛心，简直已落到无心肝了。什么“思想转变”，不外空话一篇，显然停留在反动阶级立场一直未动。后期错误之不可恕在此。然而不碰大钉子，还是不会明白。

说到此，差不多可以结束了。在临结束时，再提两点问题：

一、或许有人要问：近年来领导上给你的政治待遇是否满意？今天既然向党交心，应当回答：我是感觉受到冷遇的（例如在选第一届人大代表时，在选第二届政协常委时），然而轻微得很。一面是 1953 年事情未给我任何处分，已然十分优容，还想怎样？一面是出世思想（见前次发言），宁愿少参加些会。——怕开会的思想似乎要不得，然而内心如此，不敢不坦白。

二、或许有人要问：1955 年对你的思想批判，你到底心服不心服？这应公开回答：在政治方面的批判多还能接受，在哲学方面还不行，还多半不服或不能领会。虽然在思想有的接受有的不接受，而在全国展开这一批判运动我完全拥护的，特别是经过了那年与潘梓年先生谈话以后。在1956年春上政协大会上有我的发言足以代表我的心情和态度，这里不重述。

（1958年5月16日，第二次发言续完）

第三次发言[①]

我第一次发言的末段提到我的出世思想。后来各位先生对我提意见，几乎每一位都说到这个问题。这本是我思想问题的重点所在，虽然感觉不宜多谈它，但又不能不说一说，因为究竟何谓出世，上次我并没有说出来，非补充解释一下不行。

在各位先生对我提意见中，有人认为出世即出离这个世界，而这个世界是出不去的；有人以为出世即往生西方极乐世界；还有种种说法，平素研究佛法的巨赞法师和李书城先生亦各自提出一种说法。但他们都是各自创造的新说法，不是佛家原来的老说法。我则没有新鲜说法，只是原来老说法，这老说法就是把人生看成根本错误的，佛家的名词叫“根本无明”。人生出于根本无明，又叫根本惑；有四惑，即：我痴、我见、我慢、我爱，笼统说作“我执”；“我执”和“法执”合称二执，是一切活东西（人及动物等）所以向前活动不已的根本。佛教千言万语即教人破二执，更无其他。二执，又有浅深二种，浅的为分别执，深的为俱生执；俱生执是与生俱来的，远在你有思想以前的，即令失去知觉，到了“闷绝位”依然二执很强地存在。所以仅仅思想改造还不解决问题，问题在生命上，要改造生命才得免于错误；出世正不外改造生命之意。

① 就第三次发言记录删节而成。——打印稿注

佛家看人生，总括为六个字：起惑、造业、受苦，人一生下来即有所缺乏，时时在缺乏中，虽有时得满足，缺乏总是常事，缺乏即苦，人从其堕生即失去自在性，不自在即苦。我十几岁即倾向出世，即从感觉人生是苦而来，然而要知道我十几岁时，并没有受到世俗所说的那些苦，我少年时在家庭中为父母所爱，一切都在父母照顾之下。没有要自己操心的问题，正为不是世俗的那些苦，才真真体会到人生之苦——人生的不自在，不自由，不自主，不自觉，被动，可怜悯。出世即从不自主的生死流转中解脱出来。

如何得解脱？那就是破二执——不要有所执取。有了能执取和所执取这两面以后，就陷于生死流转而不得出。我们现在展转不出能所两面，这就是世间；出世即不落于能所两面而是一体非二。所以《成唯识论》上说：此智远离能取所取，是出世间无分别智。断世间故，名出世间。二取随眠是世间本，唯此能断，独得出名。这是出世的确解。

儒家对人生是肯定的，所以有“食色性也”的话，而佛家相反，结婚就不是和尚，饮酒食肉亦不是和尚。我这个人，怎样想就要怎样做，本于思想而行动，因此我拒绝结婚。旧社会的父母总把儿女婚嫁事情作为自己的责任，母亲临终拉着手劝我结婚也不听，父亲母亲都一直没见到我成婚。我成婚是在 1921 年我放弃出家打算的时候，即《东西文化及其哲学》出版那一年。至于茹素则自 1913 年到现在已四十六年了，从未改变。1921 年虽放弃出家打算，并认为提倡佛法对于中国社会是不适宜的，但佛法之看人生毕竟得其真则肯定不移。——所有这些话试检《东西文化及其哲学》一书均可明白，此不多谈。

或许有人问：既然出世思想如此重，何以多年来在社会上在政治上还有那许多积极活动呢？这一问，问得很好。这仍须转回来再讲我这个人自幼的经历和社会环境。

我曾说过我父亲是当时的维新派，但还有一位父执彭翼仲先生给我的影响更大，他在北京首创第一家报纸，为了开民智以救国，不惜倾家荡产，是维新的急先锋，与我父为兄弟之交，又是我兄的岳丈，我幼小时的老师。他先后出版三种报纸，一是《启蒙画报》，二是《京话日报》，三是《中华报》。又办一小学名“启蒙学堂”，我即在其中读书。

彭先生在办报的同时领导许多救国性质的社会运动。例如某年美国人虐待华工，又英国在非洲排斥华工等等，都曾发起抵制美货等运动。我们这些小学生都曾在街头散发传单，以及街头演讲等。还有一次发起“国民捐”运动，希望四万万人每人出一两银，偿付庚子赔款，免得拖着很重长期债息。此一运动所及最广泛，历时亦最久。其他一时一时对抗外国人侵略或侮辱中国人的事例还很多。我从七八岁起即生长在这样气氛教育之中，所以“中国问题”是较之“人生问题”更早地扎根在我头脑内。

父亲和父亲的朋友这许多思想行动是完全不合于当时旧社会旧习俗的，旧社会只有身家观念和利禄思想，而这是父亲他们所反对，所鄙视的。当然他们的言论行动亦为周围的人，亲戚朋友等所非议，所非笑，这本来是不得不然的事，非有很强的自信力是不易冲破这社会环境的。我从来看不起漠视社会问题的自了汉和随俗盲从没有自己见解的人；自高自大似种因甚早。

少年时代以救国自许，所以在中学就搞学生运动，参加辛亥革命。我原是几代生长在大城市，与乡村无缘的人，而后来搞乡村运动，其动机正从政治改造运动失败后一种觉悟而来，即要从乡村这小单位来培养中国人的新政治习惯（或能力）。试检旧著《乡村运动论文集》即可知道，此不多及。

至于抗战中奔走国内团结以抗敌，胜利后又奔走国内和平以利建设，则又是从乡村运动的基础上引起来的。试检查我历年行动，一件一件事线索分明，并且存有许多文件可查。

总起来说，我自年少时起，在两个问题——中国问题、人生问题——上感触亲切，一直受这两个问题支配而用思而行动。除此之外更没有在其他事上用过心思，有过行动，这亦是可以检查证明的。这些话在旧著中屡次述及，1952 年 8 月并向毛主席面陈甚详。

为什么向主席陈说这些呢？因为我那年六十岁，我对主席说我或许还能再活十年吧。在此十年中我有一件事必须作的，那就是几十年来想写而未写的《人心与人生》一书。我一生不外两个问题，而自从中国共产党领导全国人建立人民政权以来，那个困扰我的中国问题已经解决了，不须再为它操心了，我今只有一个人生问题还在头脑中盘踞着，我要把盘踞我脑中的人生问题写出来，我的心愿才了，除非主席有事要我去作，我无条件去作之外，希望容许我，作我自己要作的事。

我的人生思想其根柢是佛家的出世思想。有世间就要有出世间，这是一正一负的两面，没有什么可怪的。马列主义在世间法来说完全对的，我对它完全承认，没有抵触。但马列主义却不认［为］有出世这一回事，所以我曾对朋友说，我承认马列主义，可惜马列主义不承认我。

我在这里说了许多出世思想的话，心里十分歉然不安，但“势逼处此”，向党交心，岂能不吐。有人责我说：你出世即拒绝为人民服务。这话是一个警告性的善言。我思索甚久，我愿意亦作些为人民服务的事以自赎。我想到偏远省区乡村中作扫除文盲工作，同时推行汉语拼音方案，推广普通话。在今天总路线上是需要的，而因我是生长北京的一个通汉文汉语的人，似乎亦能胜任吧。

（1958 年 6 月 5 日，第三次发言完）

向党交心后在小组会上的发言①

在听到各位指教后，我对于我的错误重新有所认识，愿意把问题摊开来请大家看。

我本来不晓得请假信错在哪里，后来才发见是不自觉地违反了自己的初心本愿。自己的初心本愿是什么呢？就是我一定要拥护党的领导，包含一切政策、一切措施、一切号召，都一律拥护、响应、服从。而现在自己恰恰违反了它。

在此之外，还意识到主观愿望靠不住。尽管有此愿望，不能有此保证。但怎样可以有保证呢？亦略略意识到应求之于改变阶级立场，亦即要改造自己。

在没有参加这次会以前，我所有的认识就止于如此。

听到各位对我说的话，引起了进一层的反省。发现自己是在应付外面而未能内外打成一片，心里委曲而不开朗，念虑复杂而不单纯。这实在是很危险的。

这种情况之所以造成是这样的：如我在交心时所自白的，我原来遇

---

① 这次发言是在 1958 年 11 月 28 日政协整风小组会上。选自《梁漱溟全集》第 7 卷，山东人民出版社 1993 年版。——编者注

事容易有自己的意见，而几年来则变成容易有疑问了（参看我交心第一次纪录）。但一向佩服毛主席的高明伟大（同见纪录）和由当前一切事实所证明，深知必须拥护党的领导，尽管自己一时不够明白亦拥护，拥护总不会错的。在决心拥护之中而有时候出之不很自然，特别在思想改造运动中如此。这样积累起来就造成刚才所说的“应付外面”，并且以为这样亦就过得去了。很久以来正是停留在这地方。此番听了李一平同志的说话才猛省自己心里委曲而不开朗，念虑复杂而不单纯，很危险，而亟求离开这地方。

再则，李一平同志指点我不要把问题放在出世思想上，似乎给我开了一条出路。那亦是要以资产阶级思想为对立面。我给整风办公室的信上说自己资产阶级思想残余不敢说没有，而主要则在出世思想之消极影响，于是就把问题放在出世思想上而别的不谈。这样其势问题就不得解决。因为先在交心时说过自己出世思想是改不了的话。

当初交心是这样说：最后我有一大矛盾愿坦白说出，这就是我一面要求自我改造，却一面又感觉自己怕改造不了。……这改不了的就是佛家出世思想。（其所以改不了是因自己还认它为对而不能破它）。现在应当追问自己，何以不先从其有可改者入手，而必强调那改不了的一面？其中岂非有鬼！这是念虑复杂而不单纯，心里委曲而不开朗积久而养成的，其根本又还在自我改造的志向要求不真切。那么，是否一句假话在骗人呢？

这又不然。各位应该记得我在第一次小组会上的发言，我怀疑政协整风计划上的九个单元有农业有工业有种种，而要求集中于第一个单元上。又贴过一张大字报（名单三十七人之多）希望分别组成小组，深谈细谈。我不满意不痛不痒的这种方式。此议又未获实现，颇感觉我难以从这个会上达到自我改造的要求，由此可见我何尝抗拒思想改造。但只在某一时的形迹上则近于此。譬如我写信请假不参加会谈，盖不止这一次（四月初间曾有一次，旋即复行出席参加）。内中一有力动机现在应该吐露，那就是为想多保留时间给自己从事写作及习静功。这次错误的造成实在此。

关于我想从事研究写作的话，1952 年夏间曾向毛主席面谈过。当时我辜负了主席让多出去看社会实际情况的好意而没有出去，一面没明白这是思想改造的好方法，一面亦正为自己研究写作心切之故。六年来许多时光在牵掣中蹉跎过去，不免此心更急。

至于习静功，最初是因病而学习的，上次请假曾指为此。后来转入佛家修持一路，这是六波罗密之一，修之以破我法二执。像一切反乎共产主义的个人主义、本位主义等等，其深远根源实在佛家所云俱生我执，亦非佛法不能破。① 所以佛家出世虽不免有碍于我在政治上的积极性，然而同时又为自我改造最彻底的功夫。

具体举例来说，自高自大是我的大病，一切错误悉由于此，深以为恨。解放后学习阶级观点，认识过去所为全在反动中，原可打消自高自大。但过去慷慨担当的英雄气仍不免念之而自赏，非破“俱生我执”不能根除。一句话：怎样在无碍于作一个政治上爱党拥护党的公民之前提下，让我自己去研究写作及习静是我内心急迫要求（最近晤见张执一秘书长向他提及我想到西山潭柘寺去住的话，即为此）。想来这应该是可能的吧。可惜不料想这次竟以此内心要求而造成了政治上的错误。

①《梁漱溟全集》的编者认为此句中“共产主义”疑为“集体主义”之误。——编者注

现在对于我的问题可以有三种不同的看待：一是看我已经是政治上成问题的人，应从政治上处理。二是看我在政治上确乎拥护党而只是思想不纯有待改造。三是认为我思想问题严重，有影响到政治立场之可能。在这三个不同等的问题上我究属于哪个，愿群众讨论由领导上审查决定，不要由我自己去说。

不拘我属于哪个问题，自我改造总是须要的，这里亦摆着有三个不同的路子。一是老路子，即我一向在走的路。二是新路子，即整风运动借群众力量互相帮助互相启发之路，我曾企求而未得者。或者还有第三新老结合的路子。走哪条路，截止到现时我还没有想得好，未作出结论。

我现在把问题摊开来期待领导方面的指引和同志们的帮助。今天的会虽得不到结论，但不算无收获，应当感谢大家。

附识：

小组为我开了两次会。头次会上引起反省，回家准备自己发言，有些粗略未完的底稿。二次会上再听大家所提意见后作答，大部分根据底稿，后尾则临时构思凑成。散会时秘书同志向我索取底稿以便与他的纪录对证，我答以回家清写完后交来。右方即所清写者，全以当时所说出为准，没有任何改动，以存厥者。

在清写中自己觉察这篇发言有似虎头蛇尾，前后大不相称。前段反省认真，思路很清楚明白，而结束处乃松懈无力。甚至首尾不相照应，如在前有“给我开了出路”的话，却不见后文如何交代。思想改造而摆出三条路子亦不成话。这是受了内心迫切要求习静的影响而有意拉扯出一条老路来［说］的。又袭用“土洋结合”的流行口语，说什么“新老结合”，等于开玩笑。这见出当场临时构思，精神恍惚，气力不够。

此外又承一友给我作了如下的指点：

你有自我改造的要求不假，你拥护党的领导亦不假，因此你说违反自己的初心本愿而承认错误，是可以原谅的。但你还不曾根据同一道理检查出大致相等的其他错误。例如整风是全国普遍任务，其内容非止为一个人自我改造之一事。你在整风会上从不给任何人提意见，始终没有说过一句话，甚至请假不到。这就是不履行任务，岂非错误。又如领导号召鼓足干劲而你却冷淡消极，则又何所谓响应号召？思想改造的道路，领导上早有安排早有指点，何待你东寻西求？这又是不服从领导，又是错误。

听了他的话，恍然明白，点头承认，一并附记于此。但可惜我无法解决自身的矛盾。

［1958年］11月30日

批林批孔中学习小组上的一次发言*

在当前批孔运动中，我所有的发言和表示，从过去到现在，分层次叙说如下：

（1）去年11月16日学习会上有同志点名要我说话。我说：此时我没有多少话说。这里是政协学习会。“政”是政治，要顾到政治上的需要。“协”是协调、协和。因我们这些人来自四面八方，原非单纯的一

* 录自《梁漱溟全集》第7卷，山东人民出版社1993年版。——编者注

回事，所以需要协调、协和。怎样求得协和呢？那就是求同存异，求大同存小异。毛主席说过：如有不同意见，允许保留。我有不同意见，我愿意保留。我在这里放言高论，是不合适的。

（2）12 月 19 日我以写好的《书面答王克俊同志》一纸，交给王同志，这是因为本组三位召集人在参加领导小组会上，曾将上面的发言提出来说过。虽然所说和我原意差不多，究不如我自已用书面写出来简单明确，所以特写就此纸，希望交领导小组阅看。在此纸上我却多说一句话：如其领导方面想知道我的不同意见内容的话，我可以写出来，请领导上看。

（3）12 月 21 日赵朴初先生在学习会宣称，在领导小组开会时已将我所写一纸交去了。领导小组表示，我写不写我的意见全听我自由。这样，我原可以不写了。

（4）74 年 1 月 12 日我发一请假信给王克俊，王公适有病，将我信转给于老树德。这是因我自已想，把不同意写出来的好。用马克思主义的观点和方法来讨论这个问题将是一种很好的学习。看书是学习，发言讨论是学习。但空讲不如实用，是更好的学习，因此请假在家写稿。

在此请假信中，我写明，我用的标题是《今天我们应当如何评价孔子》，并说写出之后仍不公开，但可以给王公看，请其指正。——因王公曾面嘱我写出为好之故。

（5）现在正写出来三分之一，约一万字。内容这里不谈。但从文章标题上，也可以看出内容大概意思。标题明白规定“今天我们应当如何……”，那就是站在社会主义新中国的中国人立场，从建国二十多年的今天来说话之意。说“……应当如何评价孔子”，那就是回顾过去历史文化上孔子起了什么作用、什么影响，是大是小，是好是坏，要加以评量。既然说评价就是要一分为二，绝对否定，绝对肯定都是不对的。——这是毛主席说的话。孔子本人早已过去不在了，他不会说话，他不会申诉。如何评量，大权在我们手中。而在我写此文时，文中一切就是我的判断。**我下判断**，**我要负责**，应当多加考虑，不要考虑的不够，考虑的太少。如果轻率从事，抬高了他或贬低了他，于他无所增损，只是自己的荒唐失败。那是我自己不允许我自己的。再则，我于批林必须批孔还不大明白，不晓得我所写的此文，是否有当于当前运动，不敢轻率出手，公之于世。假若领导上看了认为无碍，可以供群众批评或参考，由领导上付印发表，我没有什么不同意的。——现在尚待续写后大半，尚谈不到此。（完）

1974 年 2 月 4 日

附加——

74 年 1 月 28 日因我说话中有“我尊重领导，同时亦尊重我自己”一句话，宋委员问我：何谓尊重自己？我答：就是尊重自己人格。于老树德又问及，人格何所指？我答：“表里如一，光明磊落，就是有人格。反之，口是心非，就无人格。”

（此条原发言底稿未列入，临时因宋公提出来，故尔附加。）

批林批孔中的发言 *

上一次（2 月 26 日）杨公庶同志说，你要评价孔子，看你站在

* 录自《梁漱溟全集》第 7 卷，山东人民出版社 1993 年版。——编者注

什么立场上来评价。立场不对头，那个评价就不对，就要不得。这话很好。可惜他不注意，或者忘记了我说过的话。我的立场早就说明白了。“评价”二字是我写文章的题目中的两个字。题目是《今天我们应当如何评价孔子》。题目的涵义，在上月4日我历述过去我所有发言和表示之时，我曾仔细讲过了。我说：从标题上就规定了文章内容的写法。标题点明《今天我们……》，就是说的是今天社会主义新中国的中国人，是要从今天的我们而回顾过去历史的；说《……应当如何评价》，这“应当”二字不能轻忽看过，它就是站在今天中国人立场来说话，那评价应当怎么样作的意思。4日发言后，我曾清抄一份交付了汪东林同志，现在要查看，还可以查。难道这立场还不分明吗？再从头说起，去年11月16日程思远同志点名要我发言，我头一次表示我的态度，也早就表明了我的立场。我开口说，这里是政协学习会，“政”是政治，要顾到政治上的需要；“协”是协商、协调。如何得以协调呢？那就是求大同存小异。作为政协委员的我们一定要顾到当前国家大局的需要，这不正是从政协内一个人的立场出发吗？所谓大同的同，就同在此，——同在立场上。立场是同的，我心里还有些意见不全同。同中有异，所同者大，所异者小，同是基本的。我请保留我不同的意见。在这里我若放言高论是不合适的。这是当天的话，可以复查。不料想从那时以来，三个多月搞来搞去，最近两天（22日和25日）我竟狂妄大胆地放言高论起来，搞了五个小时之多。我原说文章写出后亦不公开拿出来；“仍不公开”的话，不知说了多少次，就是怕公开出来不合适。第一怕文章内容上学术的分析研究，远离了当前政治运动，文不切题。而我作评价，却必要恰如其分，不高不低，学术上的分析研究是在所必有的。第二更怕它不止离远了当前政治运动，而且有碍于当前的政治运动，那不是更不好了吗？没料想，不拿出来的东西，竟然把其中有关奴隶制社会问题的一部分拿出来了。中国曾存在过奴隶制，几乎成了批孔的前提的今天，我却提出来说原来未必有奴隶制，这不是大大有碍吗？不应该拿出来的，把它拿出来了。自己违背了初心，忘记了自己的政治任务。这错误不怪自己怪谁？又犯了老毛病，个人英雄主义，好胜逞强。错误是我的错误，罪过是我的罪过，一切我应担当，给我贴了大字报，自是应有之义。会上同人驳斥我，责斥我，这是理所当然。这种驳斥责斥，与其少不如多；与其轻不如重。如果平淡轻松，不带劲，那倒不好。宋希濂委员说，不要再称他什么“梁老”“梁先生”……快人快语，痛快人说痛快话。有声有色，会上的气氛才像个样儿。所以上次临散会时，他话没有讲完，于老说下次再讲。我就站起来说：“下次再讲吧！”我心里此时没有我，只有共同的政治立场。可惜我不能经常这样无我——如果我那样高明，也就不会有今天的错误了。我的话完了。

1974 年 3 月 8 日

批孔运动以来我在学习会上的发言及其经过的事情述略 *

批孔运动始自 1973 年 11 月，我在学习会上第一次发言在 16 日，其词是对会上同人向我发问的回答。我说：

* 录自《梁漱溟全集》第 7 卷，山东人民出版社 1993 年版。——编者注

此时此地我没有好多话可说。这里是政协学习会，“政”是政治，必须以当前政治为重。“协”是协商、协调，必须把一些不尽相同的思想意见求得其协调若一。因为：我们都［是］从四面八方来的人，原不是一回事，怎样求得其协调和协和呢？那就是要“求同存异”，求大同存小异，像毛主席早曾说过的，如有不同意见允许保留的话。新党章内尚且有此规定，何况我们党外人。但自己有不同意见，要保留。我若放言高论，那便不对。

当时会上各位同人对我的话均默然无任何反应表示，各自去发言批孔。

批孔是从批林引起来的。我在学习会上曾表示批林不批孔。但我之批林有些不同于众的说法，颇受众人非难，竟然加我以尊孔保林的罪名。盖我认为林贼［何］尝有什么政治路线可言？他不过一心要搞政变夺权而已。如刘少奇，如彭德怀，尽管其路线不对，不是无产阶级革命之路，却他们各有其公开的主张提出来；他们自以为是对的，是为国家大局设想的。林贼何曾如此？表面上他主张在宪法中设国家主席，希望毛主席来担任，实则自己想当国家主席，又不好出口。什么“天才论”，全是假托词，全是花样假招。他同他的妻若子以及少数私党在阴暗角落里搞鬼，难道亦算他为国家大局设想的路线吗？假若他当真为国家大局设想需要设国家主席，而且在毛主席不担任时，自信他来担当是相宜的话，他亲向主席提出商量，那样，我承认他算得上是有路线。他未曾这样做。说路线，总是为大局前途没想的，你不能把他们不敢见人的“五一七工程纪要”说作路线。在林贼虽无路线可言，然而他之所为却在破坏毛主席领导的正确路线，那么，也就可以说做党内的第十次路线斗争。

学习会同人在这里却指责我把无产阶级政治中路线斗争，说成是封建国家或资本主义社会彼此个人间的权力之争，有意反对领导党之所认定。那对我是一种诬赖。

据传批孔出于毛主席亲自发动领导，不容抗拒；74 年 2 月前后，一时社会上空气深烈，形势严重，而此时我乃骄矜自喜，言动不知谨慎，以致引起不小波澜。

先是 73 年 12 月 14 日在学习会上我曾表示对于时下流行的批孔意见不能同意，但我不愿公开表示，妨碍当前运动。假如统战部领导方面想知道我的不同意见是什么，我可以写出评价孔子一文，送请阅看。19 日复以此意用书面表示交给本组召集人转领导学习小组。21 日召集人之一赵朴初传达领导方面的回答说，写不写评价孔子一文听我自由；但我自己却决意去写出来。于是 74 年 1 月着笔写《今天我们应当如何评价孔子》一文，对外不公开，以免有碍当前政治运动。

此文初草不免意气用事，写出七页且嘱人复写之，为公开发表之用，后皆作废。然于中国古代非所谓奴隶制社会则见之较明切。虽家人儿辈及亲友诸关心我者，皆虑我发言贾祸，我一切不顾。在学习会上流露了奴隶之说未足信，然时论之批孔者皆从孔子卫护奴隶制这一点出发，否认奴隶制即使时论失据。会中有人向我挑战，质问我何所见而云然。意气方盛的我，遂有 2 月 22 日及 25 日连续五小时之长篇发言，倾吐中国社会的历史发展特殊之说。于是群情爆炸，说我是猖狂向党进攻，张出大字报多纸于壁间。我憬然有悟自不该说出有碍当前运动的话，违背了原要保留不公开之初心。

约有五小时之长篇发言，后来经过整理撰写《试论中国社会的历史发展属于马克思所谓亚洲社会生产方式》一文，这里从省不录。

我既自悟发言不当，即向众承认错误，凡同人对我的批判斗争，我皆在座上静听，决不缺席；这是我的政治任务。同人对我批判斗争的话尽多不能接受，难于一一置答，只好随各位先生去说好了。我在座静听以资反省；过此以往非我所知。（意即不能随从批孔。）

上述皆 74 年 2 月尾之事。从 3 月而 4 月，5 月、6 月、7 月大抵均在学习批孔，实际上莫非对我的批判斗争，此不备述。先则每周四次会，后减为三次。8 月份因天气热起来又减为一次。在此时期，本小组而外，各学习小组均对我进行批判。预先宣布 9 月将召开五个小组联席批林批孔大会。此会于 9 月 19 日、20 日、21 日三天连续开会，先后发言者十四人，均从批林批孔入手而集中批判我。主席此会者皆各组召集人，结束时未征问我的意见，而宣布月内各组可再就此次大会的发言自行座谈两次。在本组 23 日会上，召集人曾征问我对大会有何感想，我答云："三军可夺帅也，匹夫不可夺志。"

先写的《今天我们应当如何评价孔子》一文未完成而作废了，后乃改写之。改写时，因此一题内实包有很多待解答的问题，遂分写为如次之二篇：

一、试论中国社会的历史发展属于马克思所谓亚洲社会生产方式。

二、今天我们应当如何评价孔子。

右之二篇文[①]，读者最好取来参看。述略至此为止。

1974 年 11 月 18 日

---

① 均见《梁漱溟全集》第 7 卷，山东人民出版社 1993 年版。——编者注

敬答一切爱护我的朋友，我将这样地参加批孔运动 *

从批孔运动发动以来，好多朋友因我自称保留不同意见，而没有积极参加，为我担心，怕我犯重大错误，忠言劝勉，十分可感。今写此文，敬答厚爱。先从我没有参加运动说起，然后再说我将怎样地参加。

我个性很强，遇到问题要独立思考，以自觉自愿行之，所以初时没有随群众参加运动。个性很强，既有其生来的一面，亦有其后天环境条件造成的一面。父母钟爱幼子，我自幼行动任性。突出的例子，如我十六七岁就想出家学佛，一直不放弃此念，直到二十九岁。此一动念不是受了什么人指教，而是自己思想上认为人生只有苦恼，只有麻烦，不值得生活。虽违亲长之意而不肯改。自己寻求佛典来看，暗中摸索，看不懂，亦要看。又如清末读中学时，便参加当时的宪政运动，又转而参加辛亥革命。父亲虽教我维新爱国、救国，但于革命则不同意，然而他已无可奈何了。因父亲主张维新，所以没有叫我念四书五经。既没有受旧式传统教育，而清末新兴的学校教育，我所受到的亦很浅，仅到中学而止。因此我没有被动地灌输许多书本知识，给我头脑加重负担，而容我头脑自由活动，发挥它的活力。这，是一生最幸运的事。八十年来我一生行事，总是自己主动，不是被动。一生中许多事情是独自创发，不是步人后尘。例如我搞乡村建设运动十年，虽赖许多朋友合作，渐渐得

* 此文大致写于 1974 年，具体时间不详。录自《梁漱溟全集》第 7 卷，山东人民出版社 1993 年版。——编者注

各方广泛响应，而风气总是我开的。又如民主同盟组织的出现，固然没有各方面参加赞助不会有成，但从开头发起，以至后来成立宣言和十大纲领，都是由我执笔。特别是抗日战争中，我取得蒋方军委会和延安两方同意，带领几个朋友，去华北华东游击区域视察，鼓舞抗日，共走了六个省份，八个月之久。不是有“一不怕苦，二不怕死”的话吗？我若怕苦怕死，是不会去那个艰苦危险地带的。总之，我的一生，是主动的一生。1950年“五一”节，在天安门城楼上我看见当时无党派人士联名向毛主席献旗，旗上写着“我们永远跟着你走！”我那时心里想：从我口里是说不出这话来的。

正为我从来个性如此，所以批孔运动起来，我不理解，我不同意，但我想这是一政治运动，必然有其必要，我尊重领导，绝不能作妨碍的事。我不说话好了。同意的话在我口里说不出来。以上就是说明我所以没有参加批孔运动。

以下说明现在我将怎样地参加批孔运动。

由于好多朋友劝勉的殷切和细细想《红旗》二期短评中“这不是个学术问题而是个政治问题”的指点，我决定在原计划写《今天我们应当如何评价孔子》一文之作，另写一文来参加批孔运动。[1] 前后两文写法不同。其不同如下：

前篇是站在今天立场评价孔子，一分为二，亦涵有批判在内；后一篇则从当前政治上的需要，专批儒书流传在过去二千多年历史上起的不良影响，特别是在当前社会主义革命和社会主义建设上有碍作用；说话偏于一面。

---

① 今不见有此文稿，似未写出。——《梁漱溟全集》的编者注

前一篇为了评价孔子，就要谈到孔子当时的阶级立场问题，从而不能不涉及当时究竟是个什么社会。而这个社会发展史问题正是聚讼已久的，文中虽不能多谈，但自己有意见不能不说。因此前篇提出奴隶制社会在中国大有疑问的意见。但孔子当时是处在阶级社会是没有疑问的。是否封建社会呢？它也不同于欧洲日本的封建社会。像这样地涉及学术的研究分析，后一篇完全避开不谈。——这是前后两篇写法不同的一例。

后篇是以批判儒书中常见的许多言词为主。那些语言教训每每妨碍或缓和阶级斗争，在过去既不利于中国社会进步，在今天更为有碍，必须扫除。像所谓“中庸之道”，一般均理解为折衷主义，不斗争而调和，即其一例。然而细审原书“天下国家可均也，爵禄可辞也，白刃可蹈也，中庸不可能也”，和“极高明而道中庸”的话，见得中庸不是浮浅的事，不是折衷调和的意思。听说陈伯达曾用辩证观点或辩证法来解释中庸，完全是附会胡说。毛主席 1965 年 12 月 12 日有反对折衷主义一文，指出貌似辩证法的折衷主义有五个特征，都是要不得的。究竟当初儒家说的中庸何所指，我们不必管它；若细究起来，便进入学术研究去了，不属后篇的事。——如此之类，就是后篇不同于前篇之处。

顺便附带说，在前篇亦没有谈这个中庸问题。因我自己还不够谈这个问题。它所指的具体事实，是人生生活上的具体事实，不是抽象的思想，不是哲学。哲学，只是古希腊人好讲的，在古中国古印度原都没有哲学。印度哲学只是印度宗教生活的副产物。其意原不在讲哲学。中国古儒家亦不想讲哲学，而是在指点人生实践。所谓中国儒家哲学只是其道德生活的副产物。我对于儒家或佛家都还是门外汉。我只在门口向里面望一望，望见里面很深远广大，内容很丰富，却没有走进门去。就是说，我缺乏实践。我如果有实践功夫，有较深厚的涵养，那表现出来的将早不像现在这样了。我是个凡夫俗子，一个平常人，对于那“极高明而道中庸”的“中庸”，是远远不够谈它的。因此在前一篇内亦就没有谈。

我的思想历程

梁漱溟自信于中国文化，自青年起即研究佛学，而后逐渐转向儒家精神，著有《东西文化及其哲学》《中国文化要义》《人心与人生》等书。此为1948年梁漱溟在重庆北碚写作《中国文化要义》时留影

自述早年思想之再转再变 *

近著《人心与人生》于第七章中曾自述其对人类心理之认识前后转变不同，因亦言及其人生思想尝有三期之不同：（1）近代西洋功利主义思想，（2）古印度人的出世思想，（3）中国古时的儒家思想；顾未遑道其间转变由来。兹用申述其概略如次。

第一期思想与近代西洋功利主义同符

今以暮年追忆早年之事，其时期段落难于记忆分明，大约十岁以后，二十岁以前，可说为第一期。此期主要受先父思想之影响，以利害得失来说明是非善恶，亦即以是非善恶隶属于利害得失之下也。认为人生要归于去苦、就乐、趋利、避害而已。是非善恶者，社会之公名，从

* 原载《中国哲学》第1辑，三联书店1979年版。录自《梁漱溟全集》第7卷，山东人民出版社1993年版。——编者注

其取舍标示其所尚与所耻，而离开利害得失又何有取舍耻尚乎？此一哲学思维，与西欧边沁、穆勒诸家为近，原非吾父所有，而出于我的头脑。然父实启导之。

愚生于1893年，即甲午中日战争前一年。国难于此，既日亟矣；先父忧国之心于此弥切。寻中国所以积弱不振，父谓是文人之所误。“文人”指读书人居于社会领导地位而什九唯务虚文，不讲实学。说话，不说实话（虚夸）；作事，不做实事，循此不改，不亡其国不止。反观西人所以致富强者，岂有他哉，亦唯讲实学，办实事而已。东邻日本蕞尔小国，竟一战胜我者，亦唯其步趋西洋求实之效耳。凡此“实学”“实事”之云，胥指其用实用者。[①] 此种实用主义或实利主义，恒随时见于吾父一言一行之间，而在我绕膝趋庭日夕感染中。此即此期思想形成之由来。[②]

转入古印度的出世思想为第二期

功利主义对于人生是肯定其欲望的。径直可以说，欲望就是人生的一切。——人生不就是在欲望的满足或不满足中度过乎？然古印度人的出世思想却与此相反，恰好是完全否定欲望的，亦即根本否定人生的。我如何竟从功利主义一转而抱出世思想呢？

我生来有一好用思想的头脑，因而于所谓利害得失者不囫囵吞枣，而必究问其词之内涵果何所指？利害云，得失云，非二事也；异其名，

---

① 清季北京有私立“求实中学堂”，又有国立的“高等实业学堂”。此高等实业学堂入民国后改称“工业专门学校”，盖其内容正是讲习工矿业各门学术也。此可见当年吾父识见未有大异于时流，独以吾父为人感情真挚，一言一行之不苟乃非一般人所及耳。

② 先父生平言论行事极近古代墨家一流，亦似与清初之颜（元）李（塨）学派多同其主张。然实激于时势辄有自己的思想，初非有所承受于前人。

同其实。核求其实，则最后归着当不外苦与乐乎？苦与乐是人生所切实感受者。人之趋利避害亦在去苦就乐耳。利害得失信非必就个体生命而言之，然一家一国乃至世界范围的利害得失，其最后结果不仍归落在其人的苦乐感受上耶？

于是又当究问：何谓苦？何谓乐？我乃发现一真理曰：**苦乐不在外境**。通俗观念恒以苦乐联系于外境，谓处富贵则乐，处贫贱则苦。因为人类仰赖外在物资而生活，物资之富有或贫乏就决定着生活欲望之易得满足或不易满足，而人当所欲得遂时则乐，所欲不遂时则苦也。——这自然不是没有理由的，却有一种淆乱错误隐伏其间。

“所欲得遂则乐，所欲不遂则苦”；这两句话是很好的概括，即可据为准则以事衡论。欲望出自主观，其或遂或不遂则视乎客观际遇，是故苦乐殊非片面地从主观或片面地从客观所得而言之者。凡指目任何一种外境为苦，或指目任何一种外境为乐，如世俗流行的观念都是欠分析不正确的。苦乐问题于其着重在外境来看，不如着重在吾人主观方面犹为近真——较为接近事实。试申论之如次——

欲望通常表见于吾人意识上，而欲望之本则在此身。苦乐之直接感受在此身，却每因通过意识而大有变化：或加强，或减弱，甚或苦乐互相转易。此常识所有而必须提出注意者一。注意及此，便知苦乐不定在外境矣。欲望在人不是呆定的，一欲望过去，一欲望就来，层出不穷，逐有增高。此又必注意者二。注意及此，便知千金之子所欲不在千金，而别有其所欲；所欲不遂之苦，在彼亦同乎一般人耳。一般贫人岂无其遂心之时；彼富贵人亦自有其苦恼之事；**善观其通**，则**平等**，**平等**。又个性不相同的人其欲望不相同，其感受不相同，欲望感受既随从乎人的个性不一，便往往难于捉摸。此又必注意者三。注意及此，便知从外境而妄臆其人之苦乐，是不免混淆错误的。

研究思辨至此，又得一结论曰：人生基本是苦的。试看，人生从一堕地便带来了种种缺乏（缺食、缺衣、缺……），或说带来了一连串待解决的问题；此即欲望之本，而苦亦即在是焉。苦非缺乏不得其满足之谓乎？苦非问题不得其解决之谓乎？很明白，苦是与生俱来的。试再看，人之一生多得其所欲之满足乎？抑不得之时为常耶？显明的是不得之为常也。历来不是有不少自杀的人吗？加以曾怀自杀之念者合计之，为数就更多。凡此非谓其生之不足恋而苦之非所堪乎？勿谓人类文明日进，所缺乏者将进为丰富，许多问题可从科学技术得其解决也。章太炎先生“俱分进化论”最有卓见[①]，指出远从原始生物以来其苦乐皆相联并进的。特如高等动物至于人类，其所有之乐愈进，其所有苦亦愈进，事例详明，足以戡破世俗之惑。

你莫以为人类所遇到的问题，经人类一天一天去解决，便一天从容似一天也。我告诉你：所谓问题的解决，除掉引入一更高更难的问题外没有他义。其最后便将引到一个无由解决的问题为止。什么无由解决的问题？要生活而不要老死，就是个无由解决的问题。[②]

一切问题原都出自人类生命本身而不在外面；但人们却总向外面去求解决。这实在是最普泛最根本的错误！放眼来看，有谁明见到此呢？恐怕只有佛家了。其余的诸子百家，古今中外一切圣哲，尽你们存心解

---

①《俱分进化论》一文，我于六十年前读之深为佩服。今检《章氏丛书》内《太炎文录》初编别录卷二可得。

② 此义见《东西文化及其哲学》小字本第 105 页。原文略云：宇宙不是恒在而是相续；相续即无常矣，而吾人则欲得宇宙（此身生命）于无常之外，于情乃安，此绝途也。

救生民苦难，而所走的路子却全没有脱出这根本错误之外，都是不足取的。于是我此时一转而趋向古印度人根本否定人生的出世思想。我当时初非受了佛家影响而倾慕出世的，乃是自家思想上追寻到此一步，然后觅取佛典来参考学习，渐渐深入其中的。[①]

“欲望就是人生的一切”那种看法，此时并未改变；只不过由肯定欲望者，一变而判认欲望是迷妄。慨叹人生不外是迷妄苦恼的一回事，诚如佛家之所说：**起惑**，**造业**，**受苦**。

再转而归落到中国儒家思想为第三期

大约 1911 年后 1920 年前，都是我志切出家入山之时；虽以老父在，未即出家，而已守佛戒茹素不婚。后来我在清理先父遗笔手泽时（1925 年春）所撰《思亲记》一文，有如下的几句话：

> 漱溟自元年（指民国元年）以来，谬慕释氏。语及人生大道必归宗天竺，策数世间治理则矜尚远西；于祖国风教大原，先民德礼之化顾不知留意，尤大伤公之心。（下略）（原文见《桂林梁先生遗书》卷首）

我转归儒家思想之晚，即此可证。

---

① 我对于苦乐之分析、观察、思索、体验，盖始于十四五岁时。参加辛亥革命后即结念出世，从琉璃厂有正书局觅得佛典及上海出版之《佛学丛报》读之。其时前青厂有一处图书分馆亦藏有佛经，恒往借读。凡此处所述早年出世思想，具见 1914 年夏间所撰《究元决疑论》一长文。此文先刊出于商务印书馆之《东方杂志》，后收入《东方文库》为一单行本。

我于 1920 年冬放弃出家之念，于 1921 年冬末结婚，所以第三期思想应从 1920 年算起。在思想上如何起变化的呢？略说如次——

当我幼时开蒙读书，正值吾父痛心国难之时，就教我读《地球韵言》一类的书，俾知晓世界大势，而未曾要我读四书五经。其后入小学，进中学，读一些教科书，终竟置中国古经书未读。古经书在我，只是像翻阅报刊那样，在一年暑假中自己阅读的。

经典各书的古文字，自己识解不易，于其义理多不甚了然；唯《论语》《孟子》上的话却不难通晓。特使我思想上有新感受者是在《论语》。全部《论语》通体不见一苦字。相反地，辟头就出现悦乐字样。其后，乐之一字随在而见，语气自然，神情和易，偻指难计其数，不能不引起我的思寻研味。卒之，纠正了过去对于人生某些错误看法，而逐渐有其正确认识。

头脑中研寻曲折过程不可殚述，今言其觉悟所在。我觉悟到欲望之本，信在此身；但吾心则是卓越乎其身而能为身之主宰的。从而吾人非定然要堕陷纠缠在欲望里。何以见得？即于此出世思想而可见。

语云“饮食男女人之大欲存焉”；此非即本于身体构造而来者乎？此代表着个体存活和种族蕃衍两大欲求，固为一切生物之通性，莫能有外。但在生物进化途程上，人类远高于一切，其所欲望乃大不简单，几于千变万化不可方物。然直接间接，若近若远，何莫非自此身衍出者？唯独置此身欲望于反省批判否定之中的出世思想却明白地超越此身了。此非以我有自觉能反省而不为身所掩盖之心乎？唯人有人生观，而牛马却不能有牛生观马生观；彼诸动物岂曰无心哉，顾惜其心锢于其身，心只为身用耳。此一分别不同，则缘于脊椎动物头脑逐渐发达，至于人类而大脑乃特殊发达，实为其物质基础。儒书云“形色，天性也；唯圣人然后可以践形”。又云“人之所以异于禽兽者几希；庶民去之，君子存之”。这些说话证以今日科学家言，便见其字字都有着落[1]。儒家之学原不外是人类践形尽性之学也。

人非定纠缠于欲望，则亦非恒在苦中而已耳；儒家之乐又何自来乎？前说“所欲得遂则乐，所欲不遂则苦”者，应知是片面之见，未尽得其真际。苦乐真际视乎生命之流畅与否。一言以尽之：生命流畅自如则乐，反之，顿滞一处则苦。说苦乐之视乎其所欲遂不遂也，盖就一般人恒系乎外来刺激之变换以助其生命流畅者言之耳。外在条件长时不变，其乐即转为苦矣；此不难取验于日常生活事实者。人们欲望所以层出不穷，逐有增高者，正为此也。有道之士——得乎生命自然流畅之道者——更不须待外来刺激，固可以无时而不乐。

后世如宋儒，每言“寻孔颜乐处”。明儒王心斋更作有《乐学歌》云：

> 乐是乐此学，学是学此乐，不乐不是学，不学不是乐。（见《明儒学案》中《泰州学案》一章）

① 此处所引古语，均出《孟子》书中。形色指身体说。人类生命托于大脑特别发达之身体构造而有其种种活动，凡天赋之性能（不断成长发展的）即在是焉。大脑者，人心之所寄，而一切性能则统于人心。人所区别于禽兽者，从其见于形体构造上说是很小的，从其无形可见之心理性能上说，则似乎不大，却又是很大的。说区别不大者，人与禽兽的生活讵非同趋于为生存及传种而活动乎？又说很大者，人心超卓于其身体而为之主，禽兽却不足语此也。然人心之超卓于其身体，只是其性质上之所可能，初非固定如是，在一般人（庶民）的生活上，其流于“心为形役”者乃是常事，曾何以异于其他动物？大约只有少数人（君子）不失此差距耳。真正充分发挥人类身心的伟大可能性（伟大作用），那就是圣人。近著《人心与人生》说此较详。可参看。

王氏又云“人心本无事，有事心不乐；有事行无事，多事亦不错”。其云“有事”者，指此心有所罣碍，即失其流畅也。其云“无事”者，指此心随感而应，过而不留也。此乐是深造自得之乐，与彼有所得于外之乐迥然两回事，恰为生活上两条脉络。

前后综合起来，人生盖有三条路向：

一、肯定欲望，肯定人生，欲望就是人生的一切。

二、欲望出在众生的迷妄，否定欲望，否定一切众生生活，从而人生同在否定之中。

三、人类不同于其他动物，有卓然不落于欲望窠臼之可能；于是乃肯定人生而排斥欲望。
儒家自来严“义”“利”之辨、“天理”“人欲”之辨者，盖皆所以辨别人禽也。

1920年讲于北京大学，次年出版之旧著《东西文化及其哲学》，即以此三条路向或云三种人生态度为其立论之本，谓儒家、佛家之学从人类生活发展变化历史途程上看，实皆人类未来文化之早熟品；瞻望前途，中国文化即将在最近未来复兴于世界。自己既归宿于儒家思想，且愿再创宋明人讲学之风——特有取于泰州学派之大众化的学风——与现代的社会运动融合为一事。其详具见原书，兹不多及。后此我之从事乡村运动即是实践其所言。

1969年国庆节前属草，10月21日草成。

（梁漱溟印）

附：我早年思想演变的一大关键

往年旧稿有《自述早年思想之再转再变》一文，兹略有补充，题曰：

我早年思想演变的一大关键。

此一大关键者，即在我幼年以至少年时，先父未曾教我一读儒书是也。距今七八十年前的老社会一般开蒙读书，通是诵读《论语》《孟子》《诗经》《书经》一类古籍，况在世代诗礼仕宦人家如我家者乎。先父之为教却破例地不如是。先父之意盖谓童稚之年不晓其间义理，且容后图。于是我读书入手即读上海出版之教科书。信如《自述早年思想之再转再变》一文中所说：古经书在我只是像翻阅报刊那样在一年暑假中自己阅读的。我在思想上既未先蒙受儒家影响，而从我好为观察思索的头脑，不期而竟自走入佛家厌世出世一路去了。

对于人生苦乐的留心观察，是我出世思想的开窍由来，从而奠定了此后一生归宿于佛法。盖认定“人生是苦”实为古印度社会的一种风气，是即其所以产生佛法者，而我从少年时思想上便倾心于佛家者亦正在此。

然而从来为中国社会文化之正脉的主流的儒家孔门思想理趣，恰恰与此相反。试看往时人人必读的《论语》一书，既以“子曰不亦乐乎”开头，而且全部《论语》都贯串着一种和乐的人生观——一种谨慎地乐观态度。如云：仁者乐山，智者乐水，贫而乐；饭疏食饮水，曲肱而枕之，乐在其中；发愤忘食，乐以忘忧，不知老之将至，如是等等。此其显示出来的气氛又何等不同！宜乎后儒便有“寻孔颜乐处”之倡导了。

正是由于我怀人生是苦的印度式思想，一朝发现先儒这般人生意趣，对照起来顿有新鲜之感，乃恍然识得中印两方文化文明之为两大派系，合起来西洋近代基督教的宗教改革下发展着现世幸福的社会风尚，岂不昭昭然其为世界文化文明三大体系乎。

假使我循旧社会常例先读儒书《论语》，早接触得夙来的中国式人生意趣，那么，我将不易觉察世界有如上三方社会人生文化文明之划然各具其特色异彩的。我或将囿于见闻之一偏而从吾所好，或将疏忽漠视此其间的分异焉。此所以早年未读儒书实为我思想演变上一大关键也。

1921 年我第一部著作《东西文化及其哲学》即写成于右述思路之上。

附注：翻译西文求其信、达、雅非易。盖中文西文之间难得相当适合之词汇也。右篇文内文明、文化两词不惜重叠用之，盖以文明译 Civilization 而以文化译 Culture，若从中文简洁以求，固所不宜。

两年来我有了哪些转变？*

三年来整个中国有了绝大转变，不但是面貌一新，气象不同，而且几乎每个角落的人，彼此互相影响着，从内心上亦都起了变化。就我个人来说，亦许旁人看着变化不大。其实在我自己正是“打破纪录”了。因我平素比较肯用心，对于什么问题恒自有见解主张，而我的行动又必本于自己之所知所信，不苟同于人，既好几十年于此；说思想转变这句话，谈何容易？更简捷地来说，我过去虽对于共产党的朋友有好感，乃至在政治上行动有配合，但在思想见解上却一直有很大距离，就直到 1949 年全国解放前夕，我还是自信我的对。等待最近亲眼看到共产党

* 原载《光明日报》1951 年 10 月 5 日。录自《梁漱溟全集》第 6 卷，山东人民出版社 1993 年版。——编者注

在建国上种种成功，夙昔我的见解多已站不住，乃始生极大惭愧心，检讨自己错误所在，而后恍然于中共之所以对。现在那个距离确实大大缩短了，且尚在缩短中。

我的思想转变起于 1950 年 1 月由川到京之后，为时还不够两年。其引发变化最有力的外缘约计有三：

（一）去年 4 月到 9 月我在华东、华北以及东北一些地方的参观考察；

（二）今年 5 月到 8 月我在川东合川县云门乡的参加土地改革工作；

（三）今年 7 月在云门土地改革中，正逢中共建党三十周年，读到几篇重要论文。

究竟我思想上有了哪些转变呢?

我从少年时代感受中国问题的刺激，即抱有解决中国问题的志愿。从清末参预辛亥革命以来，到现在四十年不断地实践，不断地思考，就筑起了对中国问题认识的一个体系。其间固自有我所认识的中国问题如何解决的途径，并亦有我所认识的中国问题所由形成的背景。所谓背景包含内外两面：一面是中国社会的历史发展；一面是西洋势力（特别是西洋文化）之所从来。所谓我的思想转变，主要指这些认识之得到修改。因为共产党的思想更自有它一贯的体系，而彼此又同在求着解决一个中国问题，所以一切所见不合亦就始终环绕着一个中心问题——中国社会的阶级问题。简捷地说：我过去一直不同意他们以阶级眼光观察中国社会，以阶级斗争解决中国问题，而现在所谓得到修改者亦即在此。

不过点头的自是点头了；还点不下头来的，亦就不能放弃原有意见。本文分作几个问题以扼要的语句来说一说。对于某一点转变的由来当然要说出；对于未曾改变的意见，是不想申论的。但为了分清哪个已变，哪个未变，有时不可避免地要提到一些。两年来奔走各处，既竭心力，竟未能有进于此；如何进一步求通，正所望于朋友们指教了！

旧日中国是不是封建社会？

中国问题形成于近百年来世界大交通以后；旧日中国指那以前的而说，似亦可通指秦汉以来两千年间的中国。中共认它为封建社会，我则意见不同。因我认它不再是社会发展史上五阶段的那个第三段——封建社会。假如是的，那么通过它就可以进到第四段——资本社会。然而它已经不可能了。依我所见，中国封建阶级当周秦之际由内部软化分解而解体；秦汉以后的社会便已陷于盘旋而不进——不再进向于第四段。盘旋不进与进步慢截然两事；若说它是封建社会便不得辨白，所以我总不愿这样说。它是否就已从封建社会解放出来了呢？那亦并没有。如我所说，它时不免“逆转于封建”的。（具见旧著《中国文化要义》一书，以下均同。）

在这问题上我的意见大致没有改变，却可说有所省觉。此即在鲁南莒县考察中，在西南合川县参加土地改革中，对中国社会的封建性特有省觉。

中国社会发展可能不可能有特殊？

从上所说，肯定了中国社会发展有其特殊之路，这似乎不大合于唯物史观。在我的思想上，是很欣赏以阶级的“从无到有，又从有到无”来理解人类历史的；以为这样确能得其要领。所以社会发展上一般要经过的五阶段，说中国亦会要经过，原是可以这样说的。但我却发觉中西社会似乎很早就有些两样，而中国封建解体之不同乎西洋尤其显著。在这以后便陷于盘旋往复，失去社会应有的发展前途。那么该当怎样解释这问题呢？我在旧著中说，要知生命创进不受任何限制，尽可有其势较顺之顺序（次第五阶段），却并无一定不易之规律。现在我还是认为社会发展信有其自然顺序，然却非机械必然的。如我所见，失其顺序的或者不止中国，似乎印度亦是一例。

这亦就是说，社会发展史有例外是可能的，这种讲法能在马列主义中得到许可吗？我却不知道了。

中国社会缺乏阶级的问题

从上所说亦就可以同时回答了此一问题。对中国社会的封建性有省觉，亦即对于其社会的阶级形势有所省觉。这是一回事。但仍有深刻地谈一谈之必要。

我向以“伦理为本位，职业分途”两句话，点出秦汉后中国社会结构之特殊。在此特殊结构中，阶级对立的形势被隐没，被缓和，被分散；因而我一向强调中国缺乏阶级。但我的话仍然从两面而来说的，试检旧著便知。旧著中说：缺乏阶级自是中国社会的特殊性，而阶级之形成于社会间则是人类社会的一般性；凡不能指明其特殊性而从其一般性以为说者，不为知中国。但中国其势亦不能尽失其一般性，故其形成阶级之趋势二千年间不绝于历史。特殊性与一般性迭为消长。表见为往复之象。这几句话现在看去仍不失于正确。然则所谓“有所省觉”是否便是侧重了一些有阶级呢？更有进于此者：

中国人缺乏阶级意识（阶级自觉），尤不习于阶级观点（本于阶级眼光分析事物），与其社会之缺乏阶级的事实是分不开的，亦是迭互为影响的。并且二千年的老社会亦就是藉着这样而过日子。但在从前是需要的，是只能如此的；在求着解决中国问题，改造中国社会的今天，便恰恰不适用了。中国共产党今天所以成功，恰在前面说过我所一直不同意于他的那一点：以阶级眼光观察中国社会，以阶级斗争解决中国问题。我现在觉悟到尽管中国社会有其缺乏阶级的事实，仍然要本着阶级观点来把握它，才有办法。看下文自详。

中国问题是不是要从阶级斗争中求解决?

在这一问题上，三年来的建国事实给我的教训最大，两年来的各处观察给我的启发最大，因而我的思想转变最大。过去答案是否定的，今天却是肯定的了。为了叙明旧见解是怎样得到纠正的，须先一叙旧见解的由来。

旧见解具详旧著《乡村建设理论》一书，可综括为四句话：

（一）在中国问题的解决上不须作若何暴力斗争。诚然中国问题的解决在于完成一大革命；革命要紧在社会秩序的根本变革，使得人们从一旧社会解放出来，进入一新社会；而照一般说不经过一番暴力斗争便不能推翻旧秩序。但恰不能把中国作一般国家看待。一般国家莫非阶级统治，其社会秩序皆有一大强制力为后盾，所以非暴力革命流血斗争不可。中国如我旧著之所阐明，它乃是融国家于社会，以天下而兼国家，不属于一般国家类型的。它之所以如此者，又源于它很早便是以道德代宗教，以礼俗代法律，其社会秩序恒自尔维持，若无假乎强制之力。两千多年来它常常是一种消极相安之局，而非积极统治之局。积极统治是以阶级对阶级之所有事；“一人在上而万人在下”的局面，则只能求一个消极相安。历史上要推翻一个王朝总不费力；费力全在事后如何并群雄为一雄。这就是其两阶级对立的形势不足，而特苦于散漫之明证。清末我们就是在这种文化背景社会基础上而发动革命的。又加上当时国人主要是激迫［于］外患，而非发乎内部问题；从救国意义上几乎人人（包括清廷官吏在内）都可同情革命。暴动流血自然还是要有的；坚决相持的斗争何必然？这亦就是后来事实上果然并不费力的道理。而随着清廷之倒，两千年相沿的旧秩序（当时说为专制制度）亦就推翻，特别是其有强制力的那部分被推翻了。在此后，暴力斗争更无必要。

（二）解决中国问题的功夫有远在暴力斗争以外者。法国式的资产阶级民主革命，当旧秩序推翻后，新秩序便豁然呈露，或一步一步自然展开，不必要费一番建造功夫。而俄国式的社会主义革命，却在推翻旧秩序后还要大费一番功夫建造新秩序。如前所说，中国两千年已陷于往复盘旋，失去社会应有的发展前途，本来这两种革命都不可能发生的；却由于近百年世界大交通，中国历史世界历史汇合一流而形成了中国问题，势必要完成这两种革命，才算问题解决。正为不论从哪种革命来说，新社会均未得孕育于历史，新秩序的建造工程乃重要而艰巨无可［比］为此。但在这里，暴力斗争却全然用不上。

（三）暴力斗争解决不了中国问题。中国自 1911 年后国内战争相寻无已，同时外患每与内战相缘而俱来，不特谈不到新社会的建造，抑且百业受其摧残，整个社会天天在向下沉沦。要扭转此向下之势而向上，必自建立统一稳定的政权结束内战始。能如此即是中国问题解决的开端；不能如此，则一开端亦不可得，只有等待灭亡。所谓斗争解决不了问题，即指从斗争建立不了此统一稳定的政权说，旧著曾再三点明。这个道理很简单，即在中国缺乏对立的两面，而形势特散。有两面才好斗，亦自然要斗，斗亦能斗出结果来。结果指一面压倒一面，而国权树立。形势特散的中国，缺乏对立的两面，在外患侵逼之下，只有亟求调整关系而合作，不能斗。斗就要陷于乱斗，就要混战一场而没有结果。

成其为两面或不成其为两面，如何鉴别？依何决定？假如在国内战争上可以看出其有阶级分野，那就是有两面。但显然看不出；我们能说吴佩孚代表什么阶级，张作霖代表什么阶级吗？反之，他们的分别不在此，都是以直系、奉系、皖系、桂系、浙系……来分的。这就见出阶级分野不够重要，没有力量。再则要明白：阶级问题要紧在剥削被剥削；而剥削（不论封建性的或资本主义的）却必在一定秩序下进行。有秩序便有两面；否则，不成两面。二三十年来中国已成了一种争夺之局，而够不上说剥削的局面。它不是有一不平等的秩序，而早没有秩序了。自 1911 年来旧秩序推翻，新秩序讫未建立，即陷于“秩序的饥荒”中；这正是最痛苦所在。我们应该怎样求着从争夺局面进为剥削局面，却谈不到反剥削。假若有一不平等秩序，可以斗争推翻它；没有秩序而用暴力斗争，只是乱上加乱。

（四）暴力斗争将更迟延了中国问题的解决。新秩序之讫难建立，实为新社会未得先有所孕育于历史中，以致旧秩序推翻后却缺乏建设新秩序所需条件（特别是其物质基础）。事后补救全在艰巨的建造新秩序工程中。此时愈给社会以培养进步的机会愈好，而有方针有计划地向前推进，以完成此一建造工程最为理想。那么，如何奠立一个统一稳定的新政权即为其必要前提。这一切都要调整社会关系增进社会关系以求之，而切忌分化斗争，暴动破坏。那样作，将必延滞社会进步，妨碍统一稳定，使新秩序不得其建造，亦即更迟延了中国革命的完成、中国问题的解决。

由于我心里的反对最坚决，盼望中共转变最殷切，所以一旦得闻其倡导抗日而放弃对内斗争，即跑去访问延安，那时距卢沟桥事件不过刚六个月。此后奔走团结（抗战中）争取和平（胜利后），逐逐八年，不敢惜力；而一旦料知和平无望，即拔脚走开，三年不出；要无非自行其所信，一贯而不移。

今天看来，其果于自信如此者，一面虽亦是在某些点上不为无见；一面却正是主观有所蔽，遂于国际的国内的某些事实，视而不见，折而不闻。这种自己蒙蔽自己，是直待去年和今年乃始发觉的。

去年游历山东老解放区，清楚了从抗日伪到抗蒋美十多年的斗争经过，立即恍然于自己一向错误之所在。斗争的经过是这样的：日寇初来，国军撤退，各地成立抗敌组织，社会各阶层一般都参加；有钱出钱，有力出力。及至日寇大事扫荡，抗战入于艰苦阶段，许多地区不能保持。在敌伪残杀威胁和利诱之下，城镇中地主富绅率先投降，凡是那些“有身家者”亦皆所不免。其始终团结在八路军共产党领导下坚持而不散者，末后却只剩贫苦农民了。阶级成分至此乃大见区别。胜利之前，开始反攻，至胜利后收复许多地方。在“反汉奸”运动下，农民清算斗争了许多地主富农，阶级对立于是尖锐。不久，蒋军又来进攻解放区而占领之，地富便有“反清算”斗争，而杀了农民。阶级相仇，又自加深。但蒋军还是站不住；解放军回到解放区之后，农民又起来杀地富；且从土改而最后消灭了地富阶级。

这一事实经过，显示出来：这些北方农村中尽缺乏两面对立的阶级如欧洲中古者，但既有贫富不同，遇到机会亦可能裂开两边而相斗的。我过去只看其静态，而于这种可能发展却未注意估计到；此是第一错误。更大错误乃在我竟忽视了这种可能机会很自然地就要到来。因在整个世界正从阶级立场分成两大阵营而决斗的今天，其势必然要把中国社会亦扯裂到两边去。我一向强调“中国处在世界大革命形势中不容自外”的话，何以还是孤立地来看中国问题？！其中自是有一主观偏向在，而不自觉。

同一偏向，使我于国内社会事实亦只爱看其缺乏阶级的一面，而有意无意忽视其相反一面。漫然以我们在邹平、定县各处之所见为足，在山东数年而不去调查莒县、诸城、单县、曹县那些地方，在四川数年而于其地主剥削实况不加考察。直待去年到鲁南参观，今年参加西南土地改革，乃始有见有闻。像这样谈社会问题，何能免于自欺欺人之讥。

所谓三年来的事实给我的教训最大者，即是若干年来我坚决不相信的事实，竟出现在我眼前。这不是旁的事，就是一个全国统一稳定的政权竟从阶级斗争而奠立了。我估料它一定要陷于乱斗混战没有结果的，居然有结果，而且结果显赫，分明不虚。我何以估料错了呢？对于国际的国内的那种种形势漫不加察，没算在内；我认为分不成两面的，归根到底还是分为两面了。其次，我又对于马列主义太欠研究，误以为斗争只是斗争，不料想毛主席却有“又联合又斗争”的统一战线那一套运用。于是就不但分开两面，始终斗而不乱；更且不断扩大了自己一面而终于制胜强敌。当全国解放之初，我还对于前途的统一稳定有些信不及。此次到西南参加土地改革，在下面看了看，才知道高高在上的北京政府竟是在四远角落的农民身上牢牢建筑起来；每一个农民便是一块基石。若问似这般鬼斧神工从何而致？还不是说破唇皮的四个大字：阶级斗争！

结束一句：既然客观形势上中国不可免地要卷入世界漩涡，而终必出于阶级斗争之一途，那么，阶级斗争便是解决中国问题的真理。眼前的事实即是其征验。

接受不接受唯物观点？

我从不相信我是唯心论者，亦如我从不相信我是改良主义一样。正如此，所以总不喜欢旁人向我宣传革命，向我宣传唯物。——我何尝不革命？我未尝不唯物！

但我近来却于唯物观点有所体会了。例如前说“尽管中国社会有其缺乏阶级的事实，仍然要从阶级观点来把握它”，那个阶级观点即唯物观点。又如在前觉悟到自己有一主观偏向作怪，才明白共产党说我们这些人是小资产阶级正是有道理的。这道理即是唯物观点。

唯物观点似乎就是对一切事物都要其具有客观性的那一面来看它，来把握它。总要能把握它，才有办法。因为我们不徒在理解这世界而在要改造这世界。改造世界要有办法才行；办法都从把握了客观情况生出来的。

如我为主观偏向所蔽，不能把握国际的国内的客观情况，即落于被动而解决不了中国问题。一切失败无不从自己落于被动来；时时争取主动，才得有胜利。怎样争取主动呢？那就要唯物。必唯物而后能“制物而不制于物”。

唯物乃所以争取主动，而不是取消了主动，这是必须记取的。我明明是一个小资产阶级，却不从这个地方去把握它以求改造；纵然不愿落于小资产阶级的毛病，其结果还是落入而不能出；因为不唯物。但假如我说“我是小资产阶级，天生来有小资产阶级的毛病改不了”；那便是取消了主动，那是机械论，亦不是这里所讲的辩证唯物。为了改造自己的毛病，而冷眼地把握“一个小资产阶级”这一客观事实，以争取主动；那么，就合於辩证唯物主义了。

我即从此义（为了争取主动）而接受唯物观点。

中国革命要由什么人来领导？

过去我既不同意共产党以阶级眼光观察中国社会，以阶级斗争解决中国问题，当然亦就不承认中国革命要由无产阶级领导之说。现在相信了阶级观点、唯物观点有道理，自亦承认了这一说法。但仍有把前后如何转变谈一谈的必要。

当初我的意见是这样：中国自秦汉后循环于一治一乱，是没有革命的。近百年世界大交通以来，盘旋往复之局被打破，旧有社会至此将必为一新社会所代替，乃信有所谓革命。但究非社会内部自发的阶级革命，而是从外引发的民族运动表见为革命。所谓从外引发具有三义：（一）从外侮侵凌而激起来要自己整顿内部，以应付新环境；（二）从领会外来的新理想而发动了对固有文化（政治经济一切在内）的革命；（三）从外面世界引起中国社会逐渐变质，而内外联通一片，在当前世界革命大形势中不容自外。社会内部矛盾当然是有的，但民族的危难掩过它。它可以为发动革命之资，革命却不发于此。其政治改造趋向民主主义，而却非发乎反封建争自由；其政治经济改造趋向社会主义，亦不是发乎反资本主义的斗争。大抵其旨都在改造固有文化以救国（或实现理想）。中国革命先导孙中山先生称他的三民主义为救国主义，就是为此。因此像某种革命以某一定之阶级为其动力之公式，在这里便不尽合用。革命不革命，在这里初不以阶级来分，却看谁接触外面世界较早和谁关心国事或否为定。对于外面世界无见无闻的人，尽可不满现状，却看不清前途往那里走，就于革命隔膜。中国革命最早的形式表现为新旧之争；中国革命尝被谑称为“留洋学生的革命”；而革命策源地总在沿江沿海的广东等地方，一切都是为此之故。特别要知道，像阶级革命前夕，被压迫者非打破现状为社会求出路便没有自己的出路，那种形势在这里是没有的。相反地，这里是个人自求出路于现状之中，还较打破现状为社会求出路容易得多。如我们所亲见，革命的人都不顾身家，身家念重便不能革命；革命的心情正有如古人所说“先天下之忧而忧，后天下之乐而乐”者。总结来说：中国革命天然就是先知先觉仁人志士在发动，在领导，而全然不是什么资产阶级或无产阶级。

中国革命的发动与领导虽不在一般农工劳苦大众；但中国问题给他们的苦难最深，则在解决中国问题上正要靠他们的力量，固自无疑。工农比较，农民力量是大的，不须说。抑更为在政治上在经济上莫非都在压迫着农村，农村的痛苦表现中国问题的灼点；解决问题就要从农村入手，解决问题的力量亦就要在农民。

所以我的理论，中国革命的动力是要知识分子下乡与农民合起来构成的。好比一个巨人，农民等于是他的躯干，知识分子则作他的耳目，作他的喉舌，作他的头脑。两面彼此互不能缺少。虽则知识分子尽不必是在前所称“先知先觉，仁人志士”；然而一切知识分子正都应该认识并且负起这个任务。因为今日知识分子即旧日士、农、工、商四民中的士人，在旧社会结构中实有其特殊位置和职分。从其固有位置和职分，遭遇今天这时代，恰恰就应该是这样。

今天看来这种说法虽于固有历史和文化不为无见，却亦蔽于其所见而不见其他。在前述五个问题上我所得那些省觉或转变，显然都于纠正这种说法有关，不必重叙。于此之外有几点应须一说的，约举如次——

（一）过去我不留心的无产阶级立场仍当作某一阶级的狭隘立场，因而误认这于民族危难的中国正应该大家都从民族立场出发的时候是不合适。在明白在人类历史中各个革命阶级当其革命时皆有合于正义与公道的一面，但除了此时此面却不免狭隘自私。唯独到了无产阶级，乃是历史全程中最末后一革命阶级，它负着彻底解放全人类的使命，就不像其前者之各有所局限，而必然要廓然至公至明才行。它既不会因民族而废阶级——它不可能当本民族侵略压迫其他民族时，还站在本民族一边而失其阶级立场国际主义；它亦不会因阶级而废民族——它亦不可能当本民族被其他民族侵略压迫时，还只顾本阶级而失民族立场爱国主义。

（二）过去我强调中国革命的特殊性，总要把它划出于一般革命之外，名为承认它是世界革命的一部分实际等于没有承认。现在事实告诉我中国革命要通过世界性的大阶级斗争而得完成，乃知我们只能在一般革命中讲中国的特殊性，而不应跳出革命范畴来讲。这样正不必论中国的无产阶级大小强弱如何，而承认中国革命只能由无产阶级来领导了。

（三）我一向认为两个不同的革命力量——资产阶级与无产阶级——相联地都没有在中国历史培养出来，是过去我们一直没有革命的原因，亦是当前革命不能不特殊的基本理由。同时看见中国共产党明明是许多知识分子和农民，却自号为无产阶级，显然名不符实。又看见他们避开城市工人运动而专走农村斗争之路，直无以自圆其说，更觉得凡抄袭外国的都不行。而我的特殊论的信念于此乃益加强。后来虽明白：当前客观形势决定了中国革命的性质和道路，而从什么性质的革命便决定要什么人来领导，尽管其人并非无产阶级，而看清了中国革命要如此，还是可以学着站在无产阶级立场，作无产阶级之事的。但仍然不解：这个知识分子和农民的大集团，究竟其无产阶级化的过程是怎么样的？又且怀疑，这是不是客观（缺乏无产阶级的社会事实）不足以决定主观（学作无产阶级的自己想法），而主观力量强到足以代替了客观呢？直待中共建党三十周年纪念，读到彭真市长那篇论文，①把他们从一个知识分子或农民怎样在特殊境况中而无产阶级化的过程说出来，乃始恍然而得其解答。从而我亦得以了解另外一大问题：中国革命的主要形式为什么是武装斗争？

如前所叙陈，在我认为是：中国问题的解决不大需要暴力，不相宜用暴力，乃至暴力亦用不上。但在斯大林和毛主席却偏都强调武装斗争是中国革命的特点，或其主要形式。而且今天的事实亦完全证明是这样。很久我想不通这个窍，如今明白了；不这样，那完成中国革命的力量便无从培养出来。

第一，我们要知道老中国所不同于西洋的，就在没有近代工商业。——这恰是近代两个不同革命力量的总来源。近百年世界大交通后，近代工商业虽传过来，却一直未得好的发展。其在 1911 革命前，既扼于不平等条约，以这样大国家说，贫弱得仅胜于无。其在 1911 后，内战迭起而不休，更是内外夹攻，难得有机会发展。因此中国革命力量的来源，在这一方面说，几乎是被截断的。中国革命力量的取给，初不在此。

第二，要知道老中国社会所由构成的士、农、工、商四民，士与农最关重要。后来有了资产阶级、无产阶级，其意义与作用，自非昔日的商与工所可比，而由于比重太小，在全国大局上关系微弱。如我所见。

① 彭真在《马克思列宁主义在中国的胜利》一文，有如下的话：他们（共产党）加入在一种军事共产主义的供给制生活。……而且过着严格的集体生活，具有至少是不亚于产业工人的组织性、纪律性和觉悟性。现在这种党员的实际社会成分，已经不是农民，而是革命职员或革命军人。所谓农民成分，对于他们不过只是一种历史成分。（他们早已脱离了小块土地和小生产对于他们的束缚和局限性。）

满清的推翻只是留洋学生“新士大夫”所为，并不与资产阶级相干。后此分量是渐加重了。而为后此革命来源的“五四运动”仍是新知识层的事，他们（资本家）不过居响应地位。中国革命力量自始至终不能不寄于优秀的知识分子和广大的农民，这是一定的。

第三，要知道知识分子的不切实际而善变，农民的落后与短视，加之以他们所同具的高度散漫性，如果不改造一番，是万万不胜革命之任的。还有新知识分子群趋于都市而不返，农民滞居乡村而不出，彼此如不相结合亦是不能形成力量的。根据以上三层，在我们心中就会发生中国革命力量如何养成的疑问。

确实这是一个问题。在什么时间，在什么空间，采什么方式，都很难为它设想。假如事先来设计，敢断定谁亦设计不出的。

再说到时间问题。既说为培养，便不能时间太短。但何处社会容许这样反抗现秩序的力量从从容容存在且长大呢？在旧秩序尚作有力的统治时必不能容；在新秩序建造起时又已用不着。唯一于它适合的，是旧秩序已失其有力统治而新秩序尚有待建造那段时间。这惟在中国有而且长。缺乏历史孕育而从外引发的中国革命，在旧秩序推翻后，新秩序建立不起者几近四十年。那么就尽有足够时间来培养成功这巨大的革命力量了。

再又说到空间问题。这一革命力量的培养，在空间上又是不能太小的。但在一国之内这样划地自守，尖锐反抗国权，虽小且难见容，何况要大呢？不止要大，而且要愈长愈大。说明白一点，便是要在一国之内又新长出一个国来。试问除了近几十年在中国，更向何处去找这空间。毛主席曾有《中国的红色政权为什么能够存在？》一文，就是给这空间一个说明。那还只是说抗战前的事。在抗战中，国境大部沦陷。在广大的沦陷区域，乃是更适于这革命力量得到培养和发展的空间。于是这空间问题又从时势演变而天然解决了。

于此有一对照：在 1911 年革命后，我对于国内秩序状态，即怀抱一大苦闷，久久不得解决，迫切要求建造新秩序以完成革命。此完成革命力量要在知识分子下乡与农民结合而成，似我所设想者与这里的事实亦甚相近。然其根本不同处：我正以无秩序为苦，而共产党却就苦其有秩序。因此他们非武装斗争不可，而我则不然。有斗争即有发展。此发展是两面的：一面是对外扩大势力，一面是不断改造自己。末后在他们则一个个无产阶级化，而壮大了无产阶级政党如今天这样，并且于新秩序的建造工程已有很好的开端。在我这里呢，知识分子还是知识分子，农民还是农民，虽亦曾要求组织成团体，却全然一场空话。

关于我的荒唐失败今且不谈；亟须结束以上的话。

以上的话无非解说：担负建造新秩序完成中国革命的一大力量——中国的无产政党——就是这样培养长大的。其中要点，一则在有“非此不可”的必然性，又一则在有“机会丰富”的可能性。历史就是“非此不可”遇着“机会丰富”，两下合成的，亦可说“天造地设”吧！必须说到这里而后于无产阶级领导中国革命之义可以无疑。

群众运动中的领导问题

说起来惭愧，我亦算是搞过群众运动吧！因我有志领导农民，亦曾下乡，实行我的乡村建设运动。现在对于群众运动这件事在我思想上亦有些省觉和转变，可略说一说。

记得 1938 年 1 月访问延安时：毛主席问我作乡村运动曾感到有什么问题和困难。我开口一句便说：最困难的就是农民好静不好动。毛主席没容我讲下去，就说：你错了！农民是要动的；他哪里要静？我的话自有所为而发，例如：农民对新事物之不感兴趣，不大接受，许多事情办成之后，农民念道它的好处不置，而当其开始时总是怕麻烦，态度消极。对他的话，当时不甚了解，却亦引起注意。其后读到《湖南农民运动考察报告》，乃知其所谓。此次参加西南土地改革就更懂得了。在湖南和四川这种地方，农民茹苦郁塞于封建势力种种压迫之下，确乎是要动的。北方情形不尽相同，似不能以彼例此。但我颇有省觉于当初我们未能抓住农民真痛真痒所在；抓住他的痛痒而启发之，他还是要动的。说农民好静不好动，还是隔膜；彼此还不是一个心。群众运动的入门诀窍，似要在变自己为群众。在任何问题上，先不要有自己的意思，除非群众已经看你是他们的人之一。

共产党可佩服之处甚多，而我最佩服的则是其群众运动。我尝叹息，自古以来有群众，自古以来亦有领导，但却没有领导与群众结合像这样好的。过去我亦有依靠群众之意，但比起他们来，那就太肤浅了。至于向群众学习，虽作风偶有类似，只是偶有而已，绝未把它作一信条。今后我如作群众运动，首先要改的就是“我来领导”那个观念。

谈我的思想问题 *

李建勋先生问及我的思想问题，兹分四段作答如下：

* 这是著者补记在政协学习小组会的发言，时间约在 1964 年。原题为《补记 7 月 7 日及 12 日两次发言要点》，现标题乃《梁漱溟全集》编者所加。录自《梁漱溟全集》第 7 卷，山东人民出版社 1993 年版。——编者注

第一段：我欠缺的是在阶级问题上缺乏阶级感情，解放前如是，至今犹如是。

我知道阶级学说并不后于人，大约“五四”运动前就知道了。1924年孙先生改组国民党，国共第一次合作，1927年北伐军到达长江，从追问国民党的阶级基础是什么，而引起中国社会史论战，积数年论文而成四巨册，我都有兴趣研究它。自己亦跟着大家谈论阶级问题，而实没有懂阶级。其所以没有懂阶级者，即在缺乏阶级感情。没有感情的知识是空泛不相干的。懂不懂阶级不在你口里会说不会说，而要看你临到社会实践上你行动起来如何。——必有感情才有意志和行动，而后才证明其有真知。

第二段：我之缺乏阶级感情既有其一般的原由，更有其特殊的由来。

阶级感情皆必来自实际生活经验，亲身直接感受，亦即其阶级处境。感受深切深刻莫如处于被压迫剥削之农工，漂浮流动的知识分子只间接地剥削人或偶亦受人剥削，不免肤浅或缺乏。——此即一般原由。

特殊的由来约言之有二：

1. 父亲四十岁始入仕，四十岁前皆在义塾课徒为生，四十岁后仍大半靠佣书自给，是距今七十年前一个爱国维新的人。我自幼受父亲影响很大，又很特别。我没有受传统的四书五经教育，所受近世学校教育亦很浅，只念了五年半的旧制中学而止。我在《文史资料选辑》第四期有《清末爱国维新运动一个极有力人物——彭翼仲先生》一文，叙述到他与我父亲的关系及给我的影响，可参看。爱国维新在那时不是容易事，他们具有一种反抗精神，我至今留有深刻印象。反抗什么？反抗亲戚故旧的一般流俗的窃笑与非议。流俗总是琐琐碎碎，只为一身一家衣食打算而不问他事；又循常蹈故，安于庸暗。彭先生在北京首创报纸及小学（名曰“启蒙学堂”；当时尚未通行“小学”名称）。以此毁其家，且几以身殉。我幼时即晓得“自了汉”（当时无“个人主义”名词）及“冷血动物”之可鄙。父亲没有给我讲过书或讲任何大篇教训的话，他启发我的思想而不干涉我的行动。例如我参加辛亥革命，他表示不同意却不干涉，我倾心佛法茹素不婚，他更不愿意，亦不干涉，如此之类。我从幼年起，在学业上，就是自学，在行动上就是自主。其后一生的表现就是有志业而无职业，主动性极强。我一向从自身体验和观察诸前辈行事中认为革命运动是爱国维新运动的一种发展变化，1927 年的大革命又是 1911 年革命的发展变化。我总称之为民族自救运动。它都是先知先觉仁人志士领导的。在一般外国之例，革命是阶级矛盾的爆发。但中国革命则是从外引发的而非社会内部自发的，不依靠某一阶级领导。——此即我所以看轻了阶级，缺乏阶级感情的特殊由来之一。

2. 就在我参加 1911 革命的同时即有出世思想萌芽，后来更倾心佛法以至现在，老而弥笃。佛家以贪、嗔、痴为“三毒”“根本惑”。阶级仇恨是一种嗔恚心理，我所不取。——此即缺乏阶级感情的特殊由来之二。

第三段：由于我没有真懂阶级，在解放后犯了许多错误。解放前的错误，主要是我奔走国事的路线错误，将于第四段中提到；这里只说解放后的错误。此可举出以下几个事例。——

1950 年 1 月半我由重庆抵京，其时主席和总理皆在莫斯科。3 月 10 日主席和总理回京，11 日公宴，见到毛主席，承主席约于 12 日夜间谈话。主席开头一句话，问我“这次可以参加政府吧？”我却回答：“把我摆在外边好吧。”——此在今日看来很好笑，“摆在外边”不是自己站在人民外面了吗？此即不懂阶级之一例。

今天大家都说要听毛主席的话，照主席的指示办事，但我在解放初的三年却屡次不听毛主席的话，以上即其一例。其他几次是这样的：（一）1950 年 3 月 12 日谈话后，我即到山东、河南、平原各省的农村参观访问，又到东北各省市参观访问，则以重工业方面为主，前后共约六个月之久。这是半由我自愿，半由主席的指示。主席当时说："你不是曾在山东、河南搞过农村工作吗？你现在去看解放后有何变化。然后你再去东北的老解放区去看看比较比较。" 9 月中旬我从东北回京，23 日夜晚主席邀谈，在询问我对各地观感后，又对我说："你看了老解放区，还没有看新解放区，看了北方，还没有看南方。你可以再出去广东看看吧！"我以走动甚久，正想休息，且想以见闻感想写出来，没有接受。（二）1951 年春中央有西南土改第一团之组织，我自动向统战部请求参加，即因省悟主席要我看南方新解放区者，意在要我看土改也。在川东参加土改四个月，于 8 月 30 日回京。9 月 3 日晚间又承主席邀谈，谈话末了，又劝我去广东看土改。我正感疲劳，复不接受。（三）1952 年 8 月 7 日午后一时半至三时五十分承主席召去谈话甚多。我请求去苏联做学术研究，主席未许可，却又对我说："你喜欢调查什么地方，就调查什么地方，我通知各地负责同志，要他们给你一切照料和便利。"我心中无意接受，又不好拒绝，表示考虑决定。次日遇徐冰同志于勤政殿会议场中，嘱我于次日到统战部见面。其次日即 8 月 9 日徐冰传达毛主席之意，问我何时出发？同行几人？先到何处？需要准备事项有哪些？一切可与统战部商洽办理，他皆负责代办。但我最后还是没有接受主席意旨。——不愿出去。

及至 1956 年政协大会周总理政治报告中提到知识分子改造问题，

说改造一般必须经过三个互相联系的途径：1. 实际社会生活的观察和实践；2. 自己业务的实践；3. 马列主义的理论学习；然后才行。而最能使旧知识分子思想得到改造的，尤其在第一层。我方恍然明白主席再三再四要我出去参观考查的用意，是在帮助我改造思想。

再则，1950 年夏间我以特邀代表第一次参加政协会议。凡新来参加者，人人发言，而我自始至终，独一言不发，亦是由于缺乏阶级觉悟而有的一次大错误。我在会议席上缺乏自己侧身人民行列中欣幸之情，在感情上没有站在领导党这面来，倔强地不愿说话。会后好多朋友如邵力子先生等都责问我，我亦只悔其态度生硬而已，还不明白是自己阶级感情不对头。1951 年的政协大会上，徐冰和齐燕铭两同志先后来动员我发言。我虽有短篇的发言，今天看来仍然不好，即仍然缺乏像劳动人民那样热烈拥护领导的心情。

还有，1950 年 10 月 25 日我志愿军抗美援朝前夕，领导上把两个性质上相近的组织合并改组成保卫世界和平的一个会，派人来征求我同意参加其宣传方面工作，我未允。我要统战部给我解说明白后再作决定。因 9 月 23 日我那一次见主席时曾以战事迫近东北为问，主席向我分析中美间还打不起来。同时我思想上亦以出兵为疑。所以统战部徐冰同志与我谈话后，仍未接受工作任务。其后林老（林伯渠先生时任中央人民政府秘书长）又约我便饭谈话，问我对出兵的意见，我一面陈其所疑，一面表示此事既经决定，我自当一致拥护无二意。事后证明援朝出兵之举，完全正确。

第四段：我怎样从糊涂中清醒明白过来。

上次说到我回答主席，不想参加政府的事，当时座中有人说我清高。在我看，清高即是“自了汉”，即是“冷血动物”！清高岂是我的心理！我是顾虑一旦参加政府就失去我向各方说话的作用。这里应须追叙解放前夕的事情。解放前夕蒋介石让位于李宗仁，李宗仁上台忙求和谈，曾连电邀我去南京，并电嘱重庆市长杨森备送飞机票，而我则谢绝不去。李要和谈何以必邀请我？我又何以谢绝不去呢？

说起来话长，简单言之，自从抗战初起我即为团结抗敌而奔走于各方，胜利后又为争取和平建国而代表第三方面的民盟参预两党和谈，总计前后经八年之久。其间经过的种种，曾写有《我努力的是什么》一文，在香港《光明报》上长篇连载五十多天。又 1946 年春国民党召开的旧政协闭幕时，我以为和谈成功，曾有《八年努力宣告结束》一文揭于当时的《大公报》。1947 年[①]冬和谈破裂，和平无望，上海《观察》杂志社又预约我写《八年努力无功录》一书（未出版）。所有这许多话今天都不用谈。只点明李宗仁和谈所以必邀请我者正为此耳。

至于我谢绝不去，则因 1949 年 1 月我见国内大局关键性的时刻到来，预先有所声明之故。我先写出《过去内战的责任在谁》一文，历数内幕事实，指明其责任在蒋，而结论说：好战者已不存在，切望中共方面不要再打；即在蒋宣布下台之日发表于重庆《大公报》。继之则有《给各方朋友一封公开信》一文，答复当时函电纷驰要我奔走和平的朋友们，宣言“我三年内只发言而不行动，只是个人而不在组织（指民盟）”。那就是：我将只呼吁和平而不奔走和平。为什么？就为希望中共方面细心考虑我的话。我的话有可采，即听取；无可采，即不必理睬。我不过贡献我至诚至恳的意见，既不以行动来强求，更无为行动的组织，便绝非与中共作对者。假如我应李邀而去南京，便是行动了，所

① 应为 1946 年。——编者注

以不去。

在只发言不行动的原则下，我继续发表两文，一是对国民党说话，一是对共产党说话，在《大公报》上同一天揭出。① 对国民党拒谈战犯问题表示必定要谈，要他们当权派全行下野。对中共则有如下的话：

> 第一我要说，如再用武力打下去，我不否认有在一年内外统一全国之可能。但到那时却既没有联合，亦没有民主。虽然中共在主观上亦许无意于不要联合、不要民主，而其事实结果则必致如此。（中略）第二我进一层说，不要联合、不要民主，而真能统一稳定下去，如布尔什维克之在苏联那样，我并不不欢迎——我欢迎。不过我担保不会稳定，即统一亦不久。我前文所说“以武力求统一，只有再迟延中国的统一”，其意正在此。这千真万确的真理，我不愿它再作一度事实的证明——但你们竟然要再来一度，我亦只有长叹一声。

这是我当时糊涂思想的核心（1950 年面见主席时，还迷痴地想着自己向各方说话的作用，正是对中国从此统一稳定下去尚相信不及），必须揭出于此，乃见后来所云清醒明白者正针对此而说。

我不信武力统一中国之路，是我胸中自有一条路在。上文曾云“解放前的错误主要是我奔走国事的路线错误”将于第四段言之者，即指此。这条路经积年思考，成一套具体方案，今天不须再谈。然其肇端恰在我

① 即《论和谈中一个难题——并告国民党之在高位者》与《敬告中国共产党》，均见《梁漱溟全集》第 6 卷，山东人民出版社 1993 年版。——编者注

第一次访问延安（1938 年 1 月 5 日到延安，适为“七七”卢沟桥战事暴发后六个月）同毛主席商谈时局问题所提出来的“确定国是国策”那个主张。兹就当时问答的话简略叙出以见其大意。（以下据 1938 年我写的《告山东乡村工作同人同学书》摘录）

当时我谈话的语调是很悲观的，主席则阐明前途定可乐观以慰我。大致说，决定中日战争前途者不外三方面：中国自身、敌人和国际环境。求中国之胜利，一在自身的团结，二在敌人的内溃，三在国际协助。国际形势日渐好转，敌人则随战事之扩大与拖久而渐暴露其弱点，所余为中国自身团结问题，则年来亦已相当实现。如是，又何须悲观。末了，主席再三致意，中国自身团结为争取抗战胜利的根本条件。中国今日已见团结，还当求更进一步的团结。

我本是怀抱着一个团结抗敌的具体主张去请教的，谈至此，刚好提出来说。我说：如我所见，在中国人面前有两大问题：一、对外如何求得民族解放；二、对内如何完成社会改造——亦即如何建国。主席点头表示同意。我问：此两大问题应分开谈，抑不应分开谈？主席答：不应分开来。但既不是一个问题，在进行上不能无轻重无宾主。眼前应“一切服从于抗战”，即以第一问题为主。我亦表示同意。

我于是提出单在眼前抗日问题上讲团结似乎不够。因吾人实有此两大问题，而且完成社会改造系吾民族自身长久之事，更为基本，与抗日为一时问题者不同。苟于此基本问题隐略不谈，则纵然团结殊不彻底。团结不彻底则抗日不力。是即从第一问题为主而言之，亦有同时确定如何解决第二问题之必要。主席于此均不否认。

但主席表示又虑社会改造问题重大，牵涉广远，各方意见或未易接近。倘各方意见不能归一，岂不又影响眼前抗日？似不如走一步说一步。我承认此亦不算过虑，却说当以热心（热心于彻底团结）信心（相信彼此可以说得通）努力克服之。如其能在两大问题上涵有的巨细节目及其步骤措施均取得协议而确定下来，那便是我所要求的“确定国是国策”。

主席告诉我，他们和国民党之间正在武汉开会协商制定一种共同纲领，以为抗战中一致行动的指针。我既然如此热心，可回武汉加以推动，使各方均得参加（不止两党），并由侧重商谈第一问题者而进及第二问题。假如各党派，尤其国民党愿意的话，在他们固不胜欢迎之至。（附带说：后来我回到武汉，知道由于蒋要求两党合并，遭到拒绝，蒋大怒，两党协商破裂；至于其后有“抗战建国纲领”之公布，其中变化则不清楚。）

俗话说“打铁趁热”。借用主席当时的话来说“抗战中的合作，决定抗战后的合作”。按照我的设想，此时果能有国是国策之确定，则国内党派的形势关系即根本转变，从过去对立相争者转而为偕同致力的联合阵线。那时即应建立我所谓“党派综合体”以为全国政权之所寄，在我的方案中属第二步。其第三步则政权治权划分开，以不沾染任何党派色彩的中央和地方各行政司法部门为治权机关（军队、警察隶属于此），执行那政权机关的一切政策决定。我认为中国国权统一稳定有计划地贯彻建设社会主义的道路，无逾于此，而断不是什么欧美式的宪政。

当 1946 年春，重庆旧政协会上取得宪草（欧美式宪政）协议后，我到延安向主席和中共中央诸公指陈这种宪政必不能久，而提出了我的见解主张，我说现在既经各方协议只有照行，一旦发见其行不通时，希望考虑我的意见。

我的思想改造得力于《矛盾论》*

毛主席的《矛盾论》是讲唯物辩证法的著作，论中指斥人们在解决问题观察事物时，容易犯主观性、片面性和表面性的病，亦就是不注意其客观内在矛盾发展变化而落于一种静止的看法，不注意其相互有关联的各方面而落于一种孤立的看法，我正是犯这种病而不自觉知的一个人，所以奔走国事几十年到底劳而无功。下面列举些过去主张和行动的种种错误，至于我所以如此主张和行动的很多理由既经口头有所叙说，即省略少谈。不能不谈者改用注解附于后。

甲、贯串着我几十年全部主张和行动的一个根本错误，就是偏于强调中国历史社会构造的特殊性而忽视其一般性，这就犯了主观性、片面性的病。试举例如次：

（1）例如1938年1月我访问毛主席于延安，彼此曾用了两个通宵讨论到此。他说我轻忽了一般性，我则说他于特殊性认识不足。彼此在解决中国问题上路线不同即由于此。三十余年来事实证明，他从中国社会一般性出发的路线卒于解决了中国问题，而我则空忙一场。两相对照，又读了《矛盾论》，方始省悟我错误之所在。[①]

（2）例如毛主席判定资产阶级的民主革命在中国必要无产阶级来领导完成（不同于陈独秀之所见），是［因］为看出了第一次世界大战

---

* 录自《梁漱溟全集》第7卷，山东人民出版社1993年版。——编者注

① 我所说的中国社会构造特殊性指旧中国社会生活“密于家族，亲于乡里，而集团阶级之分化不足”，“贫富贵贱上下升沉不定，流转相通，阶级没有固定成形”，“两千年来只是消极相安之局而非积极统治之局，不属一般国家类型”。（此类型在恩格斯著作中讲得最清楚）

后和俄国十月革命后改变了整个世界发展方向（见《新民主主义论》）。但我只就中国特殊情况看待中国问题，而不晓得中国早落在世界漩涡中，尽管国内阶级形势不足，而大势上却必仍然要从阶级问题上分判一切，不能例外。我这种只看近不看远，就落于一种孤立的看法，无从正确地认识中国问题，解决中国问题。

（3）又如北方农村社会在八年抗日战争中和三年解放战争中，演出的阶级惨斗非我意想所及。这又证明我对旧农村落于一种静止的看法，没有唯物辩证的眼光。

乙、从上所说一根本错误，就使我几十年来所致力的工作，忽略阶级问题，站在民族立场为全中国人团结合作而奔走。恰好与毛主席共产党所走阶级分化而斗争的路相反。[①] 全国解放后我看毛主席以党人一个不数十年竟然把全国人都团结到他的周围，我自己却落到孤人一个，方才恍然大悟我错在以合求合，毛主席的成功正在以分求合。[②]

在上面注解中已经透露出以分求合的正确，以合求合的错误，现更

① 毛主席《在井冈山上的斗争》一文有两段话可为此注解。一、“但是无论那一县，封建的家族组织十分普遍，多是一姓一个村子，或一个姓几个村子，非有比较长的时间，村内阶级分化不能完成，家族主义不能战胜”。二、“社会组织是普遍地以一姓为单位的家族组织。党在村落中组织，因居住关系，许多是一姓的党员为一个支部，支部会议简直同时就是家族会议。在这种情况下，‘斗争的布尔塞维克党’的建设真是难得很。”

② 这里说“以分求合”指毛主席从阶级分化斗争入手，而志在尽可能团结全国大多数人共同建设社会主义一个新中国而说。其工作是第一建党，第二建军，第三寻求同盟军，即是建立统一战线；随着形势发展，按着矛盾统一法则，应分则分，应合则合，始终不放松分与合，其效果却是毛主席以当初的光人一个卒于全国七亿人成功地团结在他自己的周围。

这里说“以合求合”指我几十年一心求人们团结合作以救中国，（除认定社会与国家机器必要分开外），忽视阶级矛盾，掩盖之，回避之而说。

分三点来说明白一些。

（1）《矛盾论》中说“假如没有和它作对的矛盾一方，它自己这一方就失去了存在的条件”。此即是说，没有“分”则“合”亦不存在，二者相反正好相成。原是分于彼而后合于此的。我竟然只顾要“合”而避忌着“分”，其结果便是“合”亦落空。

（2）毛主席说，要揭露矛盾、解决矛盾，不要掩盖矛盾、回避矛盾，而我在反对内战的强烈愿望下，满以为国共两党既有过两度合作（1924年的，1937年的），则抗日胜利后进而为第三度合作以建国应该是可能的。1947年我发表《树立信用、力求合作》一文（见当时上海《观察》杂志），结末恳切地说：“只有这样把东西南北各式各样的朋友都拉在一起合作，中国才有救。”此其中的矛盾我心知之，而寄希望于努力克服，实际上固多掩盖矛盾、回避矛盾了。

（3）毛主席说，遇着矛盾复杂不一，就要分别出其中的主要矛盾、次要矛盾，而且在矛盾着的两方面也要分出其主要次要来。这些主要次要又是有时转变，不固定的。随时抓住要点，不可同等看待，如堕烟雾。当初没学《矛盾论》，不晓得作此分析研究，而当时所遇到的矛盾又是异常复杂不一的，除国内一般封建性的阶级矛盾、资本主义性的阶级矛盾外，突出的是来自帝国主义的侵略，更突出的是军阀的祸害和帝国主义的彼此矛盾而又勾联着各军阀的彼此矛盾，以致连年内战不休，使得广大社会遭到严重破坏，那个最剧烈的矛盾。正缘于我对此局面抓不到要点，就落于以合求合的错误。

丙、错误不是单因我缺乏《矛盾论》的知识，乃是被自己的阶级局限性之所限，就没有正确的眼光见识去走正确的道路。毛主席说，在阶级社会中一般人的思想无不打上阶级烙印，信乎不差。因为人的思想是其知识在感情意志支配下组成的，而感情意志则视乎其人的阶级立场而定，很少能超脱的。我亦正是这样的庸人，试从下面事例一为指证。

我虽未学习过分析矛盾的如何主要次要，但我既为解决中国问题而尽力，时时有主张有行动，其势固不能不分别事情的缓急轻重。例如日寇入侵，大敌当前，共产党毛主席把国内阶级矛盾降为次要而以抗日为主要，我同样的晓得此时抗日为急务，其他一切靠后。但在此之前，却不是致力于阶级斗争的。我认为如一般的国家之所见，不管它剥削怎样的重，统治怎样的严厉，总是在一定秩序下进行的，而这在军阀连年内战不休，不成一个国家的中国实在已经是求之不得的事情。中国的农工生产劳动者非苦于阶级剥削而是苦于内战所加于他们的直接破坏掠夺。换言之，其痛苦不在阶级矛盾之间，而在军阀彼此矛盾间所造成的频频战祸，时时打断了社会生产交换的进行，而临着绝境。因此迫切需要消弭军阀内战，使全国进入统一稳定的局面——一时稳定不算数，必须统一稳定下去才行。统一稳定了就能以对外应付国际侵略，对内进行各种建设。在一穷二白的中国，一切从头做起，不难有计划有步骤地完成社会主义改造和社会主义建设。这就是我搞乡村建设运动的想法。

试问这种思想是从什么阶级立场来的呢？平情立论，可说社会上大多数小有产者的立场，即是代表自耕农、手工业者、小商人和依靠知识技术为生的那些人的需要的。这较之深受剥削压迫的劳苦大众的心理要求还不一样。像毛主席在《湖南农民运动考察报告》所说的话，我将是喊“糟得很”而不是喊“好得很”的一个人。前说我“被自己阶级局限性之所限”即指此。

毛主席和马克思、恩格斯、列宁都是从其清明自觉之心发挥主观能动性，不为其自己阶级之所限，而高瞻远瞩致力于无产阶级世界革命的人。我的思想改造就是在改变阶级立场，追随于他们之后，为无产阶级世界革命尽一份之力。

1970 年 12 月 6 日写出

我怎样理解辩证唯物论？*

我不承认一般的唯物论，但我可以无条件地承认辩证唯物论。我是怎样理解辩证唯物论的呢？这要说出来以待高明的马列主义者予以指正或认可。

我之所以不承认一般的唯物论，是因为他们把物质看成简单的死东西。而在辩证唯物论则不然，他们说世间没有简单的东西，一切事物都是有内在矛盾的，又是彼此互相关系而存在着的；就在内有矛盾而外有关联上，不断地发展变化，日新又日新，那亦就是活的而不是死的了。辩证唯物论之所谓物质应即指自宇宙一切事物为一体不可分离的总在发展变化不已中的那个东西。宇宙间虽然森罗万象，而其实乃是一个东西；这东西我们叫它“物质”。这是哲学上的“物质”，不是自然科学上的那个“物质”（注：看提纲第二章第五段）。前者可以包括后者，但后者却不能替代前者。我们可以说：世界即物质，物质即世界；但这都是从哲学来说的，不能把哲学和自然科学混为一谈；从自然科学上是得不出这个结论的。作这个结论不属于自然科学的事。

---

* 原文有副标题“读《辩证唯物论提纲》和艾思奇报告书后”。录自《梁漱溟全集》第 7 卷，山东人民出版社 1993 年版。——编者注

艾思奇的报告中有这几句话：

> 马克思主义唯物论的特点就是在唯物论里加上实践的观点；以实践的观点作为根本的观点。其它任何一种唯物论都不讲实践，都跟实践脱离，都是离开实践讲唯物主义。离开实践讲唯物主义就不是辩证唯物主义。（见第 26 页）

这话非常好。我愿再加分析说明之：何谓实践？说实践，是说人类生活中的各种活动。这里须注意两点：（一）说活动，就外静观，除非你懂得静观亦是一种活动；（二）人类的活动都具有社会性，没有独自一个人的事情，除非你不忘记任何个人都是社会中人。

唯物主义是从实践中认识得到的，还在我们实践上而应用它，以争取主动。时时争取主动，是人生之所必要的。而只有你时时留心客观环境，不忽不忘，才有主动地活动之可言。不然的话，早就落于被动去了。人类是具有主观能动性的，但自己不去争取主动，主观能动性却发挥不出来，而只有时时在被动中。哲学不是空谈，哲学中的唯物主义尤其是人生最紧切有用的指点。——指点我们要时刻留心客观环境而掌握之。可惜人们一言一动总容易出以主观，而忽于其环境事实耳。

我对于时下人之讲唯物主义的话，是不是全部同意呢？这又不然。

例如常听人说："物质是第一性的，精神是第二性的。"我觉得这样说法容易引起误解，好像物质精神是可以离开来说的两种东西。而实则精神即存于物质之中，不在其外。物质不是有着内在矛盾吗？精神早就存那里了。我们不如说，要把社会存在作第一性，社会意识看作第二性；这样比较妥当。因为说意识，是指人类的意识，人类从生物进化来，生物从物质发展来，物质自是先于意识的。先有社会存在，才有社会意识；意识，就是意识那个存在的。又例如常听人说：“物质世界是客观存在的，它不依赖于人们意识而独立存在着。”这话我觉得亦有毛病。其实自有人类意识以来，客观世界总在人类意识所摄取中，而没有离开间断过，——离开断绝是不可想象的。怎样说“独立存在”这话呢？你若说人类出现时，它先存在了，不就是独立存在码？其实这种推断的话，还从我们意识来的，总之都离开我们意识不得。我以为彼此离不开，一离开即不含辩证法。

我对于辩证唯物论的理解，暂时只说这些。

自我评价

晚年梁漱溟，赵朴初称之"望之俨然，即之也温"

本章根据《这个世界会好吗：梁漱溟晚年口述》（艾恺采访、梁漱溟口述、一耽学堂整理，东方出版中心2006年版）相关内容整理而成。——编者注

我不是一个学者

我常常对人表示我不是一个学者。……我承认自己是一个有思想的人，并且是本着自己思想而去实行、实践的人，我就是这么一个人。我对学术啊、学者啊，对中国的老学问不行。……小时候没有念过四书五经，四书五经的书里面有些个生字我现在还不会认。那么，再一面，现在的学问，科学我也不行，我西文不行，科学一定要学外国文，我的西文不行。所以讲到学问，我只能够歇一歇，我说我不行。……我自己承认我是个有思想的人，独立思考，表里如一。

我只是一个普通人

艾恺：……我自己关于您的信仰、您的性格的看法就是跟对历史上很多别的人物一样，就是一种好像西方人说是神圣的一个人，英文说是Holly。那么，您无论是佛学或是儒学，圣人这个观念呀，有一些类似的地方，就是说要到一个超脱一切的一个领域，到那个领域以后还是会到民间、人间，给他们解释那个超脱一切的知识。我说您灵魂深处也不一定是有意识的那一层，可能是无意识的那一层，是在觉得您是来救人类，就是圣人了。……您算一个圣人吗？

梁漱溟：我所懂得的、我心里所想得的，圣人不是平常人。圣人他说话行事可以说跟其他人不大两样，可是实际上他那个人、他那个生命、他那个人格，已经完全超过普通人了。生命不同了、生命完全高过普通人。在从前，古时候就是孔子，后来我应当承认王阳明，他对生命已经透彻，完全高过我们。

艾恺：……您自己和王阳明也有很多类似的地方。他也是好像先深入佛学，以后出来。他也是一个活动者，在社会上实行、实践，也不是专门写东西、讲学问的。所以我自己觉得您和他有很多类似的地方。

梁漱溟：可是就阳明的生命说，他不是普通人了，已经不是普通人了。可是我现在还是一个普通人。……我可能比其他普通人不同的一点，就是我好像望见了，远远地看到了，看到了什么呢？看到了王阳明，看到了孔子。我是望到，远远地望到，并且还不能很清楚地看见，好像天有雾，在雾中远远地看见孔子是怎么回事，王阳明是怎么回事，远远地看见。我的程度只是这么一个程度。

我是一个乐天派

……不少的惨事，我们所不愿意看见的事情，它还是要来，还是要有。不过就我自己说，我是认为人类历史都是在不断发展，它自然地要发展，不会停步的。既然它自然会发展，停不住，拦不住，同时呢，发展就是好，在发展中不可避免地有破坏，不可避免地有些重大的破坏。不可避免是一面，我们求着避免又是一面，总还是要求着避免的，不可避免我们至少力求减少吧、缩小吧，这还是应当努力的。但是不必悲观，对前途不必悲观，既然事实发展要如此，你悲观有什么用呢？事实要发展，发展总是好的，我认为发展总是好的。……我好像是一个乐天派。

我的思想的根本就是儒家跟佛家

……我的思想的根本就是儒家跟佛家。我的意思就是，如果能够对我的根本的思想——就是对佛家跟儒家多了解，比什么都好，比了解我的过去的一些事情都重要。

我最佩服的人

艾恺：您最佩服的中国人，无论是过去的、或者是现在的中国人是谁啊？

梁漱溟：我很早、就是我年轻的时候很佩服的，是章士钊，他号叫章行严先生。他写文章的笔名有时候写秋桐——秋天的“秋”，梧桐的“桐”。我年纪小的时候，我在中学读书，14岁到19岁毕业了，十四五六七八，这个时候我就看见章行严先生——章士钊了——他的文章，不知道他这个人的名字，姓名不知道，就是看见他的笔名叫秋桐。他写的文章，一种是欧洲通信，他人在欧洲，写给报纸，把欧洲情况，叫做欧洲通讯、留欧通讯，我看得很有趣味。特别是呢，他有些个论政治制度的文章，因为那个时候中国要学外国，政治上学外国，那么就有开国会的问题，有议院。议院有一个问题，就是还是两院制呢，还是一院制？议院跟政府的关系，像英国，政府是向国会负责，对众议院负责，责任内阁，政党内阁。他写文章讨论这个问题，我非常有兴趣。因为那个时候我们都是热心中国的政治改造，最欣赏的、最觉得好的是英国式政治，他刚好是介绍这个东西，讨论这个东西，中国要学外国，就是学两院制呢，还是一院制就可以了呢？有没有必要两院呢？他这些个文章我都爱读，可是我不知道他是谁，只留个笔名。这是在我年纪轻的时候，年纪只有十几岁的时候，而且在北京中学读书的时候，看报纸、看文章看到这个，我就欣赏这个人，欣赏这个人的议论、文章。

后来呢，就看见上海有一个叫《民立报》，《民立报》发表的文章也多半是论政的居多，这个文章笔名就写行严。我还是不知道他到底姓什么，可是我看见行严的文章，就想这个人的文章恐怕跟秋桐是一个人，真的姓名我还不知道，我判断他恐怕是一个人。后来呢，在日本梁启超梁任公出了一个刊物叫《国风报》。《国风报》上偶然登了一篇文章,《国风报》多半都是论政的，偶然登了一篇文章，是讲把西文、西洋学问的名词翻译成中文，翻译、译名的问题，怎么样的译名算是译得好。因为过去严复，严几道先生他就讨论过译名的问题，他有三个标准：一个是要信——言而有信的“信”，单人旁一个言字；一个标准是信，还有一个达，表达出来，第三个还要雅，文雅。严先生论翻译讲究这个，他翻译外国东西要遵守这三个标准，所以他翻译出来外国的东西，都是文言的，都是很文雅的，没有白话。这个问题就叫做译名问题、翻译名词的问题。在《国风报》上看见有一篇文章，是讨论译名、讨论翻译问题，署名叫“名质”——人名的名，物质的质，讨论的问题不是论政，跟我看到的文章不相合，这个“名质”用的人名、笔名，既不是秋桐，也不是行严，而是用一个很新鲜的“名质”两个字，但是我一看，这三个名字实在是一个人，我的判断是这样，后来证明果然是一个人。

这个时候，他在日本出版一个刊物，叫做《甲寅》，这个时候我给他通信，从书信上有来往，我才清楚他的名字是章士钊。后来到北京，我就很喜欢跟他亲近，很佩服他。可是佩服他之后，我又失望，怎么失望呢？因为这位章老先生，他比我岁数大了很多，他是一个很有才的人，多才，多才嘛他就多欲，欲望多，所以他生活很腐烂——吃鸦片，赌博，赌钱，嫖妓女，娶姨太太，娶妾，一个、两个、三个，我很失望，我很不喜欢。虽然很不喜欢，我还是一直到他 90 岁的时候我还跟他往来。……

这是我年轻的时候很佩服的。再一个我佩服的也姓章，就是章炳麟，章太炎先生。我觉得他的学问好。……他比较年轻的时候也算是革命的重要人物，他那个时候是有点批评孔子、反驳孔子，可后来又变了，晚年又佩服孔子。（对章太炎最佩服的是）学问很深造，人品也个性很强，不是一个很随便的人。

艾恺：后来到了30年代、40年代、50年代，您最佩服的人有没有变化？

梁漱溟：如果说那个时候，在中国的名人里头不是有康梁吗？我是很不喜欢康；我佩服梁任公，喜欢梁任公，刚好跟梁任公也有来往、亲近，并且这个亲近呢是，我嘛比他是后辈啦，小学生啊，他来我家先看我，很虚心，这点我很佩服他。他大我20岁，他从办《新民丛报》那个时候，我就爱读他的文章，后来就跟他认识了。像刚才所说的，民国九年（1920年），他居然一个老前辈，很有名望的，先到我家里来看我，我那时候还没有名，我心里头很佩服他。那么他为什么来看我呢？原来他这个时候注意佛学，人家告诉他，说我讲佛学，所以他来看我。在佛学方面他很虚心，尽管我们是后辈，他很虚心。可惜他给我很多信，我都损失了，没有保留。（跟他有往来一直到）后来民国十八年（1929年）春他故去了。民国十八年我从广东往北方回来，到的时候他已经故去了，在广东的时候，他还跟我通信。可是我很不喜欢康。……他不是要搞什么孔教会？不过这个问题还小，最大的问题是他这个人虚假，很多事他做假。比如他写文章，有倒填年月的事情，后来写的东西，他把它作为多少年以前写的东西。这何必来呢？不老实。……

他不是有本《大同书》吗？我书架上还有。我觉得这种“大同”的理想，并不高深，不值得那么样子吹捧。设想远的未来的社会怎么样子怎么样的，可以设想，可以去做一些个想象，也可以把它写出来、说出来，不过应当认为价值不大。应当重视科学，不要做些什么幻想。幻想也可以说嘛，不过不会有很大价值，实事求是的这种研究才是有价值的。他这个人很高傲自大，当然他开头要帮助皇帝维新，开头那个是很了不起，很有创造性，很有创造精神，可后来不行。

艾恺：最伟大的中国人物——无论历史上的人物还是在人世的，是谁？

梁漱溟：我觉得也不是太过去，也不是现在，恐怕还是毛泽东。毛泽东很了不起，恐怕历史上都少有，在世界上恐怕都是世界性的伟大人物，不过他晚年就不行了，晚年就糊涂了，有很多的错误。

艾恺：毛泽东最伟大成就是什么？

梁漱溟：整个地创造了共产党，没有毛泽东不能有共产党，没有共产党没有新中国，这个是百分之百的事实，百分之百的事实。不过他这个人到晚年就糊涂了，有很多做错的事情。这个错的事情，失败的事情，在周恩来没有。周恩来是中国从前叫做“完人”——完全的人，你指不出他的不好的、做错的事情，几乎没有，非常的完全他这个人。不过，很巧的，他是天生的第二把手，天生的给毛主席做助手的这么一个人。论人可是最好了，周恩来人最好了，最好。

艾恺：最佩服的外国人是谁？

梁漱溟：我在哲学思想上最喜欢的，也算是崇拜吧，是法国的柏格森。……当然德国的康德，我也佩服他的思想的深刻。

在生活和思想上对我影响最大的人

艾恺：对您的生活或者思想影响最大的是什么人？

梁漱溟：如果不说古人，说我的朋友、老师，那是有两个人，一个是福建人，……福建人有一位林先生，林先生是我很佩服的，在思想上，乃至为人都是我很恭敬、很佩服，也是对我有影响的一个人。

也许有些人不大注意他，可是实际上这个人是很有价值的。他名字叫林志钧，号叫宰平，他是福建人。

……林先生这个人，人品最高了。他好像是人不大留意，好像不大出名似的，其实呢，他最为梁启超所佩服。梁启超是很出名啊，梁启超享名很大，名气上好像没有像梁先生那样出名，可是梁先生最佩服他。临死，把自己一大箱著作、手稿，有写完的，有没有写完的，有诗、有文，有论政治的，有论学术的，一大箱，祝福自己的儿女交给林先生，要林先生审定，哪个要的，哪个不必要的，殁后出我的文集都由林先生决定。……梁任公先生……殁后出来的这部书——普通叫“文集”，有时候说完全的“全集”，梁任公先生的著作用“文集”的名义出版的，在我在的时候，很多书店给他出了，所以《饮冰室文集》是好多好多了。可是他把所有的东西，以及没有出版的东西，乃至未写完的东西，一大箱都交给林先生，由林先生审定，最好出了《饮冰室合集》。我说这个话，证明林先生的学问，更证明林先生的人品，他人品最高了，他人品最高。还要说一件事，梁任公在政治上很活动的了，他有他领导的政党，政党的名称前后有些变化，他要拉林先生到他的党里头，林先生也一度参加，但是时间很短，他就脱离了，尽管跟梁任公还是很好的朋友，他说你这个搞法啊，我不行，我不跟你一块搞。为什么这个样子呢？为什么他不跟梁任公一块搞？梁任公是在政治上有野心的，他要大有所作为的，可是这一点林先生没有，林先生就嫌梁任公，讨厌梁任公有点乱七八糟。林先生是这样一个人，洁身自好，他一生干净极了，在政治上、在社会上他是这样一个人。所以梁任公佩服他，敬重他，把身后的事情交给林先生，……从这个地方可以看出来林先生的价值，这个价值了不起。他打我 14 岁，……我很佩服他，我很佩服林先生。我不能算是他的学生，但是我应当是对他自称后学。……

其次再说一下伍先生。伍先生的价值很高。假如有人问我，你一生所亲自见到的、最佩服的人是谁？那我就回答是这个。他跟林先生相好，可是跟林先生不相同。林先生学问很丰富，他很喜欢作诗词，可是这个伍先生不作，他是一个脚踏实地做人的一个人。我不是说，假定说在学术方面我最重要的就是写《人生与人心》吗？可是我自己认为我有一个很重大的责任，很重大的责任是什么呢？就是替伍先生，把他的学问、为人，我要介绍给世界，给后人。伍先生这个人，就我看来，我认为是一个纯正的儒家，脚踏实地的儒家。这个纯正的、脚踏实地的儒家表现在什么地方？表现在他的生活。……在生活上可以“自主自如”。……举个例吧，我 36 岁的时候，我同两个朋友，一个姓王，一个姓黄，我们三个人去看伍先生。这时候伍先生正在负一个很重要的责任，负一个什么责任呢？国民党啊，叫做国民革命军，国民革命军有总司令部，总司令是蒋介石，从参谋长是李济深，蒋作为总司令就出师北伐，从广东出来军队要北伐，李济深就作为总参谋长留守广东。伍先生跟李济深他们是很好的朋友，差不多李济深都把他当老师。这个时候，他担任留守后方的职务的时候，他就请伍先生给他做总参议办公厅主任，负一个

很重要的责任。……我们三个人就到他办公的地方同他谈话，到了中午了，他留我们吃饭，吃晚饭，他就对我们三个人说：你们随便坐，随便谈话，我要休息，我睡15分钟。他就坐在一个椅子上，闭起眼睛来就睡着了，睡了15分钟就醒了。我非常的佩服，非常的惊讶。为什么呢？因为这个时候我经常闹失眠，失眠的人想睡睡不着，……他说睡就睡了，说醒，15分钟说醒就醒。……这就是说明他生活自主自如。他是真正能够把他的身体、精神很统一，很能够自主，很能够自如，这个是很了不起。

林先生是我很佩服的了，尽管我很佩服，可是给我的影响不如伍先生。如果说我愿意学，那我愿意学伍先生。

……这个伍先生是一个地道的军人。清朝末年开始模仿外国训练新式军队，他是练新军里头的人。练新军带兵，然后参加辛亥革命，然后到陆军大学。在陆军大学……毕业之后留在陆军大学做教官。他原来是学生，因为成绩好做教官。他力行两句中国的古话：言忠信，行笃敬。他在陆军大学毕业了，他就到那个时候的参谋本部第三局做一个科长。赶上袁世凯要做皇帝，北京各官府，从长官到下属，都迎合袁世凯，上书“劝进”，劝袁世凯做皇帝，表示拥护，各衙门大大小小的官吏都要签名。他这个时候不是做参谋本部第三局的科长吗？要他签名，不肯签名，他说：“我一定要认为我签的是对的，我才能签名。我现在考虑我应不应该签名，我还没有决定，还没有点头认为这是应该签的，所以我不能签名。”大家说人人都签名，你不签名，这个事情怕危险吧？不好吧？那也没办法，他就是这样。后来也没有事。

抗日战争起来了，日本人侵略中国，伍先生带着游击队，大约两千多人，在广东，做游击司令，跟敌人周旋。从广东被日本人占领，一直到日本人失败，退出中国，他始终担任游击司令，在广东。……他当游击司令的时候，还有这样的故事：他料想敌人呢，“料敌如神”。有一次他带一部分军队……到了一个地方。那个谍报的人来报告，说是现在有一部分敌人，……从南往北来了，就要到我们这个地方，可能就是来打我们吧？伍先生想一想，他说不是，他不是来跟踪我们、打我们，我推想他的目的地是在哪个地方。大家也就半信半疑，也以为他料想的对，也不敢完全把握。他就对大家说，你们警戒着，我要休息休息，因为他身体不是太强。乡间啊，在县城外边有一个高的台子，是预备过春节过年演戏的戏台。他就是一个椅子，他说我要休息一下，他就休息了。大家这个时候，一方面是害怕敌人来，因为谍报说二百多人往这个方向来，一方面也相信司令员的话，他不是来追我们，他是另外有目的，不过这个事情，谁也不敢断定。恐怕司令在上面休息，也不过休息休息吧，未必睡着。有人到戏台上去看他，居然睡着了，睡得很熟。就是说，他提得起，放得下，普通人提不起，放不下。他是真正能够在他的生命上自主自如。这个学问不是书本上的学问，不是随便讲一讲、说一说的学问，这就是孔子的生活之学。

我不是常常讲，孔子所谓“十有五而志学”，那个学是什么学呢？底下他说“三十而立”，三十而立我们也不知道是什么，怎一个立法啊？一层一层地都是在说他的生命、生活，没有说到外头去。他所最欣赏最心爱的徒弟是颜子，颜子的长处是什么呢？一个是“不迁怒”，一个是“不贰过”。怎么样“不迁怒”怎么样“不贰过”，我们也不好乱猜，不过看得很清楚，他没有说旁的，他说的是他自己的生命、生活，所以伍先生的学问功夫是真正的、彻底的儒家，他把儒家的路子走得最正确，我没有看见第二个人这样。他不谈哲学。

我一生最重要的事情

我的生活，固然做过记者了，教过书了，做过教员了，可是实际上比较重要的是做社会运动，参与政治。我不是跟毛主席、跟蒋介石两大党我都有关系吗？马歇尔在中国的时候，我跟他接触很多。他是极力想给两党找出一个妥协和平来。我也是搞这个东西，所以我实在搞了不少政治活动、社会活动，搞乡村建设是社会活动，社会活动、政治活动恐怕是占我一生很大部分。教书嘛，我曾经有过这个事情，北大教过书，后来也带着很多学生。那么，做新闻记者，开头年纪轻的时候做过，后来我到香港办《光明报》，又做新闻记者。那么比较少的，很少很少的，就是做官。我一个很好的朋友，就是李济深，我 36 岁的时候，我到广东去看他，他没有征求我的同意，我去离广州 60 里的一个乡下去闲住的时候，他没有得我同意，就要南京国民政府发表我为广东省政府委员，我没有就，发表了我不干。

……

大事一个就是为社会奔走，做社会运动。乡村建设是一种社会运动，这种社会运动起了相当的影响。我们曾经连续三年，每一年都开一次全国性的乡村工作讨论会。乡村工作是我过去主要奔走的一样。再一个就是为国内的党派的团结抗日。因为我去了一次游击区，在游击区看见两党的军队自己打，我就很怕引起内战，引起内战就妨碍了抗日，抗日期间不可以有内战啊，所以我就先搞“统一建国同志会”，后来搞“民主同盟”。旁人就误以为我是想搞一个自己的党派，我没有这个意思。民主同盟不是第三个党派，是什么呢？是想推动两大党团结抗战，合作建国。能够团结抗敌就好了，能够合作建国就好了。自己不想成一个什么党派，所以现在还有民主同盟了，可是我不参加。第一段是搞社会运动，第二段是奔走国事。

（私人生活的重要的大事？）那就是我的写书了。我写的书，特别是最大的一本书、最重要的一本书叫做《人心与人生》。我曾经请教英文好的朋友，我说我这本重要的书《人心与人生》，要翻成英文说，这个名字怎么翻呢？他说人心这个字，英文不是一个字，有两个字跟这个字有关系，一个是 mind，还一个是 heart，所以要是给你翻译一个英文名字，那就是 mind and heart and life。……我想我一生，这个是最重要的事情，写成这本书是我的最重要的事情。

……我觉得，我倒好像没有什么伤心的事情。……我只是倒觉得自己没有做好的事情、失败的事情，或者错误。比如说，说到错误吧，那个就是 1953 年 9 月，那个就是自己的一个错误，就是自己气太盛，气太高，所以就跟毛公就抵触了，那个事情后来我自己想，不应当那样的，应当我多尊重他一些，不应当跟他闹翻。

一念不起与放下期待[①]

通常啊，由我的看法，这个气功，在我看都是要大脑休息，给人的身体的植物性的神经，让它活动，利用人身体本有的一种机能，利用这

① 原标题为“说说自己的身体”，此处为编者改。——编者注

种本有的机能可以把人身上有些毛病，可以把它修理好。依我看呢，气功就是这样。不过我呢，我也曾经去学过气功。我是因为喜欢思想，所以我就有失眠的病。失眠很痛苦，所以……我就到那个气功疗养院，住在那个地方疗养，在夏天的时候。疗养院好像有三种功夫，三种功夫有点分别，不大一样，当然入手就是要静坐。……要紧的呢，就是让大脑休息，要静下来。你一静下来，按照他的指点，你就自然会起作用，自然就走上气功的道路了。……很多人到那里去疗养都很有效；最有成效的、有成功的是胃病，比如说有一种胃下垂，还有一种叫做胃溃疡，按照他的指导做气功，胃溃疡就好了。可以透视，胃溃疡结疤了，胃下垂也好了。他就是借助人身体本有的生命的力量，不要吃药，所以有些病人到那儿去疗养就都好了。

可我去呢，我是睡眠问题，也很见好。这个见好呢，当然也还是靠大脑静下来了，不用大脑了。可是我没有像气功疗养院所指点给我的，好像路子不是那样，可能像是佛家的。……我的看法，他们这个气功是中国古时道家那一派的，而我呢，虽然按照他的条件去做功夫，要大脑休息下来，要清净，可是我达到了一种境地，这种境地呢，就是一念不起，一个念头也不起，好像是佛家的定功。……有过这个经验之后，觉得很好啊，所以再去做的时候，就有点期待心，等着它来，盼着它来，不行了。你期待它、盼着它，它就不来了。就是，你还是要放下，你不要说是“昨天的那个过得很美，我今天还愿意再来一回”，不行，你还是得放下，放下，放下，不要有一个期待心，那么才会出现。我所得的这个，我认为很好的这个，好像是“入定”吧，是佛家的，跟他们的气功不很一样。

独立思考，表里如一

在自己生活上有好处的，就是无论什么事情，我总是很平淡——平平常常的“平”，淡泊的“淡”。我很平淡呢，就是好像没有多大要求，也不用满足要求而高兴啊、喜欢啊，因为不满足而生气、不高兴啊，两面都没有，两面都是放得很平，平平淡淡，平平淡淡。比如在毛主席的领导，让大家都要学习，学习就有学习小组，大概十几个人啦、二三十个人啦，大家可以随便谈啦，彼此听听，有什么心里话，要大家说出来。他们的一个口号叫做“思想见面”，你把你的思想拿出来，我把我的思想拿出来，彼此见面。那么，各自拿出来了，也就彼此有些批评，见面了，我也可以批评你，你也可以批评我。这个时候也是有争论的，有交锋的，那么我也就是曾受过旁人的批评。毛主席他有一次批林批孔，那时 1973 年，在小组会上大家都批孔，我就说在领导党、党的方面要批孔，也许在政治上有它的必要，需要批孔，我不大清楚；不过呢，毛主席也说过，有不同意见可以保留，那么好，我保留。我第一次表示我保留，保留不同意见，但是我也绝不说反面的话，不要批孔，我也不说这个话，我就是要沉默，我不说就是。可是尽管如此，一同学习的人，他常常还有意地引逗你，引逗你说话，你说出来，就好批评你。……最怕的是引起围攻，很多人围攻（笑），有过这样的事情。围攻，那么我就说“好，我静听大家的批评吧，我不说话了”。

……自从解放以后，毛主席提倡大家要学习。学习嘛，大概这些年来都有五个组，五个组人数不相等，一个组也许二十几个人，多则四十多个人。不是有些个民主党派？像是民盟、民革——民革就是从前的国民党，还有一个民进——进步的“进”，还有九三学社，还有工商联、民主建国会（民建），还有不在这些里的无党无派，也把它合起来，叫做“政协直属组”，直属于政协。刚才我说的话就在直属组，我虽然是发起成立民盟的人，可是后来我离开了，所以我后来都一直算是无党无派，刚才说的就是我在无党无派小组会上的那个事情、那个情况。他们要围攻我，……一共五个组，开一个联组会，在联组会上批判我。……联组会就人多，五个组成百了。有人就上台去发表言论批判我，先后大概有十多个人批判我，我就静听，不发言。……不发言这个会也就过去了。批判我的会过去了，可是我自己本组那个小组会上，他们还有人问我说：“在联组上大家批判你，你听得怎么样呀？”我就回答，我说古书上——其实就是《论语》上——《论语》上有一句话（写）：“三军可夺帅也，匹夫不可夺志。”（笑）我就是引了这个话，答复了大家，我不说别的话了。

……我当时也说了这么一句话，表明我自己是怎么一回事，八个字，中文是八个字，头四个字是“独立思考”，“表里如一”，表面跟里头一样的。“独立思考”就是不是人云亦云，人家说什么跟着说，不是那么样。“表里如一”，我心里有什么就说什么，表面跟里头一样，不隐瞒。

我想做的事情都做了

艾恺：您这一辈子最大的失望，或者遗憾是什么？

梁漱溟：没有。因为我想做的事情都做了。比如我本来在抗战起来之后，就奔走于两大党之间，事情都做了，也还都算是顺利，发起民主同盟，旁人以为我是想搞一个党派，我的意思不是，我的意思是中国不需要什么党派，不像英国、美国那样。所以我虽然发起同盟，主要是在两大党之间代表广大社会来牵扯着他们，不要他们两个打架、斗争，而推动或者抗战，或者建国。随后我觉得不需要了，我就退出了。现在民盟、民建都还在，我没有参加。

艾恺：那么内战还是没有避免的，这个算不算是一种遗憾，或是失望，您奔走了……

梁漱溟：刚才说了，没有想到共产党能够统一，大陆的统一，没有想到。所以没有想到，就是因为国民党的条件太好，它不应当失败，好的条件，但是他居然失败了，居然挡不住，那么大陆统一在共产党手里头，也很好。